RISK ASSESSMENT AND IMPLEMENTATION
PATH OF THE "THREE RIGHTS SEPARATION"
REFORM IN RURAL HOMESTEAD LAND

农村宅基地"三权分置"
风险评估与实现路径研究

任平 洪步庭 | 著

商务印书馆
The Commercial Press
创于1897

图书在版编目（CIP）数据

农村宅基地"三权分置"风险评估与实现路径研究 /
任平，洪步庭著 . — 北京：商务印书馆，2024.
ISBN 978-7-100-24374-2

Ⅰ. F321.1

中国国家版本馆 CIP 数据核字第 2024C4V242 号

农村宅基地"三权分置"
风险评估与实现路径研究

任 平 洪步庭 著

商 务 印 书 馆 出 版
（北京王府井大街 36 号 邮政编码 100710）
商 务 印 书 馆 发 行
北京顶佳世纪印刷有限公司印刷
ISBN 978-7-100-24374-2

2024 年 9 月第 1 版 开本 710×1000 1/16
2024 年 9 月北京第 1 次印刷 印张 20

定价：89.00 元

序

  曾经的"乡土中国"经历了"世界历史上规模最大、速度最快的城镇化进程",使中国城镇化率由改革开放之初的近20%上升到66.2%,造成乡村人口大量转向城市,2023年我国乡村外出农民工数量达1.77亿,呈现出与快速城镇化相适应的劳动力地理景观,这是一个重大的社会转型,具有劳动力多维空间(地理、经济和社会)新特征。这一演化过程也出现了一些涉及乡村地理、经济和社会的系列问题。其中乡村"空心化"问题,涉及"一户多宅"和宅基地闲置空置等,直接影响乡村国土空间效率和质量,严重制约了乡村社会经济发展。因此,从理论和实践的维度深入探究乡村宅基地制度改革、创建适应乡村振兴和中国式现代化建设的新机制,具有必要性和重要意义。

  2018年中央一号文件《中共中央、国务院关于实施乡村振兴战略的意见》提出:探索宅基地所有权、资格权、使用权"三权分置",落实宅基地集体所有权,保障宅基地农户资格权和农民房屋财产权,适度放活宅基地和农民房屋使用权。自此,我国乡村宅基地"三权分置"改革开始进入试点阶段。当然,任何改革都伴随着风险与挑战,尤其是宅基地制度改革事关广大农民的切身利益和社会稳定,必须慎之又慎。因此,对乡村宅基地"三权分置"改革风险进行科学评价、建立风险防范机制、明确"三权分置"改革实现路径尤显迫切和重要。

  该著述通过对乡村宅基地"三权分置"改革的风险与实现路径的深入探究,取得了具有理论价值与实践意义的重要成果,充分体现了著述者们开阔的学术视野、敏锐的社会观察能力和整体把握能力。通篇著述呼应乡村振兴战略,研究中始终坚持"土地公有制性质不改变、耕地红线不突破、农民利益不受损"二条底线,以翔实素材、生动案例、独到观点,解析了乡村宅基地"三权分置"改革需要面对的多重问题,为乡村宅基地改革的深入推进提供了重要的准则和参考,凸显了研究成果的时效性、系统性、创新性和实践性。

在这部富有理论和实践指导性的专著即将付梓之际,作为关注乡村振兴与山区可持续发展的研究者,我为之祝贺,并相信该专著的出版将进一步激发有关学者勇于探索广大乡村发展的诸多问题,为乡村振兴贡献科学智慧和力量。

国际欧亚科学院院士

2024 年 7 月 17 日

前　言

　　本书是国家社科基金资助项目：农村宅基地"三权分置"风险评估与实现路径研究（项目批准号：18XJY010，结题证书号：20240306）最终研究成果。

　　农村宅基地改革具有重要性、困难性、系统性和复杂性特征，宅基地"三权分置"改革是一项重大的理论和制度创新。但是任何改革都存在风险，如何规避风险或者将风险降到最低，对改革而言至关重要，正所谓"知其事而不度其时则败，附其时而不失其称则成"。基于此，本书立足当前国内宅基地改革实践探索，围绕农村土地制度供给侧结构性改革主线，凸显宅基地"三权分置"服务乡村振兴战略的现实要求，以宅基地"三权分置"制度实施的风险评价为切入点，系统评估"三权分置"改革面临的风险，建立风险防范机制，全面研究"三权分置"制度"三化"改革实现路径。

　　笔者在成果完成过程中，先后组织课题内部讨论会 20 多次，召开课题论证会 3 次，参加线上线下学术会议 10 多次；在《土地科学动态》、《可持续发展》(*Sustainability*)、《农业科学杂志》(*Journal of Agricultural Science*) 等国内外期刊发表学术论文 3 篇，咨询建议《借鉴各地深化农村宅基地制度改革经验全面推进乡村振兴》被四川省委《智库成果专报》(2022 年第 6 期) 采用，获得"宅基地三权分置风险评价系统 V1.0"（登记号：2021SR1604880）软件著作权 1 项；12 名研究生在本项目支持下选题并撰写毕业论文，均顺利毕业。总之，本成果具有重要的理论和实践价值，取得了较好的理论成果、智库成效和人才培养效果。

　　本课题由任平负责设计总体研究思路和框架结构，洪步庭负责实施实地调研和数据分析，任平和洪步庭负责撰写、修改成果报告；参与本课题调研和研究的还有其他高校教师、自然资源管理者和研究生,具体人员有:姚树荣(四川大学)、赵涛(四川省国土整治中心)、阮成(成都农村产权交易所)、孙道亮(襄阳市城市规划设计院),四川师范大学研究生宁宝韦、杨咏秋、吴轩、毛若彤、胡燕、赖德琳等。本成果的顺利完成,既得益于课题组人员、高校和自然资源管理部门的通力合作,也得益于学界前辈、专家、同行的潜心研究;在本课题完成过程中,课题组成员参阅了大量专家、学者的研究成果,在成果中均以参考文献等形式予以注明,谨此向各位专家、学者表示感谢。

　　由于研究能力和视野所限,课题组对宅基地"三权分置"改革研究还不够全面和深入。但愿课题组的研究成果能为此项改革起到一点作用,尽到科研工作者应尽的责任和义务,哪怕是一点点作用和贡献,我们都会感到十分欣慰。本研究成果仅在力所能及的范围内提出一些研究观点与改革方案,敬请各位专家、学者批评和指导。

　　本成果也是我们研究团队"新时代中国土地利用转型重大问题研究"系列研究之三。试点正在进行,探索还在继续,改革永无止境,创新永无止境。

课题组全体成员

2024 年 2 月

目　录

绪　论

　　农村稳则天下安，农村是社会的"稳定器"。农村宅基地是农民居住的基本保障、特殊福利和重要财产，是维护农村社会稳定的重要基础，也是农村发展的重要资源。[①]伴随我国城市化快速发展，农村人口大量迁移到城市，农村"空心化"现象日益突出，农村宅基地"一户多宅"、违法占用、闲置空置、房地分离等问题日益凸显。据研究和统计表明，从1999年到2020年，全国农村常住人口减少了3.32亿人，但农村居民点用地却增加了107.2万公顷；[②]我国约35%的农村住宅常年无人居住，农村陷入常住人口减少而建设用地激增的怪圈，宅基地闲置率约为15%。[③]这些现象和问题严重影响了宅基地资源的有效配置和合理利用，深化农村宅基地制度改革刻不容缓。

一、研究背景

　　2013年，党的十八届三中全会《中共中央关于全面深化改革若干重大问题的决定》提出："保障农户宅基地用益物权"，"慎重稳妥推进农民住房财产权抵押、担保、转让"，明确了宅基地制度改革的具体内容，为农村宅基地改革拉开序幕。2015年1月，中共中央办公厅、国务院办公厅联合印发《关于农村土地征收、集体经营性建设用地入市、宅基地制度改革试点工

---

① 陈思嫒、韩述：《宅基地"三权分置"改革：政策演进、风险分析及防范对策》，《中国西部》2021年第6期，第102～108页。

② 余永和：《农村宅基地有偿使用的实践、问题与对策——基于宁夏平罗、江西余江与浙江义乌试点改革的调查》，《学术探索》2022年第1期，第67～72页。

③ 李少博、彭海英：《中国农村闲置宅基地研究综述》，《农村经济与科技》2020年第23期，第40～43页。

作的意见》，正式启动"农村土地征收、集体经营性建设用地入市、宅基地制度改革"（称为"三块地"改革）试点工作。同年，"三块地"改革在北京市大兴区等33个县（市、区）进行试点，其中天津市蓟县（今蓟州区）、江苏省常州市武进区、浙江省义乌市、四川省泸县等15个县（市、区）开展宅基地制度改革试点。2017年11月，农村宅基地制度改革拓展到全部33个试点县（市、区），并将试点改革期限延长至2018年12月31日。

2018年，中央一号文件《中共中央、国务院关于实施乡村振兴战略的意见》提出："探索宅基地所有权、资格权、使用权'三权分置'，落实宅基地集体所有权，保障宅基地农户资格权和农民房屋财产权，适度放活宅基地和农民房屋使用权。"我国农村宅基地"三权分置"改革正式提出。2018年12月，十三届全国人大常委会第七次会议决定将试点改革期限再次延长至2019年12月31日。2020年6月，中央全面深化改革领导小组审议通过《深化农村宅基地制度改革试点方案》，2020年9月，全国104个县（市、区）以及3个地级市启动实施新一轮农村宅基地制度改革试点，重点探索宅基地自愿有偿退出和有偿使用制度。这也意味着，宅基地制度改革试点范围再一次扩大，由原来的33个试点县（市、区）拓展至104个县（市、区）。

从这几年宅基地试点政策调整来看，呈现出三个特点：试点范围不断扩大、改革期限不断延长、探索内容不断深化。这表明宅基地制度改革的重要性、困难性、艰巨性和复杂性，同时也体现了中央对此项改革"逐步试点、稳步推进、审慎稳妥"的态度。从实践观察来看，农村宅基地所有权、资格权、使用权"三权分置"改革摆脱了原有宅基地管理的传统路径依赖，优化了土地权能结构，打通了城乡土地资源优化配置的通道。各地改革试点热情高涨，表现出极强的机遇意识和紧迫感，宅基地制度改革的正向绩效也初步显现。但是，农村发展千差万别、每家每户各有不同、利益诉求迥然各异，宅基地制度改革难度可想而知。

"知其事而不度其时则败，附其时而不失其称则成"，任何改革都存在风险，如何规避风险或者将风险降到最低，对改革而言至关重要。作为一项创新性的制度改革，宅基地改革必然面对一些新问题和可能的风险。（1）红线突破风险，"三权分置"改革能否坚守土地公有制性质不改变、耕地红线不突破、农民利益不受损三条红线？（2）规划失控风险，"三权分置"改革会放大利益增长空间，在利益驱动下是否会导致规划失控？（3）权益分配风险，"三权分置"改革会形成新的利益格局，利益失衡是否会导致更大的社会矛盾？（4）政策供给风险，"三权分置"制度形成需要配套政策支撑，有效政策供给不足是否会影响改革进程？同时，在改革过程中还面临着制度环境协调性、社会经济环境不确定性、资源禀赋差异性等问题，稍有不慎可能会引发其潜在风险，事关农民权益和农村社会公平，事关农村改革动力和农村社会稳定发展。

农业兴则基础牢，农民富则国家盛。在全面实施乡村振兴的新时代背景下，宅基地"三权分置"改革是实现农村产业振兴的重要要素保障，是盘活农村闲置低效用地的重要手段，是壮大农村集体经济组织的重要途径，是增加农民财产性收入的重要政策支撑。基于此，本研究立足当前国内宅基地改革实践探索，紧紧围绕农村土地制度供给侧结构性改革这一主线，凸显宅基地"三权分置"服务乡村振兴战略的现实要求，深入剖析"三权分置、两条红线、一个口子"的制度边界，以宅基地"三权分置"制度实施的风险评价为切入点，准确识别"三权分置"面临的风险，科学评估其风险级别，系统建立风险防范机制，全面研究"三权分置"制度"三化"改革实现路径，为盘活农村土地资源要素、增加农民可持续财产性收入、增强农村发展的内生动力提供理论依据和决策参考。

二、研究意义

（一）理论意义

1. 推动"三权分置"改革研究，为学术界提供理论参考

2018年，我国正式提出开展农村宅基地"三权分置"改革，各试点区进行了一些实践探索，但由于试点时间短，试点范围有限，理论层面还没有形

成共识性成果。宅基地"三权分置"作为农村土地制度重大改革，评估其改革风险，研究其实现路径，能够为宅基地改革的稳步推进和改革成效提升提供理论参考。本研究力争准确识别现行农村宅基地的制度性障碍，从风险防控的研究视角，对宅基地"三权分置"的实施风险与实现路径所涉及的有关基础理论和政策改革问题展开系统研究，深入分析"三权分置"的理论基础与权能内涵，科学评估"三权分置"可能的或潜在的风险，弥补已有研究的不足，为现有研究提供样本参考，进一步丰富农村土地制度改革的理论研究成果。

2. 助推乡村振兴战略实施，为同类研究提供研究思路

党的十九大做出实施乡村振兴战略的重大决策部署，坚持农业农村优先发展，按照"产业兴旺、生态宜居、乡风文明、治理有效、生活富裕"的总要求，建立健全城乡融合发展体制机制和政策体系，加快推进农业农村现代化。宅基地是农村重要土地资源，宅基地改革是实施乡村振兴的重要抓手和突破口，是乡村振兴的新动力。通过宅基地"三权分置"改革，有效盘活利用闲置宅基地，缓解宅基地资源闲置浪费与土地资源紧张的矛盾，为实现乡村振兴提供重要的土地要素保障。因此，本研究力争通过宅基地改革对乡村振兴的作用机制及其影响因素的分析，优化乡村产业发展的土地资源配置模式，对实现乡村有效治理、农民共同富裕，重塑城乡关系，促进乡村融合发展具有重要意义，也为广大农村地区以宅基地"三权分置"改革推进乡村振兴提供新的研究方案和研究思路。

（二）现实意义

1. 完善农村土地管理制度，防控化解重大矛盾风险

农村宅基地"三权分置"的主要目的是促进农村发展，优化农村管理制度，从而实现城乡共同富裕的目标。本研究研判宅基地"三权分置"改革深化的方向和趋势，对"三权分置"改革风险进行识别和评价，建立风险防范机制，有利于防控化解重大矛盾风险，服务更高质量、更有效率、更加公平、更为安全的农村发展，筑牢中国式农业现代化的安全屏障。通过改革充分动员、组织和带动农户、农村集体积极主动参与宅基地改革，保障农村集体经济组织权益，有效盘活宅基地资源，维护农村社会稳定，推动农村生产力的可持续发展。

2. 提供"三权分置"改革实施方案，增强改革系统性和协同性

目前，宅基地"三权分置"改革还处于探索试验阶段，在这个过程中衍生出许多风险因素，尤其对宅基地"三权分置"改革的风险类型、风险成因、风险防控等研究很少。同时，农村土地制度改革是一个系统工程，涉及现有的和未来的土地政策之间的配套和衔接，要尽量避免政策之间的矛盾和冲突，实现政策之间的平衡性和协同性。本研究精准把握农村土地制度供给侧结构性改革与乡村振兴战略对农地制度改革的现实要求，围绕宅基地"三权分置"的具体实现路径，基于改革风险预判与评估，提出一套在高度上具有战略性、在视野上具有前瞻性、在操作上具有可行性的宅基地"三权分置"机制优化与实施方案，增强宅基地制度改革的系统性和协同性。

三、研究思路和方法

本研究将紧紧围绕农村宅基地制度改革必须坚守"土地公有制性质不改变、耕地红线不突破、农民利益不受损"三条底线的总体目标，牢牢抓住农村土地制度改革中的关键环节和重大需求，对宅基地"三权分置"制度实施的风险和实现路径进行系统研究，提出设计科学和系统优化的具体实施方案与政策建议，力求：（1）在理论层面上，补充和拓展农村宅基地制度改革的基础理论认知，为学术界相关研究提供可拓展完善的理论模型和可供借鉴参考的共识性概念；（2）在实践层面上，提出一套具有操作价值的系统实施方案，力争做到政策建议具有战略性、前瞻性、针对性和可行性。

科学研究起源于问题实践。本研究基于国家重大战略的需求和现实背景的分析，以农村宅基地作为研究对象，以宅基地"三权分置"实施风险作为研究切入点，以盘活利用闲置宅基地、提高农民财产性收入为研究目标，并据此设计研究内容，确定研究的关键环节；提出农村宅基地"三权分置"的机制优化与实现路径,将理论成果和方法技术进行实践应用和决策支持。研究技术路线图如图1所示。

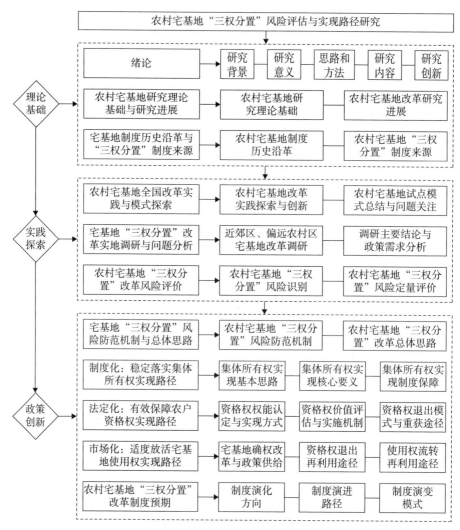

图 1　研究技术路线图

本研究根据理论研究与实证分析的需要,采用的主要研究方法包括:(1)参与式农村评估法,通过入户访谈与问卷调查,利用参与式农村评估法的五类工具(空间结构、时间变化、交流过程、相互关系、分类与排序等),

协助农户了解其宅基地的利用状况，鼓励其发表和分享自己的信息与看法，让其积极、全面地参与宅基地利用的有关决策过程；（2）风险综合评价法，通过征询宅基地所有权人、资格权人、使用权人、自然资源管理部门和高校专家学者等意见，融合多种方法对宅基地"三权分置"改革可能带来的风险进行评价，为制度的制定和推行提供技术支撑；（3）采用多因素综合评价法、层次分析法和改进的动态联盟模型等集成方法，模拟宅基地资格权价值评估和价值分配，为宅基地有偿退出提供方法参考。

四、研究内容

本研究主要内容是农村宅基地"三权分置"制度实施的风险以及基于风险评价的实现路径。基于以上研究目标和研究思路，研究框架主要分为三大部分，共十个章节。第一部分为理论基础（包括第一至二章），第二部分为实践探索（包括第三至五章），第三部分为政策创新（包括第六至十章）。具体研究内容如下。

（1）**农村宅基地研究理论基础与进展综述**。主要包括农村宅基地研究理论基础、农村宅基地改革研究进展。从马克思土地产权、地租、市场机制、资源配置、博弈论等理论分析其与宅基地改革之间的关系；从农村宅基地流转研究、农村宅基地退出研究、宅基地"三权分置"改革研究、宅基地与乡村振兴研究、宅基地改革评价研究等层面进行研究综述和评述。

（2）**农村宅基地制度历史沿革与"三权分置"制度来源**。主要包括农村宅基地制度历史沿革与变迁、宅基地"两权"现实困境、"三权"制度来源、"三权"理论阐释、宅基地制度演变特征等内容。系统梳理宅基地私有时期、宅基地使用权和所有权出现分离、宅基地使用强制性管控时期、探索宅基地退出机制、宅基地制度改革的新探索阶段等不同时期宅基地制度变迁过程，并从所有权、资格权、使用权的性质和权能对宅基地"三权"理论进行阐释，根据其变迁历程总结宅基地制度演变的五大特征和权能变化阶段特征。

（3）**农村宅基地全国改革实践与模式探索**。主要包括农村宅基地改革实践探索与创新、农村宅基地改革试点经验总结与问题关注等内容。从宅基地权益保障和取得方式实践探索、宅基地有偿使用改革实践探索、宅基地自愿有偿退出实践探索、宅基地改革管理实践探索等四个方面，系统梳理了全国19个县（市、区）宅基地改革模式与成效，并对其存在的问题和经验进行了系统总结和分析。

（4）农村宅基地"三权分置"改革实地调研与问题分析。主要对四川泸县、郫都区、青白江区、新都区等大城市近郊区、偏远农村区的全国宅基地改革试点区和非试点区进行深入的实地调研，掌握其主要做法和经验、收集剖析典型案例，形成调研的主要结论和主要政策需求，为"三权分置"改革奠定坚实基础。

（5）农村宅基地"三权分置"改革风险识别与评价。主要包括宅基地"三权分置"改革风险识别和风险评价等内容。结合实地调研数据，采用扎根理论风险识别法对宅基地出让方、村集体和受让方面临的风险进行识别，建立风险识别清单；采用风险矩阵法和模糊综合评价法对三者的主要风险点和风险程度进行定量评价。

（6）农村宅基地"三权分置"风险防范机制与总体思路。主要包括宅基地"三权分置"改革重点风险监测点分析、宅基地"三权分置"风险防范机制、宅基地"三权分置"改革总体思路等内容。从底线管控、政策协同、权责对等、利益共享四个层面进行风险防范与管控，并建立宅基地"落实＋保障＋放活"的"三化"改革思路：强化所有权、固化资格权、显化使用权，提出以制度化强化所有权、以法定化固化资格权、以市场化显化使用权的实现路径。

（7）制度化：稳定落实集体所有权实现路径。从稳定落实农村宅基地所有权基本思路、稳定落实农村宅基地所有权核心要义、稳定落实农村宅基地所有权实现路径等三个方面出发，通过建立归属清晰、权能完整、制度健全三大原则，进一步明确宅基地集体所有权的主体、完善集体经济组织所有权权能、规范宅基地所有权管理"责—权—利"；并建立宅基地农村集体组织治理运行、健全宅基地所有权主体的监督和管理、完善宅基地退出回收利用和有偿使用等机制和实现路径。

（8）**法定化：有效保障农户资格权实现路径**。主要包括农村宅基地资格权权能认定与实施路径、宅基地资格权价值评估与实施机制、宅基地资格权退出模式与重获途径等内容。通过确权颁证固化资格权、股权量化稳固资格权、法律公证保障资格权、流转平台保证资格权等方式来固化资格权，以宅基地资格权价值评估模型与方法来建立资格权价值评估体系、资格权价值分配机制、资格权退出补偿机制，并探索建立宅基地资格权退出条件、模式与重获途径。

（9）**市场化：适度放活宅基地使用权实现路径**。主要包括农村宅基地"三权分置"确权改革与政策供给、宅基地资格权退出再利用途径、宅基地使用权流转再利用途径等内容。通过创新确权方式，有效解决农村经营性建设用地"来源活水"难题，为使用权市场化流转提供基础条件；创新提出宅基地退出"指标蓄水池"模型，资格权退出的"指标化"再利用模式；创新提出使用权流转的"实物化"再利用模式，以土地资源要素的市场化流转来实现乡村三产融合发展。

（10）**农村宅基地"三权分置"改革研究结论与制度预期**。主要包括宅基地"三权分置"改革研究结论、制度演化方向、演进路径、演变模式等。提出了"住有所居"是宅基地改革的核心底线，宅基地改革设计是让农户做多选题，制度化和市场化是宅基地改革的基本路径，多重农村土地制度耦合是改革的重要途径，以宅基地改革推动乡村"人—地—业—境"功能空间重构，"以时间消化历史存量、以空间控制未来增量"渐进模式等改革新观点。

本研究的主要内容逻辑关系如图2所示。

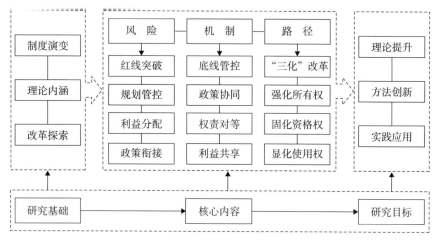

图2 研究内容逻辑关系图

本研究的重点是农村宅基地"三权分置"改革风险评价和实现路径,主要包括:(1)"三权分置"风险识别与评价,定量识别其风险类型、风险成因、风险级别,并建立风险束体系;(2)"三权分置"改革风险防范机制,深入研究稳定落实所有权、有效保障资格权、适度放活使用权的实现路径;(3)"三权分置"改革中以制度化强化所有权,包括稳定落实所有权基本思路、核心要义、具体路径;(4)"三权分置"改革中以法定化固化资格权,包括资格权权能认定、资格权价值评估、资格权退出模式与重获途径;(5)"三权分置"改革中以市场化显化使用权,包括确权改革与政策供给、资格权退出再利用途径、宅基地使用权流转再利用途径。

五、研究创新

(1)研究视角有新意:基于"三权分置"视角研究农村宅基地制度改革与实施机制,"三权分置"在宅基地政策体系中是一个新生概念,以此作为宅基地改革研究的视角,与以往的宅基地改革研究不同,具有较强的新颖性。

(2)研究切入点的创新:从农村宅基地"三权分置"改革的风险入手,

对"三权分置"改革的风险类型、风险成因、风险评价、风险防控等进行系统研究，研究切入点具有较强的创新性。

（3）**研究层次有特色**：一是权利主体层次，重点调查分析各利益主体（地方政府、所有权人、资格权人和使用权人）意愿与行为决策；二是权利退出层次，系统研究退出"三权"、"两权"、"一权"前提条件与实现路径；三是空间差异层次，全面分析城中村、城边村、近郊村、远郊村等不同空间差别化政策。

（4）**研究方法的改进**：基于不同利益主体视角，引入参与式农村评估法、风险矩阵法、Borda 序值法、模糊综合评价法等对宅基地"三权分置"改革风险进行评价；采用多因素综合评价法、层次分析法和改进的动态联盟模型等集成方法，模拟宅基地资格权价值评估和价值分配。

第一章　农村宅基地研究理论基础与进展综述

农村宅基地研究是我国农村土地制度研究中的热点问题，包含了丰富的理论内涵和理论基础。本章从马克思土地产权、地租、市场机制、资源配置、博弈论等理论分析其与宅基地改革之间的内在联系，并从农村宅基地流转研究、农村宅基地退出研究、宅基地"三权分置"改革研究、宅基地与乡村振兴研究、宅基地改革评价研究等层面进行研究综述和评述。

第一节　农村宅基地理论基础

一、马克思土地产权理论

土地产权及其权能体系的合理安排是促进农村生产力发展的重要因素，是农村宅基地资源市场化配置的基础，是农村宅基地制度的基础与核心。因此，宅基地管理和使用制度的改革创新，必须从产权制度入手，完善宅基地产权权能，建立规范的宅基地使用权市场。[①]

西方产权学说认为，土地产权是法律上对土地归属关系的权利规定。这一理论更多涉及价值判断的成分，并未追溯到土地产权的概念本源。卡尔·马克思（Karl Marx）通过"物质资料生产—社会分工—所有制—所有权"的逻辑考察线索，科学地揭示了土地产权的本质属性，即土地产权是生

---

① 张亮：《建党百年来马克思土地产权理论中国化的探索与启示》，《理论与当代》2021年第6
　　期，第32～34页。

产力动态发展的结果，体现着经济权利在不同社会成员个体之间的分配，是与社会生产方式相符合并由一定的生产资料所有制关系所决定的，具体表现为一种生产关系。

马克思在《资本论》《剩余价值理论》等经典著作中，全面阐释了土地产权权能体系。土地产权的本质是一组权利束，是土地所有者拥有的对土地的终极所有、占有、使用、收益和处分等权利，反映着一定社会条件下的土地所有制。马克思指出，土地产权是源于对"产权"的概念界定，又结合土地产权权责衍生出来的，土地产权是指附着于土地财产之上的与土地财产相关的当事人的行为权利。[①]

土地产权是指由终极所有权及其所衍生出来的占有权、使用权、处分权、收益权等多种权能组成的权利束。土地终极所有权又称为最高所有权，其处于核心地位，具有明显的排他性和唯一性；土地占有权是指经济主体实际掌握、控制土地的权利；土地的使用权是指土地使用者依据一定的规则对一定土地加以实际利用的权利，是土地产权中最重要的权能之一；土地处分权是指土地所有者在事实上或法律上决定如何安排、处分土地的权利；土地的继承权是指以土地所有权为核心的土地产权权能的可继承性；土地的收益权则是指土地产权主体根据自己享有的相应权能而获得一定收益的权利。[②]

马克思土地产权理论认为土地产权权能主体既可以是统一主体，也可以分离并属于不同的主体。土地产权权能统一理论就是该产权主体所拥有的土地所有权是完整的、彻底的，是一种极度统一的状态。该产权主体具有独一性和绝对性，同时承担着土地使用者和支配者的角色。土地产权权能分离理论包含两种情况：一是土地私有制背景下土地产权权能的分离，土地所有权

---

① 谭子宓：《马克思土地产权理论与我国农村土地制度改革研究》，闽南师范大学硕士学位论文，2022年。

② 陈晓枫：《马克思土地产权理论探析》，《思想理论教育导刊》2018年第2期，第41～44页。

和其他权能是分离的,并且它们各自独立运行;二是土地公有制背景下土地产权权能的分离,土地所有权和其衍生出的其他土地产权权能相互分离,并各自独立运行。

我国宅基地制度改革始终以马克思土地集体产权理论为指导,坚持实行农村宅基地集体所有制。而马克思土地产权权能分离理论是马克思土地产权理论的重要部分,我国宅基地从"两权分离"到"三权分置"改革,都是吸收、运用和创新马克思土地产权权能分离理论的结果,并将指引我国构建立体化的宅基地产权体系。

二、地租理论

地租是土地使用者由于使用土地而缴给土地所有者的超过平均利润以上的那部分剩余价值,地租理论是土地经济学最基础的理论和核心部分。农业资本家在雇佣劳动力为其完成生产任务后,会支付相应的报酬,以此作为剩余价值实现的过程,而依照所签署的约定,将剩余价值中的一部分缴纳给土地所有者,这就促使了地租的产生。威廉·配第(William Petty)的《赋税论》、亚当·斯密(Adam Smith)的《国民财富的性质和原因的研究》、大卫·李嘉图(David Ricardo)的《政治经济学及赋税原理》以及约翰·杜能(Johann Thünen)的《孤立国同农业和国民经济的关系》等著作中都对地租进行了深入阐释。

威廉·配第首次明确地提出地租的概念:地租是土地上农作物生产的收入。其对地租理论的创立做出了开拓性的贡献。詹姆斯·安德森(James Anderson)认为,地租源自农产品的价格(即农产品的价值),与农业生产力无关。亚当·斯密的地租理论认为地租是为使用土地所花费的成本,是剩余劳动所创造的部分价值,同时又是土地所有权的转化形式,但未能完全区分价值与生产价格的差异。大卫·李嘉图将劳动价值理论用于对地租问题的分析,在土地肥力和位置差异的基础上建立了级差地租的初步体系,对级差地租理论做出了突出贡献。①

马克思系统地批判吸收各学者的理论观点，明确了地租形成是由土地所有者对土地所有权的垄断。他重新思考了大卫·李嘉图的地租理论，从劳动价值论和社会生产关系等视角，探索了绝对地租和级差地租的含义、产生条件和作用等。马克思认为绝对地租是因为土地所有权的存在，只要是耕种任何不属于自己的土地（包括劣等地），都必须向土地所有者缴纳的地租。由于使用劣等地，土地使用者只能获得平均利润，租种优等地和中等地的就可以获得超额利润，这些超额利润由农业资本家作为级差地租交给土地所有者，农业资本家自身则获得平均利润。除了论述级差地租和绝对地租的基本形式，马克思还论述了垄断地租，垄断地租是商品间接分配剩余价值的产物，商品价格不受价值规律的约束，直接由购买者的购买欲望和支付能力决定。②

在农村宅基地流转、使用、交易过程中，要充分结合市场价格予以资金补偿，而地租是决定宅基地价格的关键因素之一，这是市场配置资源的结果或重要体现。地租理论是构建农村宅基地价值评估体系，完善农村宅基地流转市场机制，构建合理的流转价格机制，实行宅基地有偿退出，建立和完善宅基地制度的主要理论依据和理论支撑。

三、市场机制理论

资产阶级古典经济学家亚当·斯密第一次阐释了市场机制理论，他认为市场是进行资源配置的"看不见的手"，着重阐述了市场对于经济主体利益的协调和对资源配置的调节作用。在完全自由的市场条件下，市场存在一种调节机制，可以使资源得到优化配置，并且在自身利益的驱使下，能够获得更有效的效果，有力提高社会整体的收益水平，这构成了古典经济学资源配

---

① 周玮：《马克思地租理论及其当代意义》，北京交通大学硕士学位论文，2019年。
② 丁健康：《马克思地租理论视域下农地"三权分置"改革研究》，桂林理工大学硕士学位论文，2021年。

置论的理论基石。[①]

英国古典政治经济学家大卫·李嘉图经过对市场经济及运行机制的考察，形成了较为系统的市场机制理论。他的市场机制理论继承和发展了亚当·斯密的劳动价值学说，他认为商品应该按照价值来交换，价格会出现偶然地和暂时地与价值相背离的现象；价格是由供求调节发生变动的，价格的涨跌又影响着供求关系；市场机制在市场经济的运行中起到基础的作用，使资源得到优化配置。

马克思创立了劳动价值论的科学体系，他认为在商品经济中，价值规律通过价格与价值相背离表现，借助于市场机制调节社会生产和供需关系，既表现为供需关系调节着市场价格围绕价值上下波动，又表现为价格与价值的背离调节着供求关系。这一理论批判了资产阶级古典政治经济学中关于价值论的庸俗成分和错误观点，将其正确的观点进行了继承和发展，也为研究市场机制奠定了基础。

约翰·凯恩斯（John Keynes）的经济理论认为如果市场完全按照"看不见的手"——市场机制来进行自由调节的话，必然会使得市场机制失灵，引起失业、通货膨胀和经济危机周期性。因此，为了经济的稳定，当"看不见的手"不能对经济进行调节的时候，就应当由国家出面担当起这个重任，用宏观经济政策调节经济。凯恩斯主张放弃放任自由的经济活动，要适当地干预经济，以刺激投资和消费，这也是当代所有实行市场经济国家最普遍使用的理论基础。

随着农村宅基地的财产性功能逐渐显现，为集约利用宅基地资源、盘活闲置宅基地，需要根据市场机制理论，在政府的宏观统筹调控下，逐步提高市场的作用，根据市场的需求调节宅基地的使用方式，在保障农户居住的基础需求上逐步放活宅基地使用权流转市场，减少宅基地浪费、增加宅基地市

---

① 马涛：《西方经济学的范式结构及其演变》，《中国社会科学》2014年第10期，第41～61、206页。

场配置效率。

四、资源配置理论

资源配置概念最早起源于古典经济学。古典经济学家亚当·斯密探究了稀缺资源配置的市场机理，提出要重视社会法律制度在资源配置过程中的作用，还要充分发挥人在资源配置中的主观能动性。[①] 随着经济的发展，古典经济学家资源配置理论弊端凸显，新古典经济学资源配置理论开始转向"自由配置"的资源配置理论。

新古典经济学者保罗·萨缪尔森（Paul Samuelson）认为，资源配置就是在稀缺和有限的资源中间进行选择，以求达到最好目标，为了满足这种目的，就要对特定时期、地区生产的各种生产资源的种类、数量和结构、布局进行安排和组合。新古典经济学将资源稀缺性作为基本的前提假设，探讨如何能够利用最少的投入满足人类最大的需求，"均衡价格论"是资源合理配置的理论基础，以价格作为基本杠杆来衡量资源是否合理配置。一般来说，资源如果能够得到相对合理的配置，经济效益就会显著提高，经济就能充满活力；否则，经济效益就明显低下，经济发展就会受到阻碍。新古典经济学认为市场机制对资源配置起主导作用，资源优化配置是通过市场均衡来实现的。

新古典综合派经济学家提出了资源配置的二元论，认同了政府可以干预经济的思想，也吸纳了市场机制在资源配置中的重要作用，认为政府干预和市场调节两方面应该调和折中，形成"混合经济"，以实现资源的优化配置。他们强调市场作为资源配置的主要力量，同时必须正视资源配置过程中的"市场失灵"问题，在市场失灵后需要政府干预资源配置。此外，还要对法治进行完善，规范资源配置利用规则，从而实现资源的最优化配置。

---

① 张立新：《基于资源配置理论的城市土地合理利用研究——以长江经济带城市为例》，中国农业大学博士学位论文，2018 年。

总体来说，资源配置包含了市场配置和政府计划配置两种方式。市场机制并不是万能的，会出现"市场失灵"的问题，就需要政府干涉。但政府计划配置只能作为市场机制的辅助，而并不能完全替代市场机制在资源配置中的基础作用。

农村宅基地是一种重要的土地资源，是社会生存和发展的物质基础。随着社会经济的发展，宅基地资源呈现稀缺性，致使人们的需求无法得到满足，因此必须合理配置宅基地资源，使有限的、相对稀缺的宅基地资源得到合理利用，有效地促进国民经济发展和其他社会目标的实现。

五、博弈理论

博弈论是一种系统的科学理论，又被称作对策论或赛局理论，是研究冲突与合作关系的重要工具。博弈就如同赌博和下棋，用于比喻利益竞争，是指在充分了解信息的情况下，竞争、合作、冲突下的两方或以上参与者，选择最有利于自身的决策从而争取最大利益。

约翰·冯·诺伊曼（John von Neumann）在《博弈论与经济行为》一书中指出：利益主体之间的决策行为是相互影响的，主体在做出行为策略时需要综合考虑他人的行为。博弈的本质是收益分配策略，主要侧重于利益主体之间的行为决策关系，对未来可能发生的情况具有一定预测作用。博弈理论主要是通过一定的限制条件来约束利益主体的行为选择，使其选择追求自身利益最大化的策略方式。

博弈论用于分析判断博弈过程中各利益主体行为及其在各自利益目标追求下所做出的行为策略选择的互相影响和干扰，以及行为策略之间的均衡问题，包含四个基本要素：①决策主体，构成博弈的条件便是两个及以上参与者。②利益，利益是博弈论中非常重要的因素，博弈的目标是争取利益，包含的利益越大，博弈越激烈。③策略，博弈是各方策略之间的较量，在博弈中，博弈双方都会制订自己的行动方案，这个方案便是策略。根据利益主体的行为策略先后顺序，可以将博弈过程分为静态博弈和动态博弈两种类型。

静态博弈是指利益主体各方同时行动或者说后行动者对先行动者选择的行为不清楚，反之为动态博弈。④信息，掌握的信息越多，越能制定出战胜对方的策略。根据博弈过程中各利益主体所掌握的信息量又可把博弈分成两类：完全信息博弈和不完全信息博弈。完全信息博弈是指在博弈的过程中，利益主体对其他博弈主体在不同行为策略选择下所获得的利益得失均掌握并了解，反之就是不完全信息博弈。①

博弈论的核心概念包括利益集团、利益博弈、博弈均衡。利益集团就是在共同利益基础上形成的利益主体的集合，是由一群拥有共同利益的人组成的团体，是在利益上具有同盟性质的集团或某一个阶层利益共同体。利益博弈是利益集团力量的大小比较以及利益集团对利益结构的比较，其是影响制度变革的重要力量。而博弈均衡就是在利益博弈中，博弈各方实现各自认为的最大效用和对博弈结果的满意。

农村宅基地制度改革博弈的主体主要包括中央政府、地方政府、农村集体经济组织、社会投资人、农民等，宅基地改革是多个利益主体之间进行重复博弈，在一定程度上达成妥协并趋于一致的过程。围绕宅基地资格权退出、使用权流转与补偿，不同的利益主体需要表达的利益诉求也各有差异，致使各利益主体之间存在一定程度的矛盾和冲突，于是进行广泛的利益博弈，这便是宅基地改革中的"博弈论"。

六、推拉理论

推拉理论是经典的人口迁移理论之一，在研究人口迁移中有着重要的作用。英国社会学家欧内斯特·拉文斯坦（Ernest George Ravenstein）为了证明"移民似乎在没有任何明确的规律的情况下进行的"不正确性，对国家间的人口迁移数据进行了大量研究，得出了七条迁移法则：①大部分的移民只

---

① 郑文博、丰雷：《制度变迁中的冲突与协调——理论发展回顾与探讨》，《经济学动态》2020年第1期，第83～97页。

是短距离的迁移，长距离的移民一般倾向于迁移到大的工商业中心；②乡村人口向城市或其他地区的迁移具有阶段性；③两地间的净迁移量在总迁移量中所占的比重不大；④乡村居民比城镇居民更富有迁移性；⑤短距离的迁移以女性为主，较富有冒险性且距离遥远的迁移中，男性居多；⑥大部分移民是年轻人，携家带眷全家移出是很少见的；⑦迁移的主要方向是从农业地区迁移到工商业中心，迁移的主要动机是经济。[①]

拉文斯坦研究的第三条和第六条规律提出，不同的经济机会是从农村到城市迁移的重要"拉动"和"推动"因素，他在《移民的规律》中首次将迁移的影响因素划分为"推力"和"拉力"，后来逐渐演变为"推拉理论"。他认为"推力"是迁移的消极因素，因为"推力"因素只能迫使居民离开原来的居住地；"拉力"是迁移的积极因素，因为在"拉力"作用下，居民是怀着改善生活的愿景迁移到新的居住地。

美国社会学家埃弗里特·李（Everett Lee）不仅从"推拉力"的角度对移民问题进行分析，还创造性地对移民的间接因素和个人在移民活动中的作用等问题进行了深入研究。他认为影响移民活动的间接因素主要有以下四个：移民来源地因素、移民目的地因素、中间障碍因素及个人选择因素。在个人选择因素对移民的影响方面，他认为不仅是迁出地和目的地不同因素影响着移民，而且对于这些不同因素的认知和理解程度也会对移民产生影响。

推拉理论表明，人口流入地和流出地都受"推力"和"拉力"的作用，人口迁移也与个体的特征紧密相关，包括年龄、性别、家庭结构、收入和受教育程度等都会影响"推拉力"对流动人口的作用，同时迁移距离的远近和政策因素也会影响流动人口迁移。而现代推拉理论认为，影响迁移的因素除了更高的收入之外还包括其他因素，如更好的职业、更好的生活条件、更好的受教育机会以及优越的社会环境等。

---

① 刘颖：《新型城镇化背景下我国农业转移人口市民化权益保障研究》，华中科技大学博士学位论文，2021年。

事实上，迁移的决定有时候并不完全是理性的，在农户退出宅基地迁移到其他地方的过程中，理性的成分有时可能会小于非理性的成分。推拉理论被广泛应用于农村宅基地退出制度的改革中，从推拉理论的观点来看，农村宅基地退出主要受两种主要力量的作用：一种是宅基地退出的推力，包括农村土地资源高效集约利用、宅基地功能变迁、宅基地财产权价值实现等"推力"；另一种就是宅基地退出的拉动，主要包括城乡二元体制改革的"拉力"，农户对居住生活空间、城市教育医疗条件等需求层次不断提高的"拉力"等。

七、计划行为理论

计划行为理论最初的理论模型来源于菲什拜因（Fishbein）提出的多属性态度理论，该理论认为预期的行为结果及结果评估决定了行为态度，行为态度又决定了行为意图。之后，学者们在多属性态度理论构建的基本模型中加入了主观规范要素，形成了理性行为和理论理性，随后又加入知觉行为要素，形成了计划行为理论。[①]

计划行为理论能高效预测人们的行为意图，以此解释人类复杂的社会行为，在社会心理学领域应用十分广泛。计划行为理论提出所有可能影响行为的因素都是经由行为意向来间接影响行为，而行为意向受到三项相关因素的影响：行为态度、主观规范和知觉行为控制。它们是构成计划行为理论模型的基本要素。该理论主要包含五个要素，即行为意向和行为、行为态度、主观规范、知觉行为控制。

行为态度是个人在从事某项活动时，对于这项活动所表现出来的正面或负面的感觉、憎恶或喜爱的情绪；主观规范是个体的某种主观感受，是个人感受到来自周边环境与重要人物认为该个体是否应该做出某种选择的压力；[②]

---

① 孙思：《基于计划行为理论的绿色住宅消费行为研究》，重庆大学硕士学位论文，2014年。

② 张占录、张雅婷、张远索等：《基于计划行为理论的农户主观认知对土地流转行为影响机制研究》，《中国土地科学》2021年第4期，第53～62页。

知觉行为控制是指个体感知到执行某特定行为容易或困难的程度,它反映的是个体对促进或阻碍执行行为因素的知觉。虽然从概念上完全可以将主观规范、行为态度和知觉行为区分开来,但有时主观规范、行为态度和知觉行为控制可能拥有共同的基础,因此在个人行为中,主观规范、行为态度和知觉行为控制既相互独立又相互依存。

农村宅基地制度的变迁,不仅受到社会经济因素的影响,个人的行为、心理、态度、情感、经验和动机等也会作用到制度改革中,因此必须要探索个体的行为作用大小、影响机制及其交互性等。计划行为理论通过分析个体的行为意向及其对外界环境的认知和控制能力,以及解释个体态度如何体现到行为上,为研究宅基地利用行为决策提供理论基础。

八、制度变迁理论

制度变迁理论反映的是传统观念与新观念碰撞融合的过程。社会制度是社会历史的产物,它随着生产力的发展、分工和交往的出现而产生,为了保持制度的稳定性,在制度变迁的过程中出现了优胜劣汰的现象,不仅包括制度形式的变化,同时包括制度运行结果的变化。制度变迁理论主要包含新制度主义制度变迁理论和马克思主义制度变迁理论。

新制度主义政治学建构了一系列关于制度的方法论,包括理性选择制度主义、社会学制度主义和历史制度主义等。其中历史制度主义借由制度演进惯性,形成以路径依赖为核心的制度变迁理论。[①] 历史制度主义下的制度变迁理论,研究的重点是各种制度受到外界的社会经济等因素影响后发生变迁的方式,以及将会形成怎样的发展模式,具备怎样的特征,一方面重视政治制度对公共政策演进的作用,另一方面重视遵循历史事件发生的沿革,通过历史事件的放大,识别出影响政治事件演化的关键因素。

---

① 陈江畅、张京祥:《我国创新产业用地政策的转型与变革——基于制度变迁理论》,《地域研究与开发》2022年第2期,第167~173页。

　　道格拉斯·诺思（Douglass North）创立的制度变迁理论分析框架，将政治、经济和社会等多种因素都考虑在内。他认为，制度变迁存在着路径依赖的特性，任何制度都会受到包括政治经济制度背景、意识形态与思想观念、主体行为一系列因素的影响和制约而发生结构性变迁。诺思认为制度变迁模式主要分为两种：一是以国家强制外部手段发挥主导作用的自上而下的"强制性"变迁；二是由于外部环境诱导而产生内部变迁的自下而上的"诱致性"变迁。[①]

　　马克思主义的制度变迁理论结合了历史唯物主义和政治经济学，对新古典分析框架所遗漏的所有因素：制度、产权、国家和意识形态进行了补充。马克思认为制度变迁理论前提和基础是生产力和生产关系的矛盾运动，先进的生产力阶级必将取代落后的生产力阶级，而制度变迁的直接动因则是不同社会关系下人们的物质利益冲突。[②]马克思认为制度变迁的形式有两种：激进式暴力革命、渐进式和平演进，其既有量变又有质变。总体来说，制度变迁是量变与质变、渐进式与激进式的统一。

　　随着工业化和城镇化快速推进，社会生产力不断发展，市场化改革不断深入，为了生产力与生产关系、制度与制度环境相适应，农村宅基地制度也相应发生改变。在农村宅基地制度的变迁过程中，为了适应外部环境的新变化，效益较低的宅基地制度被效益更高的宅基地制度更替、转换及创新，包括宅基地产权、宅基地的严格管制、宅基地的市场配置等制度，这一过程实际上就是制度变迁理论的体现。纵观宅基地制度变革过程，"使用权和所有权的分离"具有明显的政府主导特征，而"三权分置"首先源于地方实践的自主调节，再由政府主导，是自下而上、自上而下的制度变迁过程，这种制度性变迁同时具备强制性、自发性以及渐进性。

---

① 　赖宝君：《建国以来国有资产管理体制的历史嬗变与模式选择》，福建师范大学硕士学位论文，2015 年。

② 　刘荣材：《马克思主义制度变迁理论及其在中国的应用和发展》，《重庆工学院学报》（社会科学版）2009 年第 8 期，第 99～104 页。

九、马斯洛需求层次理论

亚伯拉罕·马斯洛（Abraham Maslow）在《人类激励理论》中第一次提出需求层次论，回答了关于人的积极性以"什么为基础、根据何种依据、如何充分调动"的问题。马斯洛需求层次论认为人是一个有机整体，应当是动机和需求的结合，将人的需求按照从低到高的顺序分为生理需求、安全需求、社会需求、尊重需求和自我实现需求等五个需求层次。生理、安全和社交的需要是在自然界中生存选择形成的本能或冲动，通过外部条件就可以满足的缺乏型低级需要；尊重和自我实现的需要是随生物进化而逐渐显现，通过内部因素才能满足的成长型高级需要。

在马斯洛需求层次论中，生理需求是基础需求和需求起点，包含衣食住行各个方面，例如呼吸、水源、食物、睡眠等。安全需求包含家庭安全、人身安全、资源财产的所有性以及道德的保障，也表现在对社会边界、界限和秩序的需求。情感与归属的需求一方面为爱情、友情等情绪的表达，自我情绪的表达和被给予情绪的关怀；另一方面是情感归属的问题。尊重需求包含对自我的尊重和外界对自己的尊重，即内部尊重和外部尊重两方面。自我实现的需求是整个理论的最高层次，即个人通过发挥自己最大限度的潜能，实现自己人生理想和价值的需求。[1]

马斯洛需求层次理论表明，人的需求是从低级向高级发展的过程，是符合人类需要发展一般规律的。当人低层次的需求基本得到满足后，需求的迫切程度会降低，低层次的需求会被高层次的需求取代。不同层级的需求可以同时存在，相互依赖和重叠，这些需求存在不可替代性，即任何一种需要都不会因为更高层次需要的实现而消失，只是对行为影响的程度大大减小，这对于农户在宅基地的使用和退出的抉择方面有着重要的启示作用。

---

[1] 房傲雪：《市民化农户土地承包权退出影响因素研究——基于河北省的样本调查》，西南大学硕士学位论文，2018年。

农户对农村宅基地的使用，由最开始的居住功能需求到选择离开农村到城市追求更优越的居住环境；在农村宅基地退出中，农户首先考虑宅基地退出后是否能得到稳定的居住需求，当居住需求满足后，社会保障以及生计选择、就业安排的需求开始出现。这便是马斯洛需求层次理论中所提出的，不同时期各种需求的迫切程度不同，当人们低一级需要得到满足后，高一层次的需要就会凸显。马斯洛需求层次理论对于宅基地改革中农户心理行为抉择具有重要指导价值。

第二节　农村宅基地研究进展

2005 年以来，针对农村宅基地"一户多宅"、"闲置荒废"、"面积超标"和"违建超占"等宅基地违规低效利用现象，中央出台了多项规范宅基地利用的政策。2015 年，启动了宅基地制度改革的试点，围绕宅基地取得、流转、退出、管理等方面开展。2018 年，中央一号文件明确提出"探索宅基地所有权、资格权、使用权'三权分置'"改革试点，在新政策的指引下，农村宅基地"三权分置"改革成为近几年研究热点。随着试点工作的推进，基于宅基地试点改革经验，学术界对宅基地流转、退出和补偿，"三权分置"改革、实现路径和实施困境进行了大量的研究。此外，2018 年中央一号文件明确提出实施乡村振兴战略，宅基地是农民生存和发展的载体，关乎"三农"工作的方方面面，宅基地制度改革成为实现乡村振兴的重要抓手，宅基地制度改革与乡村振兴也引起了学者们的广泛探讨。本节主要对宅基地流转、宅基地退出、宅基地"三权分置"、宅基地与乡村振兴、宅基地改革评价五个方面的研究内容进行全面梳理和总结，以期更准确地把握最新研究动态和进展。

一、农村宅基地流转研究方面

宅基地流转即宅基地使用权的流转，指对农村宅基地使用权进行转让、抵押、入股、租赁等。学术界对宅基地的流转研究主要包括政策是否允许流转、流转意愿、流转方式、流转风险和流转机制等方面。

（一）宅基地流转的理论纷争

关于宅基地能否流转，学者们主要持两种不同的观点：一种观点认为应当限制宅基地流转；另一种观点认为应当使其自由流转。

1. 一部分学者认为应当限制宅基地的流转

孟勤国、陈柏峰等认为宅基地作为农民的居住保障，是农民作为集体组织成员而无偿享有的福利，对维护社会和谐有着重要的作用。而允许其自由流转，会在一定程度上造成弱势群体的流离失所，剥夺农民的福利保障，不利于社会稳定。[①] 吕军书等认为在当前我国法律法规尚不健全的情况下，应当采取"有限流转"方式推行，对宅基地流转设置一定的限制条件，例如只能在本集体内部流转，以此既保障农民权益又兼顾宅基地利用效率。[②]

2. 另一部分学者认为应当使其自由流转

从物权角度看，王俊龙、林卿等认为农户享有对宅基地的收益权，农户流转宅基地获取收益是其用益物权的合法实现，保障了农民财产权的实现。[③] 从效率视角来看，林绍珍等认为如果宅基地流转受到限制，会导致大量闲置宅基地无法得到有效利用，造成土地资源浪费，不利于土地资源的优化配

---

① 孟勤国：《物权法开禁农村宅基地交易之辨》，《法学评论》2005 年第 4 期，第 25 ～ 30 页。陈柏峰：《农村宅基地限制交易的正当性》，《中国土地科学》2007 年第 4 期，第 25 ～ 29 页。

② 吕军书、张文赟：《农村宅基地使用权流转的风险防范问题分析》，《河南师范大学学报》（哲学社会科学版）2013 年第 2 期，第 102 ～ 105 页。

③ 王俊龙、郭贯成、韩述：《基于阿马蒂亚·森可行能力的农户宅基地流转意愿研究》，《干旱区资源与环境》2022 年第 2 期，第 48 ～ 54 页。林卿：《农民土地权益流失与保护研究——基于中国经济发展进程》，中国社会科学出版社 2013 年版，第 332 页。

置。[1] 从公平角度来看，罗光宇等认为农村居民与城镇居民一样都没有土地所有权，但城镇房产可以自由进行流转，而农民的宅基地或房屋交易却要受到限制，这样有悖公民权利公平原则。[2]

（二）宅基地流转机制

现存的宅基地使用权流转制度严格限制受让主体，导致现有流转效率长期处于低水平状态，而隐性交易乘虚而入。为规范流转市场，保障交易双方权益，学者们分别从政府和市场两个方面探讨了完善宅基地流转的机制。

1. 政府层面

主要体现在政府使用各种行政手段对宅基地流转进行宏观调控。山琼琼认为政府应该对农户宅基地使用权进行确权登记，建立宅基地使用权流转的登记制度，以保障宅基地流转的法律效应。[3] 周密从法律制度角度探讨如何构建宅基地流转机制，首先要对宅基地流转人进行土地登记，以作为宅基地使用权进入市场流转的先决条件；其次，通过法律形式规范交易市场主体和行为，放开宅基地流转的范围。[4]

2. 市场层面

也有学者认为宅基地流转机制应重视市场调节机制。方明从清除政策障碍、完善宅基地使用权登记制度、明确界定流转主体范围及条件、依法确定宅基地取得的制度等方面提出构建农村宅基地使用权流转机制，在此基

---

① 林绍珍、廖桂容：《我国农村宅基地使用权流转机制研究》，《东南学术》2014 年第 5 期，第 166 ～ 172 页。

② 罗光宇、欧阳晨：《农村宅基地使用权流转的合法性探析》，《西北农林科技大学学报》（社会科学版）2013 年第 2 期，第 6 ～ 11 页。

③ 山琼琼：《宅基地使用权流转的路径探究》，《农业与技术》2022 年第 1 期，第 148 ～ 150 页。

④ 周密：《城乡融合背景下宅基地使用权流转机制研究》，《农业经济》2022 年第 1 期，第 101 ～ 103 页。

础上，应注重市场经济的自动调节与宏观调控相结合。^①吴涛认为要破解农户宅基地流转不畅的问题，有必要建立具备权益归属划分、收益分配、流转形式、交易平台、流转主体和客体等条件完善的农村宅基地使用权流转市场。^②

（三）宅基地流转风险

宅基地流转风险指实施宅基地流转（被流转）对政府、集体、农民等主体产生的负面影响。目前对宅基地流转风险的研究主要集中在风险的识别和风险的定量两方面。

1. 宅基地流转的风险识别

吕军书等通过政策、制度分析，把农村宅基地流转划分为抵押的风险、农民利益受损的风险、流转中耕地流失的风险、破坏乡村伦理的风险和影响社会稳定的风险等五个方面。^③林超等认为开放宅基地流转会引发农村人文伦理破坏、粮食安全威胁、农民权益遭侵犯、宏观调控能力削弱、政府管理效益受侵犯的风险，并运用风险矩阵和 Borda 序值法对风险的重要性进行排序。^④刘双良等从物权视角出发，揭示了宅基地流转的显性风险，即农户权益保障不足问题，并揭示了"三权分置"背景下宅基地所有权主体权力失范、资格权保障和使用权丧失等隐性风险，提出构建国家、市场、集体多元主体参与联动的风险防范机制。^⑤

---

① 方明：《农村宅基地使用权流转机制研究》，《现代经济探讨》2014 年第 8 期，第 50 ~ 54 页。

② 吴涛：《农村宅基地使用权市场性流转问题研究》，西南财经大学硕士学位论文，2019 年。

③ 吕军书、张文赟：《农村宅基地使用权流转的风险防范问题分析》，《河南师范大学学报》（哲学社会科学版）2013 年第 2 期，第 102 ~ 105 页。

④ 林超、陈泓冰：《农村宅基地流转制度改革风险评估研究》，《经济体制改革》2014 年第 4 期，第 90 ~ 94 页。

⑤ 刘双良、秦玉莹：《"三权分置"背景下宅基地流转风险防范——基于物权视角的分析》，《农业经济》2020 年第 4 期，第 95 ~ 97 页。

2. 宅基地流转的风险定量

关江华等利用农户脆弱性评价法，对宅基地流转中农户面临的风险进行了评价。[①] 吴明发等构建农户个体和农民集体两个层次的社会风险预警体系，运用层次分析法和模糊综合评价法，对广东省农村宅基地流转社会风险进行实证评估，结果显示农户个体风险处于"重警"状态，农民集体风险处于"中警"状态。[②] 刘永健等从政府、集体、农户三个层面对宅基地上市流转产生的风险进行识别，采用网络层次分析法和灰色聚类分析法对其风险因素进行评价，得出政府面临的风险主要是财政收入下降及贫富差距拉大，农村集体面临的风险主要是腐败现象及社会面不稳，农户面临的风险主要是利益受损及失去保障。[③]

（四）宅基地的流转意愿

关于宅基地流转意愿的影响因素研究，学者们主要从微观和宏观两个方面进行探讨。

1. 在微观方面，影响农户流转意愿的因素主要有个体和家庭特征

在影响因素的计量研究中，学者们多是通过调查问卷来获取相应的数据。王俊龙等通过调查问卷数据和构建二元 Logit 模型研究了江苏省苏南典型农区农户流转意愿，该模型以农户个体特征、家庭特征、家庭资源特征、住房特征以及流转意愿为变量，结果显示农村宅基地流转意愿影响因素中，户主性别、政治面貌和房屋建造成本影响程度较高。[④] 张勇等基于生存能力

---

① 关江华、黄朝禧、胡银根:《不同生计资产配置的农户宅基地流转家庭福利变化研究》,《中国人口·资源与环境》2014 年第 10 期，第 135 ～ 142 页。

② 吴明发、严金明、陈昊:《农村宅基地流转的社会风险评估实证研究》,《科学·经济·社会》2018 年第 1 期，第 64 ～ 70 页。

③ 刘永健、耿弘、孙文华等:《基于网络层次分析法和灰色聚类分析的农村宅基地上市流转风险评价研究》,《上海农业学报》2017 年第 4 期，第 138 ～ 145 页。

④ 王俊龙、郭贯成、韩述:《基于阿马蒂亚·森可行能力的农户宅基地流转意愿研究》,《干旱区资源与环境》2022 年第 2 期，第 48 ～ 54 页。

的视角,通过对安徽省 821 个农户进行分析,结果显示超过一半的农户愿意进城定居,农户的职业类型、家庭人口数、性别等对农户意愿具有显著的正相关关系。[①] 刘蕾以河北省定州市为例,采用问卷调查和 Logistic 回归模型进行分析,得出农户年龄、家庭收入、宅基地是否闲置等 8 个变量与宅基地流转有着显著关系。[②]

2. 在宏观方面,影响农户流转意愿的因素主要体现在政策、市场等外部环境因素

吴郁玲等以湖北省农村为研究对象,运用 Probit 模型分析得出宅基地使用权确权对于增强宅基地流转意愿具有积极影响,建议根据农户所居住区域的不同,差别化地对宅基地使用权的相关政策进行调整。[③] 胡方芳等采用 Probit 模型分析宅基地流转的主要影响因素,其中政策上农户参与农村新型合作医疗比重越大,其流出宅基地的意愿越强;市场方面,农户的流转收入预算越多,流出意愿越强。[④]

二、农村宅基地退出研究方面

学术界对当前宅基地退出的研究主要集中在宅基地退出机制、退出补偿、退出模式和退出意愿等方面。

(一)宅基地退出机制

构建合理的宅基地退出机制,有利于激发农户的退出积极性,推动农户

---

① 张勇、包婷婷:《城镇化进程中农民进城定居意愿影响因素的实证分析》,《干旱区资源与环境》2019 年第 10 期,第 14 ～ 19 页。

② 刘蕾:《农户宅基地使用权流转参与意愿研究——基于定州市农户的调查》,《社会科学家》2019 年第 7 期,第 63 ～ 69 页。

③ 吴郁玲、杜越天、冯忠垒等:《宅基地使用权确权对不同区域农户宅基地流转意愿的影响研究——基于湖北省 361 份农户的调查》,《中国土地科学》2017 年第 9 期,第 52 ～ 61 页。

④ 胡方芳、蒲春玲、陈前利等:《欠发达地区农民宅基地流转意愿影响因素》,《中国人口·资源与环境》2014 年第 4 期,第 116 ～ 126 页。

自愿有偿退出宅基地。关于宅基地退出机制构建的研究，学者们结合具体案例探索了退出机制的主要构成要素，集中体现在多力协调机制、多方治理机制及权益保障机制等方面。

1.多力协调机制

欧阳安蛟等通过综合分析法和文献梳理法，从动力机制角度出发，总结出宅基地退出的"引力、推力、压力"机制，引力机制指通过福利政策和退出补偿引导农户主动退出，压力机制指通过收取有偿使用费用或税费倒逼农户退出，推力机制指通过宅基地复垦、整理工程推动农户退出。[①]郭贯成等以推拉理论为视角，得出退出的推力来自农村不利的生产生活条件，拉力来自城市较高的生活水平和社会保障。[②]

2.多方治理机制

陈藜藜等基于经济新常态，从兼顾公平和效率的角度出发，构建"政府—市场—村民"的宅基地退出运行机制，以政府及相关部门制定政策措施做好指导工作；以市场促进宅基地退出的建设用地指标用于入市交易；以村民自治方式来决议村集体宅基地退出事项。[③]张秀智等研究经济欠发达地区宅基地退出机制，在宏观上，政府财政投入和集体产权设置在宅基地退出中起着关键核心作用；在微观上，农民就业模式、对土地依赖程度和农村地区特色也会直接影响宅基地退出的效率。因此，宅基地退出机制中要将政府的核心作用和农民的自发自主作用相结合。[④]

---

① 欧阳安蛟、蔡锋铭、陈立定:《农村宅基地退出机制建立探讨》,《中国土地科学》2009年第10期，第26～30页。

② 郭贯成、戈楚婷:《推拉理论视角下的农村宅基地退出机制研究——基于南京市栖霞区农户意愿调查》,《长江流域资源与环境》2017年第6期，第816～823页。

③ 陈藜藜、宋戈、邹朝晖:《经济新常态下农村宅基地退出机制研究》,《农村经济》2016年第7期，第42～48页。

④ 张秀智、丁锐:《经济欠发达与偏远农村地区宅基地退出机制分析：案例研究》,《中国农村观察》2009年第6期，第23～30、94～95页。

3. 权益保障机制

赵强军从宅基地土地管理制度的完善、宅基地退出资金筹集、退出人员的管理、退出资金的管理和退出服务的管理五个方面，设计宅基地退出机制，在各方设计中更加注重宅基地使用者权益的保护。[①]

（二）宅基地的退出补偿

1. 宅基地退出补偿标准

大部分学者认为对宅基地退出补偿应考虑宅基地多方面的价值。付文凤等基于机会成本视角，认为宅基地退出补偿应综合考虑宅基地直接经济价值、农村生活方式保持价值、宅基地转为建设用地的发展权价值等。[②] 孙维认为政府不仅要对退出宅基地上的房屋和构筑物进行补偿，还应对农户宅基地使用权价值进行补偿。[③] 刘丹等基于功能价值理论，认为宅基地具有住房保障、生产经营、经济财产和情感传承功能，宅基地退出标准应体现宅基地上述四项功能价值。[④] 仅有少数学者认为农村宅基地退出补偿只应对宅基地上房屋进行补偿，如韩娜等认为宅基地是农户作为集体经济组织成员无偿取得的，对宅基地只有使用权，因此政府只需对宅基地上农户自资修建的房屋及附属设施进行补偿。[⑤]

---

① 赵强军：《农户宅基地退出机制研究——以杨凌及周边地区为例》，西北农林科技大学硕士学位论文，2012年。

② 付文凤、郭杰、欧名豪等：《基于机会成本的农村宅基地退出补偿标准研究》，《中国人口·资源与环境》2018年第3期，第60～66页。

③ 孙维：《农村宅基地退出补偿标准测算——以温江区为例》，四川农业大学硕士学位论文，2013年。

④ 刘丹、巩前文：《功能价值视角下农民宅基地自愿有偿退出补偿标准测算方法》，《中国农业大学学报》2020年第12期，第173～183页。

⑤ 韩娜、曹君、褚茜：《关于宅基地回购制度的构建设想》，《重庆科技学院学报》（社会科学版）2008年第2期，第77～78页。

2.宅基地退出收益分配

在退出收益分配机制设计上，大部分学者认为宅基地退出收益分配应在政府、村集体和农户三者间共同协商。彭小霞认为宅基地退出收益应遵循"所有者"和"投资者"收益的原则，以主体间所得份额投入的比例为依据，在村集体组织、农民以及地方政府之间进行公平分配。[①]

3.宅基地退出补偿方式

大多数学者认为应建立多元化的宅基地退出补偿方式，以满足农户多方面的需求。欧阳安蛟等提出应尊重农户意愿，给予其货币补偿、养老补助、住房安置补偿、社会保障、就业扶持等。[②]此外，学者们还提出针对地区和农户的不同情况应采取差异化退出政策或措施。孙鹏飞等认为应根据农户的老龄化和社会信任的差异，制定差异化的宅基地退出政策；[③]李春华等认为应对处于不同生命周期的家庭完善差异化补偿措施。[④]

（三）宅基地的退出模式

宅基地退出模式是指在推行农村宅基地退出过程中所采取的具有典型性特征的组织、方法、机制、程序、运作方式等。[⑤]2015年在全国范围内选取了33个地区进行宅基地制度改革试点，2020年又选取了107个试点地区进行第二轮深化改革。各试点地区根据地方实际开展了宅基地退出工作，形成

---

① 彭小霞：《农民权益保护视角下农村宅基地退出机制之完善》，《农村经济》2015年第4期，第9～13页。

② 欧阳安蛟、蔡锋铭、陈立定：《农村宅基地退出机制建立探讨》，《中国土地科学》2009年第10期，第26～30页。

③ 孙鹏飞、赵凯、贺婧：《农村人口老龄化、社会信任与农户宅基地退出——基于安徽省金寨县614户农户样本》，《华中农业大学学报》（社会科学版）2019年第5期，第137～145、173页。

④ 李春华、赵凯、张晓莉：《功能认知对农户宅基地退出补偿期望的影响——基于家庭生命周期视角》，《农业现代化研究》2021年第4期，第640～651页。

⑤ 黄璐水、罗海波、钟锋：《贵州省农村宅基地退出的障碍因素调研与对策建议》，《中国农业资源与区划》2014年第4期，第94～99页。

了独具特色的宅基地退出模式。学者们分别从多个角度出发总结了宅基地退出模式。

1. 根据地区差异性做法进行模式总结

例如"义乌模式"、重庆"地票"模式、"余江模板"等。冯娜娜等基于"三圈理论",总结出浙江义乌市宅基地退出的三种模式:"城乡新社区集聚建设"、"旧村改造"和"新农村集聚建设"模式。[①] 余永和认为土地收储+以地养老的"平罗经验"、住房优惠+货币补偿的"余江模板"和城乡新社区集聚建设的"集地券"制度的"义乌智慧"是改革实践中颇具特色的退出模式。[②] 阿说尔古分析了嘉兴"两分两换"模式、重庆"地票"模式、天津"宅基地换房"模式和四川泸县模式等。[③]

2. 对多样化的退出模式进行分类总结

胡银根等按照治理结构不同,提出层级制、混合制和市场制三种退出模式,并分别将金寨县"货币+宅基地"、蓟州区"货币+购房"、义乌市"资产置换"模式与其相对应。[④] 魏后凯等归纳出宅基地换房、土地收储和市场化交易模式。[⑤] 唐小宇根据退出组织的主体不同,归纳出政府主导型、村民自发型、企业推动型和市场配置型退出模式。[⑥] 张世全等基于空间物理形态,以河南商丘为研究区,总结出迁村并点、原址改造、整村搬迁、中心社区等

① 冯娜娜、沈月琴、孙小龙等:《"三圈理论"视角下农村宅基地退出模式比较——基于义乌市的观察》,《中国农业资源与区划》2021 年第 2 期,第 44 ~ 51 页。

② 余永和:《农村宅基地退出试点改革:模式、困境与对策》,《求实》2019 年第 4 期,第 84 ~ 97、112 页。

③ 阿说尔古:《基于农户意愿的民族地区宅基地退出路径研究——以喜德县为例》,西南民族大学硕士学位论文,2019 年。

④ 胡银根、王聪、廖成泉等:《不同治理结构下农村宅基地有偿退出模式探析——以金寨、蓟州、义乌 3 个典型试点为例》,《资源开发与市场》2017 年第 12 期,第 1411 ~ 1416 页。

⑤ 魏后凯、刘同山:《农村宅基地退出的政策演变、模式比较及制度安排》,《东岳论丛》2016 年第 9 期,第 15 ~ 23 页。

⑥ 唐小宇:《农村宅基地退出补偿机制的构建与完善——基于金寨县的研究》,安徽农业大学硕士学位论文,2019 年。

退出模式。[①] 刘丽惠从农户行为选择出发，按照置换对象划分，总结归纳出
"货币补偿"、"资产置换"和"指标置换"三种宅基地退出模式。[②]

（四）宅基地退出意愿

虽然我国当前各地开展宅基地退出大多数是由地方政府主导的，但在实
践中，地方政府如果不尊重农户意愿和利益诉求，必然会影响到退出工作的
顺利开展。当前不少学者对宅基地退出意愿的影响因素进行了研究，主要是
从农户个人和家庭特征、农户的资源禀赋、外界环境因素等三个方面开展。

1. 个人和家庭特征

农户个人因素主要体现在农户的性别、年龄、受教育程度、从业状态、
政治面貌等。部分研究表明，新生代农民中男性的城市从业技能相对女性较
高，城市生存能力较强，其退出意愿较女性大；[③] 农户的年龄越大，由于其
恋家情节厚重，对农业依赖大，其宅基地退出意愿较小；[④] 农户受教育程度
越高，其适应城镇化生活能力越强，风险抵抗能力也越强，退出意愿相对较
高。[⑤] 家庭因素主要体现在家庭收入来源、非农收入比重、家庭生命周期等。
研究表明，家庭年收入中非农收入占比与宅基地退出意愿呈正相关。[⑥] 处于

[①] 张世全、彭显文、冯长春等：《商丘市构建农村宅基地退出机制探讨》，《地域研究与开发》
2012 年第 2 期，第 82 ～ 85 页。

[②] 刘丽惠：《经济发达地区农村宅基地退出的模式选择研究——以福建省晋江市为例》，华侨
大学硕士学位论文，2020 年。

[③] 黄敏、杜伟：《基于 Probit 二元选择模型的农村宅基地退出意愿研究》，《四川师范大学学报》
（社会科学版）2017 年第 5 期，第 64 ～ 69 页。

[④] 杨玉珍：《城市边缘区农户宅基地腾退动机影响因素研究》，《经济地理》2012 年第 12 期，
第 151 ～ 156 页。

[⑤] 许恒周、殷红春、石淑芹：《代际差异视角下农民工乡城迁移与宅基地退出影响因素分析——
基于推拉理论的实证研究》，《中国人口·资源与环境》2013 年第 8 期，第 75 ～ 80 页。

[⑥] 傅熠华：《农民工农村宅基地退出的决策逻辑——基于全国 2328 户农民工家庭的实证研
究》，《经济体制改革》2018 年第 6 期，第 70 ～ 75 页。韩文龙、刘璐：《权属意识、资源
禀赋与宅基地退出意愿》，《农业经济问题》2020 年第 3 期，第 31 ～ 39 页。

生命周期初始阶段的成长核心家庭，由于家庭负担较大，更倾向于在生活成本较低的农村生活，宅基地退出意愿较低，而成熟核心家庭和萎缩家庭退出意愿较高。[①]

2. 农户的资源禀赋

农户的资源禀赋主要体现在宅基地数量、宅基地面积、宅基地区位等方面。研究表明，农户拥有的宅基地数量越多，退出意愿越高。[②]在宅基地面积方面，部分学者认为宅基地面积越大，农户所负担的腾退宅基地沉没成本越高，退出意愿越小；[③]但也有部分学者认为宅基地面积越大，农户能获得的退出经济补偿越高，退出意愿越强。[④]在宅基地区位方面，有部分学者认为宅基地区位不好的农户倾向于退出宅基地，以享受城市的各项便利，而区位较好的农户更坚信其宅基地未来升值潜力较大，不愿退出宅基地；[⑤]而另一部分学者认为宅基地区位越好，获得的经济补偿越高，越容易退出宅基地。[⑥]

3. 外界环境因素

外界环境因素包括社会环境和制度环境，社会环境如宅基地与城镇的距离、农村经济条件、农村基础设施状况、地方风俗、社会交往情况等；政

[①] 李敏、陈尧、唐鹏等:《家庭生命周期对农户宅基地退出意愿的影响》,《资源科学》2020年第9期，第1692～1703页。

[②] 黄贻芳、钟涨宝:《不同类型农户对宅基地退出的响应——以重庆梁平县为例》,《长江流域资源与环境》2013年第7期，第852～857页。

[③] 黄琦、王宏志、徐新良:《宅基地退出外部环境地域差异实证分析：基于武汉市东西湖区84个样点的分析》,《地理科学进展》2018年第3期，第407～417页。

[④] 陈霄:《农民宅基地退出意愿的影响因素——基于重庆市"两翼"地区1012户农户的实证分析》,《中国农村观察》2012年第3期，第26～36页。

[⑤] 高佳、李世平:《城镇化进程中农户土地退出意愿影响因素分析》,《农业工程学报》2014年第6期，第212～220页。

[⑥] Zhang Xiaoling, Han Lu, "Which factors affect farmers' willingness for rural community remediation? A tale of three rural villages in China", *Land Use Policy*, 2018, Vol.74.

策环境如宅基地退出政策、养老医疗政策、户籍政策等。[①] 相关研究结论有：村庄到城镇的距离越远，其退出意愿越弱；农户对村庄环境的满意度越高，退出意愿越弱；亲戚朋友的意见对农户退出决策具有显著影响；是否参加养老保险对宅基地退出意愿具有显著影响；农户对"政策行为"的评价对宅基地退出意愿具有显著的正向促进作用。

三、宅基地"三权分置"改革研究方面

自 2018 年中央一号文件明确提出探索宅基地"三权分置"以来，"三权分置"成为宅基地研究的重点，学术界关于宅基地"三权分置"的研究主要集中在"三权"权利结构、实现路径和实施困境等方面。

（一）宅基地"三权"权利结构

虽然国家已经以政策的形式对宅基地"三权分置"改革予以确认，但目前学术界对宅基地"三权"的权利内涵、权利边界和相互关系还存在分歧，不同的学者提出了不同的权利构造路径，并形成了以下三种权利结构模式。

1. "农村土地集体所有权 + 农户资格权 + 宅基地使用权"模式

该模式认为，新设的资格权和使用权取代了原有"两权分离"结构中的宅基地使用权。[②] 分置后的使用权属于用益物权，可以依法进行自由流转；

---

① 范辉、李晓珍、余向洋等：《基于交互决定论的农村宅基地退出意愿研究——以河南省为例》，《干旱区资源与环境》2020 年第 2 期，第 22 ～ 28 页。郭贯成、韩冰：《城市近郊农户非农就业和宅基地流转意愿作用研究——基于南京市栖霞区的问卷调查》，《山西农业大学学报》（社会科学版）2018 年第 4 期，第 1 ～ 8 页。魏凤、于丽卫：《天津市农户宅基地换房意愿影响因素的实证分析——基于 3 个区县 521 户的调查数据》，《中国土地科学》2013 年第 7 期，第 34 ～ 40 页。孙雪峰、朱新华、陈利根：《不同经济发展水平地区农户宅基地退出意愿及其影响机制研究》，《江苏社会科学》2016 年第 2 期，第 56 ～ 63 页。

② 孙建伟：《宅基地"三权分置"中资格权、使用权定性辨析——兼与席志国副教授商榷》，《政治与法律》2019 年第 1 期，第 125 ～ 139 页。

资格权属于成员权，是农户作为集体组织成员享有的全部权利或申请取得宅基地使用权的权利。[①] 岳永兵指出宅基地"三权"中的资格权是从使用权中分离出来的宅基地配给权，该配给权属于成员权。[②]

2."农村土地集体所有权＋宅基地使用权＋债权"模式

该模式中，宅基地使用权属于用益物权，债权指租赁权。学术界针对租赁权又存在两种观点：一种是社会主体建立与农村集体经济组织之间的宅基地使用关系，通过法律规定，社会主体取得对宅基地一定年限内的法定租赁权；[③] 另一种是社会主体建立与农村村民之间的宅基地使用关系，取得租赁权。第二种观点以宋志红为代表，她认为农户在不丧失宅基地使用权的基础上，可将宅基地使用权一定年限内的占有、使用等权能让渡给承租人。[④]

3."农村土地集体所有权＋宅基地使用权＋用益物权"模式

该模式认为，分置后的使用权是建立在原有宅基地使用权之上的使用权，即该权利属于宅基地使用权这一用益物权之上的次级用益物权，而分置后的资格权属于原有的宅基地使用权。席志国认为，这一次级用益物权是宅基地使用权人为其他民事主体所创设的、具有一定期限的对宅基地占有、使用和收益的权利。[⑤]

---

① 李凤章、李卓丽：《宅基地使用权身份化困境之破解——以物权与成员权的分离为视角》，《法学杂志》2018 年第 3 期，第 68 ～ 76 页。

② 岳永兵：《宅基地"三权分置"：一个引入配给权的分析框架》，《中国国土资源经济》2018年第 1 期，第 34 ～ 38 页。

③ 刘凯湘：《法定租赁权对农村宅基地制度改革的意义与构想》，《法学论坛》2010年第 1 期，第 36 ～ 41 页。

④ 宋志红：《宅基地"三权分置"的法律内涵和制度设计》，《法学评论》2018 年第 4 期，第 142 ～ 153 页。

⑤ 席志国：《民法典编纂视域中宅基地"三权分置"探究》，《行政管理改革》2018 年第 4 期，第 45 ～ 50 页。

（二）宅基地"三权"的实现路径

1. 所有权的实现路径

大多数学者认为宅基地所有权实现路径包括确立所有权的职责主体、明晰所有权主体的具体权利、落实所有权具体实现路径。刘圣欢等认为落实集体所有权的前提是清晰地认定集体经济组织成员，应以村民小组为单位落实集体所有权。[1] 杨青贵认为在赋予集体所有权占有、使用、收益和处分权的同时，还应细化出包括宅基地集体收益权、资格认定权、集体收回权和集体回购权等多个具体权利。[2] 杨砚池指出宅基地所有权的实现路径包括分配建房指标、收取相关费用、进行村庄规划和建设管制等。[3]

2. 资格权的实现路径

关于资格权的实现路径研究热点集中在三个方面：一是资格权认定标准，包括"户"[4]、"集体成员"[5]以及"以'户'为主、'家'为辅"[6]的三种认定标准；二是资格权的认定方式，既有研究认为宅基地农户资格权的配置为村民自治的范畴，分配、申请宅基地由村集体自治组织讨论通过；[7]三是资格权的权能

[1] 刘圣欢、杨砚池：《农村宅基地"三权分置"的权利结构与实施路径——基于大理市银桥镇农村宅基地制度改革试点》，《华中师范大学学报》（人文社会科学版）2018年第5期，第45～54页。

[2] 杨青贵：《落实宅基地集体所有权的实践探索与制度因应》，《法治研究》2021年第5期，第130～140页。

[3] 杨砚池：《农村宅基地产权安排与农户权益保障研究——基于云南省大理市的实践》，华中师范大学博士学位论文，2020年。

[4] 秦玉莹：《宅基地"三权分置"中"农户资格权"的建构——基于"身份权"的视角》，《贵州社会科学》2021年第3期，第153～158页。

[5] 曾旭晖、郭晓鸣：《传统农区宅基地"三权分置"路径研究——基于江西省余江区和四川省泸县宅基地制度改革案例》，《农业经济问题》2019年第6期，第58～66页。

[6] 朱灵艳：《集体成员单位再认识："户"与"家"的互构——基于沪郊三村宅基地置换过程的调查》，《武汉科技大学学报》（社会科学版）2019年第1期，第46～52页。

[7] 李怀、陈享光：《乡村振兴背景下宅基地"三权分置"的权能实现与深化路径》，《西北农林科技大学学报》（社会科学版）2020年第6期，第28～34页。

界定，基本观点认为其权能包括取得权（取得集体成员权、申请分配宅基地、流转后再次取得权）和收益权（宅基地征收补偿、退出补偿、流转收益等）。[①]

3. 使用权的实现路径

学术界一致认为宅基地使用权属于用益物权范畴，使用权人可出租、转让、抵押、入股宅基地使用权。但学术界对使用权流转存在较大争议：一是流转的范围，部分学者持保守观点，只允许在其规定范围内对集体成员流转，以防土地投机风险和农民失地风险；[②]二是宅基地使用权流转的条件，部分学者认为必须在农户有稳定居所的前提下给予其流转权利，且农民转让宅基地后不得再申请新宅基地；[③]三是流转的限制，一种观点认为非集体成员流转取得的仅是宅基地的租赁权，并不享有宅基地的使用权，[④]另一种观点认为非集体成员只是取得了一定期限的宅基地使用权，使用权到期后将回归于资格权主体。[⑤]

（三）宅基地"三权"实施困境

1. 宅基地所有权实施困境

学术界一致认为宅基地所有权面临着主体虚化的困境。从法律层面上看，李林峰等认为相关法律对"集体所有"的法人化缺少相应明确。[⑥]严金

[①]　游斌、张军涛、于婷：《城乡融合发展视角下宅基地"三权分置"实现形式研究》，《江汉学术》2021年第6期，第13～22页。

[②]　邹秀清、武婷燕、徐国良等：《乡村社会资本与农户宅基地退出——基于江西省余江区522户农户样本》，《中国土地科学》2020年第4期，第26～34页。

[③]　刘卫柏、贺海波：《农村宅基地流转的模式与路径研究》，《经济地理》2012年第2期，第127～132页。

[④]　高圣平：《农村宅基地制度：从管制、赋权到盘活》，《农业经济问题》2019年第1期，第60～72页。

[⑤]　靳相木、王海燕、王永梅等：《宅基地"三权分置"的逻辑起点、政策要义及入法路径》，《中国土地科学》2019年第5期，第9～14页。

[⑥]　李林峰、赵振宇：《宅基地三权分置：法律构造、权利困境及制度建构》，《中国国土资源经济》2022年第8期，第51～60页。

明等认为宅基地所有权主体的虚置和模糊是宅基地所有权权能缺失的根本所在，集体对宅基地的分配、监管、收益权均受到限制。[①] 韩文龙等指出宅基地实际掌握在少数行政组织内部人员中进一步弱化了宅基地"农民集体"所有权。[②]

2. 宅基地资格权实施困境

宅基地资格权实施困境来源于学术界对其权利属性、内涵、功能等方面的分歧，学术界对宅基地资格权权利表现具有多种观点。徐忠国等指出资格权是具有处分权和收益权的用益物权；[③] 岳永兵指出资格权即"配给权"，包括分配、继受和共同共有、非集体成员使用三种配给权；[④] 李凤章等指出资格权即成员权，包含请求权和豁免权，与物权不应混同；[⑤] 刘国栋指出资格权与使用权权能相似，都具有宅基地有偿流转和宅基地监管权利，因此在立法论层面可舍弃"资格权"的称谓。[⑥]

3. 宅基地使用权实施困境

其一，宅基地使用权立法困境。王敏、李晴等指出，现行法律法规对于宅基地流转没有明确规定，虽然某些地方性文件和地方政策允许宅基地流转，但其效力层级低，使用权流转一旦发生纠纷就会面临缺乏法律支撑和各

---

① 严金明、迪力沙提、夏方舟：《乡村振兴战略实施与宅基地"三权分置"改革的深化》，《改革》2019 年第 1 期，第 5～18 页。

② 韩文龙、谢璐：《宅基地"三权分置"的权能困境与实现》，《农业经济问题》2018 年第 5期，第 60～69 页。

③ 徐忠国、卓跃飞、吴次芳等：《农村宅基地三权分置的经济解释与法理演绎》，《中国土地科学》2018 年第 8 期，第 16～22 页。

④ 岳永兵：《宅基地"三权分置"：一个引入配给权的分析框架》，《中国国土资源经济》2018年第 1 期，第 34～38 页。

⑤ 李凤章、李卓丽：《宅基地使用权身份化困境之破解——以物权与成员权的分离为视角》，《法学杂志》2018 年第 3 期，第 68～76 页。

⑥ 刘国栋：《论宅基地三权分置政策中农户资格权的法律表达》，《法律科学》（西北政法大学学报）2019 年第 1 期，第 192～200 页。

地法院审判标准不一的问题。^①其二，在实践过程中面临的困境。余永和总结试点经验，发现宅基地退出主要面临着退出补偿资金缺口、退出长效机制不完善、农民退出积极性不高等困境。^②董祚继认为当前规范的宅基地市场尚未建立，非法交易层出不穷，实践中存在较多交易、履约的法律风险，容易引发产权纠纷和社会矛盾。^③

四、宅基地与乡村振兴研究方面

2018 年以来，随着乡村振兴战略的推进，宅基地制度改革与乡村振兴成为研究的又一热点。可概括为以下三个方面。

（一）乡村振兴战略和宅基地制度改革的关系讨论

学术界一致认为宅基地制度改革是实现乡村振兴的重要基础平台和重要抓手。钱忠好等认为实施宅基地制度改革，通过土地腾退、有偿使用，能有效盘活宅基地，为乡村建设和发展腾出空间，从而促进乡村振兴。^④刘双良指出宅基地"三权分置"改革通过激活土地要素市场以促进产业兴旺、修复土地生态以实现生态宜居、化解土地权益纠纷以实现乡风文明、提升土地资产价值以实现生活富裕等路径助推乡村振兴，是推进乡村振兴的重要抓手。^⑤乔陆印等认为宅基地制度改革促进了人口、产业、土地和资金要素的整合和

---

① 王敏：《我国农村宅基地使用权抵押融资问题研究》，《市场周刊》2018 年第 6 期，第 120 ～121 页。李晴：《改革抑或守成：论宅基地使用权的转让——宅基地"三权分置"下的思考》，《农业经济》2018 年第 8 期，第 33 ～ 35 页。

② 余永和：《农村宅基地退出试点改革：模式、困境与对策》，《求实》2019 年第 4 期，第 84 ～97、112 页。

③ 董祚继：《以"三权分置"为农村宅基地改革突破口》，《中国乡村发现》2017 年第 1 期，第 93 ～ 99 页。

④ 钱忠好、牟燕：《乡村振兴与农村土地制度改革》，《农业经济问题》2020 年第 4 期，第 28 ～ 36 页。

⑤ 刘双良：《宅基地"三权分置"助推乡村振兴的多重逻辑与实现进路》，《贵州社会科学》2021 年第 3 期，第 146 ～ 152 页。

城乡间优化分布，是实现乡村振兴的有利抓手。① 而贺雪峰认为以宅基地制度改革推动乡村振兴的主张，在目前阶段看是不切实际的，只有当我国城市化基本完成，乡村振兴才有条件进入强富美建设阶段。②

（二）宅基地制度改革中实现乡村振兴的探讨

付宗平认为乡村振兴的关键在于盘活农村土地资源，通过宅基地"三权分置"改革，大量农村集体建设用地被盘活，可为乡村产业发展提供落地空间；③ 林超等认为在乡村振兴背景下，应削弱农村宅基地资产专用性，完善农村宅基地治理体系，提高农村宅基地管理水平，从而推动乡村振兴战略实施。④ 刘锐认为宅基地制度改革应有效贯彻"乡村五大振兴"的总要求，不应以简单追求经济利益而将宅基地退出复垦后，将建设用地指标交易出去，而应给乡村振兴留足建设用地指标。⑤

（三）乡村振兴背景下宅基地制度改革实施路径

解决宅基地改革实施困境和难点，重点在于解决"人"、"地"、"钱"的问题。朱春晓指出乡村振兴背景下要加快发展集体经济、发展特色农业、健全配套机制以破解宅基地改革资金缺口大、内生动力不足等问题。⑥ 张勇指

① 乔陆印、刘彦随：《新时期乡村振兴战略与农村宅基地制度改革》，《地理研究》2019 年第 3 期，第 655 ～ 666 页。

② 贺雪峰：《宅基地、乡村振兴与城市化》，《南京农业大学学报》（社会科学版）2021 年第 4 期，第 1 ～ 8 页。

③ 付宗平：《乡村振兴框架下宅基地"三权分置"的内在要求与实现路径》，《农村经济》2019 年第 7 期，第 26 ～ 33 页。

④ 林超、陈卫华、吕萍：《乡村振兴背景下农村宅基地功能分化机理、规律及治理对策研究——基于资产专用性视角》，《湖南师范大学社会科学学报》2021 年第 5 期，第 38 ～ 45 页。

⑤ 刘锐：《乡村振兴战略框架下的宅基地制度改革》，《理论与改革》2018 年第 3 期，第 72 ～ 80 页。

⑥ 朱春晓：《宅基地改革的困境与路径——以河南省长垣市为例》，《农村·农业·农民》（B 版）2022 年第 4 期，第 22 ～ 23 页。

出乡村振兴背景下盘活宅基地旨在解决"人的障碍"和"地的障碍"：一是通过发展农村新产业、新业态激发农民参与内生动力以破解"人的障碍"；二是探索宅基地多元利用以破解"地的障碍"。[①]严金明等指出宅基地制度改革中，必须基于乡村振兴战略诉求，循序渐进地放活宅基地使用权，实现宅基地由单一居住功能向多元复合功能转型。[②]房建恩认为乡村振兴战略下发挥宅基地"三权分置"政策功能，在于通过厘清"三权"的关系，提高农村宅基地的综合利用效益。[③]

五、宅基地改革评价研究方面

（一）政策性评价

张义博基于路径依赖的制度变迁理论，分析中华人民共和国成立以来的宅基地制度变迁历程及动因，指出由于农民群体的势弱，目前农村宅基地面临着制度锁定、地方政府缺乏突破性改革动力、制度变迁成本持续抬高的困境。[④]王志锋等采用 S-CAD 政策评估法评估了义乌市和宜城市的宅基地制度改革试点政策，发现义乌市的改革侧重点在宅基地价值充分挖掘上，宜城市更多的在制度性和基础性工作。[⑤]向超等基于"目标—工具"视角对宅基地"三权分置"政策文本进行量化评价，分析发现宅基地需求型政策工具运用弱势、环境型政策工具运用过溢，并提出宅基地"三权分置"政策目标实现

---

① 张勇：《乡村振兴战略下闲置宅基地盘活利用的现实障碍与破解路径》，《河海大学学报》（哲学社会科学版）2020 年第 5 期，第 61 ～ 67、108 页。

② 严金明、迪力沙提、夏方舟：《乡村振兴战略实施与宅基地"三权分置"改革的深化》，《改革》2019 年第 1 期，第 5 ～ 18 页。

③ 房建恩：《乡村振兴背景下宅基地"三权分置"的功能检视与实现路径》，《中国土地科学》2019 年第 5 期，第 23 ～ 29 页。

④ 张义博：《我国农村宅基地制度变迁研究》，《宏观经济研究》2017 年第 4 期，第 35 ～ 42、54 页。

⑤ 王志锋、徐晓明、战昶威：《我国农村宅基地制度改革试点评估——基于义乌市与宜城市对比研究的视角》，《南开学报》（哲学社会科学版）2021 年第 1 期，第 33 ～ 42 页。

的工具优化方案。[①] 张军涛等从政策扩散的强度、广度、速度和方向四个维度评价研究了我国 1950—2018 年宅基地管理政策的扩散过程和特征。[②]

（二）绩效性评价

学者们从不同视角、采用不同的方法对宅基地制度改革成效进行定量评价。孙鹏飞等运用熵权改进的 Topsis 方法、障碍度模型和多元线性回归模型，基于实地调研数据，对安徽金寨县宅基地退出政策进行评价。[③] 李川等运用层次分析法和模糊综合评价法对泸县 2016 年和 2018 年的农村宅基地有偿使用制度改革效果进行评价和对比，结果显示宅基地有偿使用政策实施状况、目标效果、农户生产生活水平、农户满意度均有所提升。[④] 李云熙对成都市龙泉驿区、青白江区、邛崃市三个区域的宅基地退出绩效进行评价，并提出宅基地退出信息披露机制、社会保障机制、资金平衡机制、基础设施一体化机制等宅基地退出绩效提升机制。[⑤] 还有学者对宅基地改革实施的风险进行评估，并根据评价结果提出有针对性的风险防范对策。梁发超等构建风险识别指标体系，对福建晋江市指标置换和资产置换两种退出模式的风险进行综合评价，结果显示两种模式风险均处于"中警"级别。[⑥]

---

① 向超、温涛、任秋雨：《"目标—工具"视角下宅基地"三权分置"研究——基于政策文本的内容分析和定量分析》，《云南社会科学》2021 年第 2 期，第 136 ～ 144、189 页。

② 张军涛、张世政：《中国农村宅基地管理政策扩散特征及其效应——基于 379 份政策文本的量化分析》，《世界农业》2021 年第 1 期，第 88 ～ 98、130 页。

③ 孙鹏飞、郑军、赵凯等：《基于农户分化视角的农户对宅基地退出政策评价研究——以安徽金寨县农户为例》，《干旱区资源与环境》2022 年第 3 期，第 73 ～ 80 页。

④ 李川、李立娜、刘运伟等：《泸县农村宅基地有偿使用制度改革效果评价》，《中国农业资源与区划》2019 年第 6 期，第 149 ～ 155 页。

⑤ 李云熙：《宅基地不同退出模式绩效评估研究——以成都市三个典型区域为例》，四川师范大学硕士学位论文，2021 年。

⑥ 梁发超、林彩云：《不同模式下农村宅基地退出的风险评价及防范对策研究——以福建省晋江市为例》，《农业现代化研究》2019 年第 6 期，第 1011 ～ 1020 页。

六、研究评述

学术界对宅基地制度改革，尤其围绕使用权有偿使用、流转与退出进行了大量研究，取得了丰硕的研究成果，但现有研究还存在以下不足。**（1）理论研究不能满足实践需求**。在全国各地进行改革试点和自由探索基础上，改革实践走在了理论研究的前列。当前急需加强基础理论研究，尤其需要加强理论创新以满足新时代宅基地改革的新要求。**（2）对宅基地权能研究还不够深入**。已有研究大多集中在宅基地使用权有偿退出方面，退出使用权就意味着退出了集体经济组织成员权，"一退了之"导致农民财产权益无法保障，社会风险陡增，同时集体所有权权能也没有得到有效体现。**（3）研究方法还有改进空间**。现有研究大多停留在特定区域调查和定性分析层面，研究视角较为单一，而宅基地制度改革必须充分考虑宅基地宏观区域、微观区位的空间特性和利益主体的意愿表达，因此亟须开展集经济学、地理学、社会学等多学科一体的融合研究。

第二章　农村宅基地制度历史沿革与
"三权分置"制度来源

宅基地是农村土地制度改革中较为复杂的领域，是农民居住和生活的重要载体。1949 年中华人民共和国成立以来，农村宅基地制度由农民私有到集体所有、从自由流转到限制流转，其权利由开放到限定，最终目标是确保"户有所居"，并实现土地资源优化配置和集约利用。本章主要探讨农村宅基地制度历史沿革与变迁，系统总结农村宅基地制度演变的五大特征和权能变化阶段特征。

第一节　农村宅基地制度历史沿革与变迁

一、1949—1961：农村宅基地私有时期

（一）农村宅基地私有私用

1949 年《中国人民政治协商会议共同纲领》的颁布确立农民土地所有制。纲领明确提出，有步骤地将封建半封建的土地所有制改变为农民的土地所有制，即土地使用权和所有权归农民所有。在这一制度下，只有单一的土地所有制，农民可以自由地使用支配土地，包括出售或者租赁土地，以此获得经济收益。[①] 在《中国土地法大纲》的指导下，中央政府在全国已解放地区开始实施农村土地改革运动，将大地主的土地和房屋没收分发给没有土地的

---

① 张清勇、杜辉、仲济香：《农村宅基地制度：变迁、绩效与改革——基于权利开放与封闭的视角》，《农业经济问题》2021 年第 4 期，第 46～58 页。

农民，以期废除封建土地制度，实现"耕者有其田、居者有其屋"的目标。[1]

1950 年《中华人民共和国土地改革法》进一步落实农民土地所有制。对于宅基地做了如下规定：土地改革完成后，由人民政府发给土地所有证，并承认农民有权买卖、出租、抵押及继承。作为指导土地改革的基本法律依据，在法律形式上确定了土地改革的成果。该法律公布以后，土地改革运动在新解放区有计划、有步骤地开展。到 1952 年 9 月，除新疆、西藏等少数民族地区及台湾省外，全国普遍实行了土地改革，大部分地区农民领取了政府颁发的房地权证书。土地改革的成功也标志着封建土地地主所有制转变为农民个体土地所有制，真正实现了"耕者有其田、居者有其屋"的目标。[2]

初级合作社时期宅基地所有权仍归属农民。我国农村进入初级合作社时期，土地由合作社统一经营，所有权仍归属农民；1954 年颁布的《中华人民共和国宪法》（以下简称《宪法》）第八条中规定，国家依照法律保护农民的土地所有权和其他生产资料所有权，第十一条中规定国家保护公民的合法收入、储蓄、房屋和各种生活资料的所有权。1955 年 11 月全国人大常委会第二十四次会议通过的《农业生产合作社示范章程》即规定"对于社员交来统一使用的土地和别的生产资料，在一定的期间还保留社员的所有权，并且给社员以适当的报酬"。

（二）农村宅基地私有私用和公有私用并存

1956 年，我国开始实行高级农业合作社模式。1956 年 6 月颁布的《高级农业生产合作社示范章程》规定："入社的农民必须把私有的土地和耕畜、大型农具等主要生产资料转为合作社集体所有"，"社员原有房屋地基不必

---

[1] 徐亚东：《建党百年中国农地制度变迁：动态演进与逻辑》，《农业经济问题》2021 年第 12 期，第 16～36 页。

[2] 徐亚东：《建党百年中国农地制度变迁：动态演进与逻辑》，《农业经济问题》2021 年第 12 期，第 16～36 页。易振龙：《中国共产党农村土地政策的百年发展历程及其经验启示》，《湖北大学学报》（哲学社会科学版）2022 年第 3 期，第 31～40 页。

入社；社员新修房屋需用的地基，由合作社统筹解决"。此时规定土地所有权归属合作社，但仅仅拥有耕地所有权，农民对宅基地仍然可以随意处置、买卖。

随后进入人民公社化阶段，且持续到1962年，基本沿袭高级农业合作社的制度安排，承认宅基地上的住房归合作社社员所有。在这一阶段，我国农村宅基地有两种模式：旧房宅基地私有私用、新修住宅和宅基地公有私用。①

二、1962—1977：宅基地使用权和所有权出现分离

1962年，农村宅基地的集体所有制性质正式确立。《农村人民公社工作条例修正草案》首次正式运用"宅基地"一词，提出："生产队所有的土地，包括社员的自留地、自留山、宅基地等等，一律不准出租和买卖。房屋仍归社员私有，可以出租和买卖"，即规定宅基地归生产队所有，宅基地上的房屋为农民拥有，但农民的房屋依旧具有流转权限。至此，农村宅基地由农民私有转为集体所有，房地分离，也标志着农村宅基地的集体所有制性质正式确立。

1963年，宅基地内涵进一步明确。1963年《中共中央关于各地对社员宅基地问题作一些补充规定的通知》《最高人民法院关于贯彻执行民事政策几个问题的意见（修订稿）》强调，宅基地包括有建筑物的宅基地和不包含建筑物的空白宅基地，都归集体所有。② 宅基地始终遵循"地随房走"的模式，不断强化宅基地用途、规划管制和住宅修建审批制度，同时限定宅基地面积。③

---

① 张弘：《何以为家——农村宅基地制度的来世今生》，《社会科学论坛》2015年第5期，第130～144页。

② 李泉：《农村宅基地制度改革：实践逻辑与政策取向——基于我国70多年来政策文本的理论解读》，《山东理工大学学报》（社会科学版）2022年第3期，第5～17页。

③ 赖丽华：《新中国成立以来农村土地权属制度的变迁及改革展望》，《江西社会科学》2009年第10期，第166～171页。

1975 年"房地分离、一宅两制"的宅基地管理模式正式确立。《宪法》明确"队为基础、三级所有",以宪法的形式确定农村宅基地所有权属于集体所有。法律规定,宅基地所有权和使用权相分离,国家应保护农民住宅和其他生活资料的所有权。这一阶段,国家通过制度性手段改变了宅基地原有制度,从原来农民享有宅基地的所有权和使用权转变为农民仅拥有使用权,明确了宅基地相关权益的归属问题,我国农村宅基地制度的框架体系基本形成。

三、1978—1999:农村宅基地使用强制性管控时期

(一)严格管控宅基地,严禁占用耕地建房

改革开放开启了限制宅基地使用的新阶段。随着农民建房热情高涨,乱占耕地的形势严峻,1981 年《国务院关于制止农村建房侵占耕地的紧急通知》规定,"农村建房用地,必须统一规划,合理布局,节约用地。农村社队要因地制宜,搞好建房规划,充分利用山坡、荒地和闲置宅基地,尽量不占用耕地","农村社队分配给社员的宅基地,社员只有使用权,不准出租、买卖和擅自转让",显示了国家对于农村宅基地管理使用方面的限制十分严格。

随后,宅基地建房进入指标时代。1982 年国务院发布了《村镇建房用地管理条例》,针对日趋严重的农村建房滥占耕地的情况,提出必须要坚守社会主义土地公有制,严守耕地红线。第九条规定:建房用地,由省级人民政府根据不同情况,分别规定用地限额,县级人民政府根据省级人民政府规定的用地限额,结合当地情况,规定宅基地面积标准。宅基地使用受省级"用地限额"和县级"面积标准"限制。同时《村镇建房用地管理条例》强调"社员对宅基地、自留地、自留山、饲料地和承包的土地,只有按照规定用途使用的使用权,没有所有权","严禁买卖、出租和违法转让建房用地"。[①]

---

① 李泉:《农村宅基地制度改革:实践逻辑与政策取向——基于我国 70 多年来政策文本的理论解读》,《山东理工大学学报》(社会科学版) 2022 年第 3 期,第 5 ~ 17 页。

由于滥占耕地建房现象普遍，法律明确颁布处罚条例。虽然在这一时期国家三令五申，严禁滥占耕地建房，但这种现象仍屡禁不止。1982年10月，《关于切实解决滥占耕地建房问题的报告》指出，要妥善地处理好生产和生活的关系，"对一切非法建筑，分别情况，或处以罚款，或限期令其拆除，或予以没收"，对滥占耕地建房现象强行制止，严重的现象予以处罚；"对于在土地问题上从事敲诈勒索、行贿受贿、非法倒卖者，更应以经济犯罪或破坏社会主义公有财产罪依法论处"；如有建房需求，"鼓励农民建房不占良田，尽可能利用山坡地、荒地等非耕地建房"，在现有宅基地空地内调剂解决。

1986年，我国《中华人民共和国土地管理法》（以下简称《土地管理法》）出台，对于宅基地使用管理方面做了严格的规定，"宅基地和自留地、自留山，属于集体所有"，"农村居民建住宅，应当使用原有的宅基地和村内空闲地"，"出卖、出租住房后再申请宅基地的，不予批准"，显示了国家对于农村宅基地在使用管理方面的明确态度和强制性制度安排。

（二）进一步强化宅基地管理，健全宅基地制度

随着社会经济条件的变化，耕地被肆意侵占的现象愈发严重，甚至危及耕地安全，对此国家对于农地管理政策开始进一步收紧，宅基地亦在此列。1989年，国家土地管理局颁布的《关于确定土地权属问题的若干意见》，贯彻执行《土地管理法》，妥善处理了土地所有权和使用权的相关问题，再一次强调了宅基地归属集体所有，在使用上规定"确定的农村居民宅基地的集体土地建设用地使用权，凡超过当地政府规定面积标准的，以后房屋拆迁、改建、翻建时，按当地政府规定的面积标准重新确定使用权，其超过部分退还集体"。

为建立健全宅基地管理制度，我国不断加强法制建设，1990年，《关于加强农村宅基地管理工作的请示》提出要根据《土地管理法》的有关规定，建立健全土地管理法规。一是要完善村镇建设规划，"严格控制占用耕地，不允许占用基本农田保护区的土地"；二是要加强用地计划指标控制，严格

用地标准管理;三是提出宅基地有偿使用试点,探索逐步建立和完善土地使用费管理制度,"取之于户,收费适度;用之于村,使用得当"。[①] 至此,农村宅基地有偿使用开始正式提出。

这一阶段,相关文件对宅基地使用方面进行更加严格规定。1991年发布的《中华人民共和国土地管理法实施条例》对宅基地合法使用管理、违法处理和处罚进行制度安排:"农村村民建住宅需要使用土地的,应当先向村农业集体经济组织或者村民委员会提出用地申请,经村民代表会或者村民大会讨论通过后,报人民政府批准","非法占用土地建住宅或者从事其他建设的,限期拆除或者没收在非法占用的土地上新建的建筑物和其他设施,责令退还非法占用的土地"。[②]1995年《确定土地所有权和使用权的若干规定》:"空闲或房屋坍塌、拆除两年以上未恢复使用的宅基地,不确定土地使用权。已经确定使用权的,由集体报经县级人民政府批准,注销其土地登记,土地由集体收回",同时主要对居民建房超标占地和法律处置问题做了时限上的规定。

(三)规定"一户一宅,限定面积"的使用方式

为保护耕地红线不突破,严格执行"一户一宅"。1997年,《关于进一步加强土地管理切实保护耕地的通知》提出了最严格的耕地保护制度和最严格的节约用地制度,允许农民拥有一处限定面积的宅基地,其余的宅基地都需要归还集体。[③] 为了加强土地管理,维护土地的社会主义公有制,保护耕地,1998年,修订后的《土地管理法》修改了1986年《土地管理法》允许

---

① 张晓凤、赵艳霞、李亚莉等:《宅基地制度变迁历程及驱动力研究》,《黑龙江粮食》2020年第11期,第40~42页。

② 陈浩:《宅基地使用权流转:从限制到开禁的现实与法理逻辑》,《山东科技大学学报》(社会科学版)2021年第5期,第15~22页。

③ 严金明、郭栋林、夏方舟:《中国共产党百年土地制度变迁的"历史逻辑、理论逻辑和实践逻辑"》,《管理世界》2021年第7期,第2、19~31页。

城市居民购买集体土地用以建筑房屋的规定，"农民集体所有的土地的使用权不得出让、转让或者出租用于非农业建设"。同时明确"一户一宅"，即"农村村民一户只能拥有一处宅基地，其宅基地的面积不得超过省、自治区、直辖市规定的标准"。[①]

1999 年，国家继续实行宅基地用途管制。《关于加强土地转让管理严禁炒卖土地的通知》明确"农民的住宅不得向城市居民出售，也不得批准城市居民占用农民集体土地建住宅"，明确禁止城市居民到农村购置宅基地；同时也规定"城市、村庄、集镇建设一律不得突破土地利用总体规划确定的用地规模"，"统一实行总量控制，不得超计划供地"，"各项建设可利用闲置土地的，必须使用闲置土地，不得批准新占农用地"。

四、2000—2012：探索退出机制，推动宅基地节约利用

随着农民纷纷进城务工，农村宅基地存在总量不足和部分闲置的双重矛盾。农村宅基地浪费严重，制度改革开始转向规范管理与有效利用并重。总体看来，该阶段主要是在采取多种措施促使宅基地有效利用、集约利用和维护农民宅基地基本使用权利。[②]

2000 年起，政府着力推动闲置宅基地有效利用。2000 年 6 月，中共中央、国务院《关于小城镇建设有关政策》指出，"鼓励农民进镇购房或按规划集中建房"，农民可有条件地自愿落户城镇，"对进镇农户的宅基地，要适时转换出来，防止闲置浪费"。2005 年 12 月，中共中央、国务院出台《关于推进社会主义新农村建设的若干意见》，提出要加强宅基地规划和管理，大力节约村庄建设用地，向农民免费提供经济安全适用、节地节能节材的住宅设计图样，同时也对于大力节约村庄建设用地和扎实稳步推进村庄治理进

---

① 熊柴、蔡继明、刘媛:《城乡融合发展与土地制度改革》,《政治经济学评论》2021 年第 5 期，第 107 ~ 138 页。

② 刘锐、贺雪峰:《从嵌入式治理到分类管理：宅基地制度变迁回顾与展望》,《四川大学学报》（哲学社会科学版）2018 年第 3 期，第 47 ~ 56 页。

行了制度性规范。

为实现宅基地集约节约利用，农村开展闲置宅基地整理、退出工作。2008 年，《关于进一步加快宅基地使用权登记发证工作的通知》在全面认真落实宅基地使用权登记方面，对各级国土资源行政主管部门做出全面部署，提到要通过城乡建设用地增减挂钩政策推动农村闲置宅基地整理工作的实施，强调严格执行城镇居民不能在农村购买和违法建造住宅的规定；同年，国务院发布《关于促进节约集约用地的通知》，提出"按照节约集约用地原则，审查调整各类相关规划和用地标准"，严格执行闲置土地处置政策，强化农村土地管理，"对村民自愿腾退宅基地或符合宅基地申请条件购买空闲住宅的，当地政府可给予奖励或补助"，以此提高宅基地利用效率。①

2010 年，政府开始探索宅基地节约集约利用新机制。2010 年 3 月，国土资源部出台的《关于进一步完善农村宅基地管理制度切实维护农民权益的通知》指出，要规范农村宅基地管理，促进节约集约用地，维护农民的合法权益，第一点就是要"加强规划计划控制引导，合理确定村庄宅基地用地布局规模"。这就需要"科学确定农村居民点用地布局和规模"，农村居民点应适当集中。要落实最严格的节约用地制度，"一户一宅"，严控总量、盘活存量，同时适当引导闲置宅基地和农村二、三产业发展相结合，探索宅基地管理的新机制。

五、2013 年至今：农村宅基地制度改革的新探索阶段

（一）提出宅基地制度改革试点

2013 年开始宅基地制度改革试点。2013 年 11 月《中共中央关于全面深化改革若干重大问题的决定》基本上确定了宅基地制度改革试点，并通过农民住房财产权显化改革，逐步达到保障农民宅基地用益物权，增加其财产收

---

① 张清勇、杜辉、仲济香：《农村宅基地制度：变迁、绩效与改革——基于权利开放与封闭的视角》，《农业经济问题》2021 年第 4 期，第 46～58 页。

入的目的，明确提出要建立城乡统一建设用地市场，确立了农村土地制度改革的方向和任务。明确要求保障农户宅基地用益物权，改革完善农村宅基地制度，有条件地推进农民住房财产权抵押、担保、转让，完善城乡建设用地增减挂钩试点。[①]

2014 年，中央文件明确制定改革试点主要任务。中共中央办公厅和国务院办公厅联合印发了《关于农村土地征收、集体经营性建设用地入市、宅基地制度改革试点工作的意见》，明确改革试点主要任务之一就是要改革完善农村宅基地制度。一是要完善宅基地权益保障和取得方式，探索农民住房保障在不同区域"户有所居"的多种实现形式；二是要对因历史原因形成超标准占用宅基地和"一户多宅"等情况，探索实行有偿使用；三是要探索进城落户农民在本集体经济组织内部自愿有偿退出或转让宅基地；四是要改革宅基地审批制度。改革方案的正式提出，标志着宅基地制度改革将进入试点阶段。

（二）实行"三块地"改革试点

2015 年，启动了"三块地"改革试点。"三块地"（征地、农村集体经营性建设用地、宅基地）试点阶段的改革，为宅基地改革的具体实现途径提供了重要经验和借鉴样本。2015 年，第十二届全国人大常委会第十三次会议通过授权国务院在北京市大兴区等 33 个试点县（市、区）暂时调整实施《土地管理法》《中华人民共和国城市房地产管理法》的法律条款，按照重大改革"于法有据"原则推进农村土地征收、集体经营性建设用地入市、宅基地制度改革试点。该阶段国家对农村宅基地进行封闭式改革试点，有效积累了农村宅基地产权有限开放下的相关改革经验，为下一步改革奠定了基础。

这一时期，国家陆续颁布了大量关于宅基地试点改革的相关文件。《关

---

① 赵志：《我国城乡一体化土地管理法律制度的改革与完善研究》，对外经济贸易大学博士学位论文，2020 年。

于农村土地征收、集体经营性建设用地入市、宅基地制度改革试点工作的意见》和《关于开展农村承包土地的经营权和农民住房财产权抵押贷款试点的指导意见》先后颁布并实施。各试点地区在宅基地改革试点中进行的"双有偿"（有偿使用和有偿退出）和宅基地使用权入市交易的探索，以及农民住房抵押中要求对农民宅基地财产属性的重视，都是国家为保障农民财产收入和盘活闲置宅基地以满足农村发展用地需求、逐步探索推动农村宅基地财产权显化的结果。

这一时期宅基地制度改革试点始终坚持"三条底线"，具体试点内容包括：针对农户宅基地取得困难、利用粗放、退出不畅等问题，探索完善宅基地权益保障和取得方式，探索农民住房保障在不同区域户有所居的多种实现形式；对因历史原因形成超标准占用宅基地和"一户多宅"等情况，严格实行有偿使用；探索进城落户农民在本集体经济组织内部自愿有偿退出或转让宅基地；改革宅基地审批制度，发挥村民自治组织的民主管理作用。[①]

2017 年，确定了 33 个改革试点地区。2017 年 11 月，第十二届全国人大常委会第三十次会议决定把北京市大兴区等 33 个县（市、区）纳入农村土地制度改革试点，三项改革（农村土地征收、集体经营性建设用地入市、宅基地制度改革）试点期限延长一年至 2018 年 12 月 31 日。在第一次改革授权时，只有 15 个县（市、区）进行宅基地制度改革试点，第二次授权扩大到所有试点县（市、区）。随着国家级试点工作的逐步推进，一些地方也开始进行试点探索。

（三）正式提出宅基地"三权分置"改革试点

2018 年，中央一号文件正式提出了"三权分置"改革。随着我国社会经济的快速发展，以往的制度已难以适应当前农村社会经济发展需要。面

---

① 程秀建：《我国宅基地"三权分置"改革法律问题研究》，西南政法大学博士学位论文，2019 年。

对这一困局，为更好地化解社会矛盾，2018 年，中央一号文件《中共中央、国务院关于实施乡村振兴战略的意见》明确提出："完善农民闲置宅基地和闲置农房政策，探索宅基地所有权、资格权、使用权'三权分置'，落实宅基地集体所有权，保障宅基地农户资格权和农民房屋财产权，适度放活宅基地和农民房屋使用权，不得违规违法买卖宅基地，严格实行土地用途管制，严格禁止下乡利用农村宅基地建设别墅大院和私人会馆。"这是中央第一次明确提出农村宅基地"三权分置"改革。

2019 年，相关制度提出了盘活利用闲置宅基地和闲置农房。农业农村部颁布的《关于积极稳妥开展农村闲置宅基地和闲置住宅盘活利用工作的通知》提出，应积极稳妥开展农村闲置宅基地和闲置住宅盘活利用工作。2019 年，第三次修正的《土地管理法》再一次明确了"一户一宅、户有所居"的宅基地分配制度；明确宅基地由乡（镇）人民政府审核批准，可以依法自愿有偿退出，鼓励盘活利用闲置宅基地和闲置住宅，标志着我国农村宅基地管理，从管理机构、制度设计到政策指导、监督检查，进入更加规范管理的新时期。[1]

（四）宅基地"三权分置"改革扩大试点范围

2020 年，开展全面深化宅基地制度改革的新一轮部署。继农村"三块地"改革之后，2020 年 6 月《深化农村宅基地制度改革试点方案》提出全面深化宅基地制度改革的新一轮部署。全国 104 个县（市、区）以及 3 个地级市启动实施新一轮农村宅基地制度改革试点，要积极探索落实宅基地"三权分置"的具体路径和办法，坚决守住土地公有制性质不改变、耕地红线不

---

[1]　惠建利：《乡村振兴背景下农村闲置宅基地和闲置住宅盘活利用的实践考察及立法回应》，《北京联合大学学报》（人文社会科学版）2022 年第 2 期，第 109 ～ 116 页。许英：《农村闲置宅基地和闲置住宅盘活利用的实践探索与政策启示》，《嘉兴学院学报》2021 年第 4 期，第 81 ～ 88 页。时磊、赵姚阳：《结构、历史与前瞻：我国农村宅基地制度变迁的三维考察》，《改革与战略》2021 年第 2 期，第 23 ～ 34 页。

突破、农民利益不受损这三条底线,实现好、维护好、发展好农民权益。^①

新一轮试点的核心是要探索"三权分置"实现形式。要探索农户宅基地资格权保障机制,进一步放活宅基地使用权,通过探索宅基地使用权的流转、抵押、自愿有偿退出、有偿使用等,来增加农户的财产性收入。在试点中,要把维护农民权益作为一条不容触碰的底线,一是要"建立宅基地退出和流转的市场定价机制",二是要"严格控制村庄搬迁撤并的范围和程序"。

为贯彻落实关于宅基地改革的决策部署,相关制度不断完善。2021年1月,自然资源部、国家发展和改革委员会、农业农村部联合印发的《关于保障和规范农村一二三产业融合发展用地的通知》提出,鼓励各地在符合国土空间规划的前提下,通过集体经营性建设用地入市渠道,以出让、出租等方式对依法登记的宅基地等农村建设用地进行复合利用。2021年2月,《关于全面推进乡村振兴加快农业农村现代化的意见》指出,深入推进农村改革,必须加强宅基地管理,稳慎推进农村宅基地制度改革试点,探索宅基地"三权分置"有效实现形式,规范开展房地一体宅基地日常登记颁证工作。^②

2022年4月,中共中央、国务院发布的《关于加快建设全国统一大市场的意见》提出:"健全城乡统一的土地和劳动力市场","完善全国统一的建设用地使用权转让、出租、抵押二级市场",将宅基地"三权分置"制度改革、闲置宅基地和闲置农房有效利用、农村土地制度、农村社会保障、公共服务供给、城乡统一的市场体系建设、户籍制度改革、城乡要素自由双向流动机制构建和乡村振兴等结合起来。^③

总体而言,宅基地改革在各项政策上都有了新突破。宅基地制度改革系

---

① 陈会广、沈馨月、林奕冉等:《农村宅基地制度改革的武进试验(2015—2019年):回顾、评析与展望》,《土地经济研究》2020年第2期,第42～75页。

② 吕军书、郑弼夭:《农村宅基地"三权分置"的政策意蕴及实现路向》,《西北农林科技大学学报》(社会科学版)2022年第4期,第44～51页。

③ 陈胜祥:《农村宅基地"三权"分置:问题导向、分置逻辑与实现路径》,《南京农业大学学报》(社会科学版)2022年第2期,第147～158页。

统地总结了我国在处理农村土地问题上的历史经验，始终坚持维护农民的合法权益，严格规范宅基地管理。在改革过程中，我国深入总结分析了影响农民退出宅基地的因素，设计部署"三权分置"改革中的退出激励机制、约束机制、收入分配机制和保障机制。在总结试点地区开展宅基地改革的模式、特征以及实施效果的基础上，不断探索盘活利用农村闲置宅基地和闲置住宅的有效途径和政策措施，摸索闲置宅基地复耕、复绿和流转后，可用于产业发展或居住的新模式和新途径，这一系列做法创新且完善了宅基地制度。[①]

第二节　农村宅基地"三权分置"制度来源与理论内涵

一、农村宅基地"两权"现实困境

（一）农村宅基地闲置低效利用问题严重

对于农民来说，在城乡二元结构、城镇化进程加速的背景下，为了获得更高的收入，农民纷纷进入城市务工。一方面，城市务工使得农民经济收入增加，大多数农民回农村建房的需求也在增长，由于农民平时在城市务工，大多数农民仅在春节等节假日期间回村居住，导致农村宅基地长期闲置。另一方面，由于城镇的教育资源充足、医疗设施完善、社会保障健全，新一代的农村人在城市购买住房的需求增加，回归农村的欲望和可能性也随之降低。

2019 年，由中国社会科学院农村发展研究所及社会科学文献出版社共同发布的《农村绿皮书：中国农村经济形势分析与预测（2018—2019）》报告指出，2018 年我国农村宅基地平均闲置率为 10.7%，东部、中部、西部、东北部四大区域宅基地闲置率具有一定差异，分别为 13.5%、7.7%、11.4%

[①] 曲福田、马贤磊、郭贯成：《从政治秩序、经济发展到国家治理：百年土地政策的制度逻辑和基本经验》，《管理世界》2021 年第 12 期，第 1～15 页。

和 11.1%，可见东部农村宅基地闲置程度最高，西部次之，东北第三，中部最低。

对于城市居民而言，农村宅基地制度带有强烈的身份属性，只有农村集体组织成员才具有获取资格，城市居民无法获取农村宅基地的申请资格，所以城市居民无法到农村取得宅基地，这也是宅基地闲置问题日益严重的原因之一。农村宅基地闲置造成土地资源和住房资源的浪费，也不利于农民群体利益的实现。土地资源紧缺与农村宅基地大量闲置形成鲜明对比，不利于土地资源优化配置和集约利用。

（二）农村宅基地私下隐形流转日益增多

随着我国经济的快速发展，农村宅基地的经济属性逐渐显现，虽然现行制度规定宅基地禁止在市场自由流转，但由于宅基地具有一定的经济价值，宅基地私下流转现象普遍存在，且流转形式多样，如农房买卖、农房抵押、通过与集体组织以外人员签订名为"永久性"和"长期性"的租赁合同、通过赠予或继承向外隐形流转宅基地等。为了资金周转、应急或者满足自己的经济利益，农民将自己的宅基地通过各种法律禁止的方式进行集体外流转或私自抵押而获得收益，形成了一定规模的非法流转现象。此外，不少地方通过各种方式变相流转农村宅基地，从中获取巨大利益，如典型的"小产权"房现象。

2009 年，浙江省丽水市政协调研组通过对云和县、缙云县 15 个行政村开展抽样调查统计，发现农民私下流转宅基地的就有 8 个村，占 53.3%。[①] 截至 2009 年有关资料显示，北京市郊区大部分村庄的宅基地流转案例数占宅基地总数的 10% 左右，有的村甚至高达 40% 以上。上海市南汇区惠南镇城南村在近 15 年的时间里，有 80% 的宅基地被转卖给了外来人员居住。而

---

① 曹泮天：《宅基地使用权隐形流转的制度经济学分析》，《现代经济探讨》2013 年第 4 期，第 75～80 页。

浙江省永嘉县大若岩镇荆州村自 2003 年以来，农村宅基地出租、转让的户数占总户数的 29%。[①]

农村宅基地私下隐形流转，一方面是农民意识到宅基地经济价值后的自发行为，另一方面是宅基地流转具有一定的市场，但是宅基地在违反法律下私自流转实则存在很大的风险。一是由于私下流转交易本身是不受法律保护的，双方交易即使签订合同，也会因违反法律规定导致合同无效，因此宅基地私下交易纠纷频发，双方的利益得不到法律认可和保障，可能给双方带来经济损失；二是在农民个人参与隐形流转的情形下，集体利益往往被忽略，从而导致集体权益受损。

（三）农村宅基地违法使用现象较为普遍

在农村宅基地使用过程中，违法现象也比较普遍，比如占用耕地建房、不符合村庄规划乱建住房、"一户多宅"、非法买卖土地、强占土地等等。从"三块地"改革中最初的 15 个宅基地试点地区来看，"一户多宅"占比在 18%—40% 之间；宅基地超标准占用现象更为普遍，一些地区占比在 60% 以上。根据第三次全国农业普查发现，2016 年末，拥有 2 处住房的农户占 11.6%，拥有 3 处及以上住房的占 0.9%，但这个数据实则还较保守。据不完全统计，2009—2017 年全国宅基地违法用地 43.92 万宗，面积 92.66 万亩，分别占全部违法宗数、面积的 43.23%、11.06%。其中，2015—2017 年宅基地违法明显增加，每一年面积比上一年增加 30% 以上。

农村的生活习惯以及生产劳动的需求导致大多数宅基地面积较大。据统计，2016 年全国农村人均宅基地面积为 204 平方米 / 人，明显超过大部分省市规定的人均宅基地面积 120 平方米 / 人的控制标准。尽管现行立法限制性地规定了宅基地面积，但宅基地的肆意扩建、超额占用、扩大占地面积的

[①] 张新宝、石霞：《因地制宜推进农村宅基地流转》，《理论前沿》2009 年第 12 期，第 5～9 页。

现象仍屡见不鲜。除此以外，由于农村继承意识较强，儿女会获得父辈宅基地，"一户多宅"不可避免。同时一些村民新建宅基地后，原来旧的宅基地因生产生活的需要而不能及时退给村集体，也会形成"一户多宅"现象，不但影响规划、影响村容村貌、浪费土地资源，还会造成"空心房"问题，不利于农村发展。

（四）农村宅基地财产权能和经济功能缺失

农村宅基地是实现农民居住的基本保障。现行宅基地使用权主要由《土地管理法》和《中华人民共和国民法典》(以下简称《民法典》)定位于用益物权，与所有权分别体现了物权形态上两种不同的价值理念：利用和归属。宅基地财产权能缺失主要表现在宅基地使用权被赋予保障功能与稳定功能，但由于限制使用权的流转，使得其资产属性被忽视。宅基地使用权的无偿性和保障性，不能完全具备用益物权的所有权能。

在城镇化进程中，城乡之间仍具有很大差距，尤其是经济差距。农民收入途径单一，仅靠农业和务工收入，本身的融资能力有限。此外，农民往往在修建房屋上花费较大，但是宅基地对于农民而言，主要是保障住有所居，不能实现经济价值，使得进城务工的农民只能让宅基地空置闲置，无法实现宅基地的财产价值。

当农民因生活生产活动需求需要通过贷款来进行融资时，农村宅基地本身就是一种重要资产，可以在一定程度上满足农民贷款的基本要求。但是在现有法律制度下，利用宅基地进行融资并无法律支持。金融机构出于宅基地无法变现的顾虑以及对收回资金存在较大风险的考虑，往往不愿意贷款给农民，即使能够获得金融机构的资金，也是基于比较严苛的限制条件。

二、农村宅基地"三权"制度来源

（一）全国试点地区探索推动

农村宅基地"三权分置"的提出，是据于全国农村宅基试点基础上的。2015 年 4 月，浙江义乌率先提出将原有宅基地制度"所有权—使用权"转变为宅基地"所有权—资格权—使用权"的制度理念。2016 年，义乌基本确立了宅基地制度改革中的宅基地所有权、资格权、使用权"三权分置"的政策方案，在确保宅基地所有权归集体所有和农民居住权利能够得到保障的前提下，放宽宅基地使用权的流转，允许权利主体在法律允许范围内对其进行转让。义乌市又通过建立宅基地基准地价体系，为宅基地使用权流转统一了价格标准，规范了流转程序，允许社会资本在满足条件下向集体经济组织申请宅基地使用权，为宅基地使用权流转建立了一个稳定的交易市场和一套完善的交易规则。义乌试点的创新探索为宅基地"三权分置"改革提供了切实可行的实践经验。

2018 年 2 月 27 日，安徽旌德开始了宅基地"三权分置"的实践探索，通过权利确认登记，颁发了全国第一本农村宅基地"三权分置"不动产权证书。通过颁发不动产权证书，同时保障集体经济组织、特定社会主体以及宅基地使用权人的合法权益。除此之外，浙江德清基于"三权分置"也出台了相关的宅基地管理办法，对"三权"做了规定：一是宅基地所有权由村股份经济合作社统一行使；二是村股份经济合作社社员依法享有宅基地资格权，以"户"为单位统一行使资格权，资格权人在自愿有偿的前提下允许其退出资格权；三是鼓励农民盘活利用闲置宅基地和闲置住宅，允许农民将依法取得的宅基地使用权通过出租、转让、合作等方式流转给其他组织和个人。[①]

除了上述试点地区以外，河南省提出探索宅基地"三权分置"，要落实宅基地集体所有权，保障宅基地农户资格权和农民房屋财产权，适度放活宅基地和农民房屋使用权。湖南省出台《关于实施乡村振兴战略开创新时代"三农"工作新局面的意见》，明确指出"在符合农村宅基地管理规定和相关规划的前提下，允许返乡下乡人员和当地农民合作改建自住房，或下乡租用

---

① 张勇、周丽、李银：《宅基地"三权分置"改革的政策与实践》，《江南大学学报》（人文社会科学版）2020 年第 5 期，第 60 ~ 67 页。

农村闲置房用于返乡养老或开展经营性活动"。全国各试点地区通过对宅基地改革探索，因地制宜地制定出符合宅基地利用实际的改革政策和措施，既有效保障了农民的居住权益，又有利于实现宅基地财产价值，还极大地推动了宅基地"三权分置"改革的现实需要。

（二）宅基地改革的制度驱动

2013 年，中央提出要改革完善农村宅基地制度，确保合理推动农民的住房财产权抵押、担保、转让。基于"房地一体"的基本原则，先行推动农村住房的流转，这一改革举措为后续推动使用权进入市场流转、更好的实现全国试点奠定了制度基础。2015 年，国务院正式提出完善农房抵押制度，探索建立宅基地使用权有偿转让机制，该政策明确提出使用权可以进行流转。2018 年，中央一号文件《中共中央、国务院关于实施乡村振兴战略的意见》提出："完善农民闲置宅基地和闲置农房政策，探索宅基地所有权、资格权、使用权'三权分置'，落实宅基地集体所有权，保障宅基地农户资格权和农民房屋财产权，适度放活宅基地和农民房屋使用权。"这也是全国首次正式提出农村宅基地"三权分置"改革的任务。

2020 年，《中共中央、国务院关于抓好"三农"领域重点工作确保如期实现全面小康的意见》提出："严格农村宅基地管理"，"扎实推进宅基地使用权确权登记颁证。以探索宅基地所有权、资格权、使用权'三权分置'为重点，进一步深化宅基地制度改革试点"，为我国宅基地"三权分置"法律规定提出有益实践。2021 年颁布的《中华人民共和国国民经济和社会发展第十四个五年规划和 2035 年远景目标纲要》明确指出"深化农村宅基地制度改革试点，加快房地一体的宅基地确权颁证，探索宅基地所有权、资格权、使用权分置实现形式"。2022 年，《中共中央、国务院关于做好 2022 年全面推进乡村振兴重点工作的意见》中再次强调"稳慎推进农村宅基地制度改革试点，规范开展房地一体宅基地确权登记"。

由以上分析可以总结出农村宅基地"三权分置"制度来源：宅基地利用

的现实困境是其原动力，全国试点地区探索经验是其推动力，中央宅基地改革制度化是其驱动力。

三、农村宅基地"三权"理论阐释

（一）宅基地所有权

1. 宅基地所有权性质

我国实行社会主义土地公有制，表现为国有土地所有制和集体土地所有制，宅基地所有权是集体土地所有制的形式之一。关于宅基地所有权归属问题，我国《宪法》第十条规定，城市土地为国家所有，农村和城市郊区的土地，除由法律规定属于国家所有的以外，属于集体所有。《土地管理法》第九条规定，农村宅基地、自留地和自留山属于农民集体所有。关于宅基地所有权行使主体问题，鉴于村集体不具备组织形态，《土地管理法》第十一条和《民法典》第二百六十二条规定，对于村集体所有的土地，由村集体经济组织或村民委员会依法代表集体行使宅基地所有权，进行管理和经营。《中华人民共和国物权法》（以下简称《物权法》）第五十九条规定，集体土地所有权为集体成员享有。

由此可见，国家法规层面上均规定宅基地所有权为农村集体成员所有，并确定由某个主体代为行使所有权。"三权分置"改革把宅基地所有权表述为"落实宅基地集体所有权"，将宅基地所有权归属于农村集体所有。此外，学术界对于宅基地集体所有权也几乎没有异议。

2. 宅基地所有权权能

所有权属于物权，是物权中最重要也是最基本的一项权利。《民法典》第二百四十条规定，所有权人对其不动产或动产，享有占有、使用、收益和处分的权利。但在实践过程中，宅基地所有权权能并不完整和充分，其处分权和收益权没有得到有效落实。

（1）**宅基地占有权**。宅基地占有权是所有权的基本权利，是指集体成员占有宅基地的权利。宅基地集体占有权是基于土地公有制这一制度背景的，是宅基地改革过程中所一贯坚持的底线，不能突破。只有农民集体享有宅基地占有权，才有权对宅基地行使使用、处分和收益等权能，即占有权是其他三权的基础。

（2）**宅基地使用权**。在社会主义公有制背景下，宅基地主要用于保障农民的生存和居住条件。因此，使用权的主体为本集体经济组织成员即农民。且宅基地使用用途单一，主要用于农村住宅建设，以保障农户住有所居。在宅基地"三权分置"改革背景下，允许宅基地使用权在一定条件下进行流转，实现了宅基地所有权的使用权能。

（3）**宅基地处分权**。处分权是所有权的核心权能，决定着宅基地的归属。目前没有相关法律法规对集体经济组织享有的宅基地处分权进行细化规定。王利明认为，基于宅基地肩负着农户居住保障的特殊功能，集体经济组织对宅基地可享有"相对处分权"，具体包含分配、调整、收回、管理、流转审核等权利。[1] 但是在实践过程中，集体经济组织的处分权行使更多是掌握在村委会和基层行政组织中，集体经济组织很难自行决定宅基地的利用方式。[2]《土地管理法》第六十二条明确规定，农村村民宅基地申请由乡（镇）人民政府审核批准，而对所有权人在宅基地规划、审批、管理、退出过程中的具体权利没有明确规定，农村集体的主体地位没有得到具体体现。

（4）**宅基地收益权**。宅基地收益权指村集体通过对宅基地的占用和使用所获取的经济收益，主要来源于以下三个途径：一是宅基地有偿使用费。对于因历史原因形成的"一户多宅"、超标占用、非集体成员使用宅基地等情况进行有偿使用。对于"一户多宅"的"多宅"部分农户可选择主动退出或对其付费使用，对于超标占用的超出规定范围的宅基地面积进行付费使用，非集体成员依法取得本集体宅基地按当地标准缴纳有偿使用费。二是宅基地

---

① 王利明:《物权法研究》，中国人民大学出版社 2016 年版，第 11 页。

② 吕军书、张硕:《宅基地"三权分置"的法律内涵、价值与实现路径》，《农业经济》2020 年第 6 期，第 92～94 页。

征收补偿费。政府对宅基地进行征收时，由于宅基地上的房屋为成员个人所有，农户享有全部的房屋补偿费，而宅基地为集体成员所有，因此村集体应享有部分宅基地征收补偿费。三是宅基地流转收益。宅基地流转必须经由农村集体经济组织同意，同时农户通过出租、入股、合作等方式所得的流转收益，应向村集体缴纳一定的"集体土地收益金"。宅基地收益权由本集体成员所有，村集体经济组织代为行使，具体收益应由本集体成员共享。

综上，目前我国的相关法律制度在宅基地所有权方面的规定相对全面，但在具体实施方面，比如就如何落实集体所有权、明确所有权主体以及所有权人权能实现等方面还存在诸多问题。

（二）宅基地资格权

宅基地资格权是"三权分置"改革中提出的一项新权利，是由宅基地"两权"中的使用权一分为二而来。在国家政策文件中，虽在落实"三权分置"改革中提出了资格权，但对其没有做出明确说明。资格权作为一个政策用语，还未实现向法律规范的转换。在宅基地改革实践中，各地的宅基地资格权实现途径不一。自资格权提出之后，学术界对其进行了广泛的讨论，目前尚未达成一致的共识。对于资格权及其性质，学术界主要持有以下几种观点："分配请求权说"、"成员权说"、"用益物权说"和"剩余权说"等。

1. 宅基地资格权性质

（1）分配请求权说。持"分配请求权说"观点的学者认为，宅基地资格权是农户基于农村集体成员的身份向本集体申请分配宅基地以保障住有所居的一种权利，即资格权为农民居住权益保障的具体化。[①]宋志红指出宅基地资格权只具有通过申请的形式初次获得宅基地的使用资格，而不具有其他权

---

① 刘国栋：《论宅基地三权分置政策中农户资格权的法律表达》，《法律科学》（西北政法大学学报）2019 年第 1 期，第 192 ～ 200 页。

能。① 在这种理解下，农户取得资格权的前提是必须为本集体成员。资格权落实的途径，一是初次申请取得一定面积宅基地，二是因客观原因未能取得宅基地的由集体提供住房保障。若农户向集体提出申请并实际取得了宅基地使用权，那么根据"一户一宅"的政策要求，此时宅基地分配请求权已完成了"使命"，相应地宅基地资格权也归于消灭。

"分配请求权说"认为资格权只能在宅基地分配阶段体现对农户住有所居的保障作用，其使用机会只此一次，且不能在宅基地取得、处分、收益、管理、退出等阶段发挥其社会保障功能。虽然在分配阶段保障了农户的居住权益，但是宅基地后期使用中缺失相应保障职能，使宅基地使用权成为一种纯粹的财产性权利，这将增加农户的失地风险，不利于农户权益的保障。此外，分配请求获得宅基地使用权实际属于宅基地所有权的范畴，仍为宅基地"两权分置"的权利结构。

（2）**成员权说**。学术界中持"成员权说"观点的学者众多，其认为宅基地资格权是农户基于农村集体成员的身份所享有的集体成员相关权益，包括分配请求权、管理参与权、宅基地获益权、退出补偿权等权利，是一种兼具身份属性和财产属性的复合性权利。②

将宅基地资格权定义为成员权，其主要解释如下：第一，从文义角度看，"资格"一词通常指从事某种活动应具备的条件和身份。基于此，宅基地资格权指取得宅基地相关权益的相关身份条件，拥有宅基地资格权是拥有宅基地各项权益的身份前提。③ 将宅基地资格权理解为宅基地成员权，与农户作为农村集体经济组织成员"身份权"的本质相契合。第二，从权利来源

① 宋志红：《宅基地资格权：内涵、实践探索与制度构建》，《法学评论》2021年第1期，第78～93页。

② 陈广华、罗亚文：《乡村振兴背景下宅基地资格权研究》，《安徽大学学报》（哲学社会科学版）2019年第5期，第122～128页。

③ 宋志红：《宅基地资格权：内涵、实践探索与制度构建》，《法学评论》2021年第1期，第78～93页。

角度看，资格权来源于农村集体成员权，只有集体经济组织成员才能具有宅基地资格权。根据《土地管理法》规定，集体成员享有宅基地所有权，即集体成员享有所有权下的宅基地占有、使用、收益等权利。因此，即使农户转出宅基地使用权，但由于其仍然为集体成员，依然享有成员权相关的基本保障。而受让方虽然获得了宅基地的使用权，但是不能取得集体经济组织的成员权。换言之，放弃宅基地资格权不会丧失集体成员权，而丧失集体成员权一定会丧失宅基地资格权。[①] 第三，从价值目标角度来看，将资格权定义为成员权，既保障了农户的居住权益，又能在保留集体成员资格权的前提下满足宅基地流转的需求，实现宅基地居住保障功能和财产性功能，更加贴切宅基地"三权分置"改革政策目标要求。

（3）用益物权说。持"用益物权说"观点的学者认为，宅基地资格权与原"两权分离"下使用权在本质上没有区别，属于用益物权。席志国认为"两权分离"中的使用权虽规定为一种用益物权，但在现实生活中其更多地表现为居住保障功能，而新设的资格权吸收了该使用权中身份属性功能，因此与原有使用权属性一致。[②] 而宅基地"三权分置"改革只是在"两权分离"的基础上创设了一项可以自由流转的"第三项权利"，该项权利旨在充分发挥宅基地的财产性功能，以弥补"两权"下宅基地不能流转的不足和困境。

在这种理解下，"三权"的权利结构可以表述为"宅基地所有权——宅基地使用权——次级宅基地使用权"。[③] 在这种权利结构下，创设的宅基地资格权对应原来的宅基地使用权，即资格权人享有对宅基地的使用权，以实现户有所居，次级宅基地使用权则可以充分发挥用益物权权能，以促进流转增加农户的财产性收入。因此，可以摒弃"资格权"这一用词，继续沿用"使

① 王文浩：《农村宅基地"三权分置"：内涵、逻辑与路径》，《江西农业学报》2021 年第 9 期，第 145 ～ 150 页。

② 席志国：《民法典编纂中的土地权利体系再构造——"三权分置"理论的逻辑展开》，《暨南学报》（哲学社会科学版）2019 年第 6 期，第 43 ～ 52 页。

③ 同上。

用权"也可以得到同等效果。^①

"用益物权说"虽然将资格权定义为用益物权，但其本质依然为保障农户的居住权益，与"成员权说"目标一致。但是，在我国现行的物权体系中并无资格权这一物权形式，"用益物权说"不符合我国民法中物权法定原则。此外，将资格权等同于"两权分离"下的使用权，没有看到新政策中"资格权"的价值内涵，且容易在宅基地权利构造上引起混乱。

（4）剩余权说。持"剩余权说"观点的学者认为，宅基地资格权是宅基地使用权人基于某种目的向他人让渡一定期限的使用权后，对原宅基地所享有的剩余权利。^②该剩余权利主要包括：宅基地"资格权人"在让渡期满后对原宅基地的收回权，宅基地"资格权人"在受让人违法违约使用宅基地时的归还请求权，宅基地的剩余处分权。^③

可见，宅基地"剩余权说"认为，宅基地资格权承载着宅基地的福利保障属性，在推动宅基地使用权高效流转的同时，又要保障农户的宅基地权益不受损，因此保留农户剩余权利，为农户流转吃下"定心丸"，借此以平衡宅基地的居住保障和财产价值功能。但是，让渡期满后宅基地资格权人收回宅基地，这在一定程度上冲击了宅基地集体所有权人的主体地位，忽视了集体所有权主体对宅基地的收回、处分权。

虽然目前法律对于资格权的性质没有明文规定，但可以确定的是，国家"三权分置"改革提出"资格权"的用意在于保障农民的宅基地权益不受侵犯，在保障农民户有所居的基础上发挥宅基地的财产价值，增加农户的财产性收益。由此而言，资格权的设立主要在于保障农民的基本住房权益。

---

① 刘国栋：《论宅基地三权分置政策中农户资格权的法律表达》，《法律科学》（西北政法大学学报）2019 年第 1 期，第 192～200 页。

② 李凤章、赵杰：《农户宅基地资格权的规范分析》，《行政管理改革》2018 年第 4 期，第 39～44 页。

③ 程秀建：《宅基地资格权的权属定位与法律制度供给》，《政治与法律》2018 年第 8 期，第 29～41 页。

因此，以上对于宅基地资格权的基本观点和阐释都具有一定的合理性。从权利来源看，宅基地资格权来源于农村集体经济组织成员权，但又不完全等同于成员权，而是成员权在宅基地方面所享有的具体实现形式。从资格权保障途径来看，其权利内涵包括本集体成员初次取得宅基地的分配请求权和宅基地的使用权，以此保障农户住有所居。此外，资格权的保障功能还体现在宅基地流转过程中，表现为对农户流转宅基地后的剩余权利。

基于此，应当认为宅基地资格权的权利内涵为：基于集体"成员权"取得的"分配 + 使用 + 剩余权"，是一种具有成员权性质的复合权利，即"资格权"权利性质既包括农户作为农村集体组织成员取得的请求本集体组织分配宅基地的权利，也包括宅基地分配后取得的宅基地使用权利，以及将分配的宅基地流转后享有的剩余权利。可见，资格权并非简单的一次性权利，而是体现在宅基地分配、交易、收回等各个阶段，其在法律上应作为一项独立的民事权利进行建构。

2. 宅基地资格权权能

（1）宅基地分配请求权。宅基地分配请求权属于资格权中最基本的权能，农户可向集体经济组织申请无偿分配一定面积的宅基地，用以建造房屋及附属建筑设施，从而保障农民的居住权益。其包含三方面的内涵：第一，在权利主体上，申请分配权的主体只能是本集体经济组织成员，被申请人为本集体经济组织；第二，在分配方式上，宅基地分配按照"一户一宅"、"面积限定"的原则，即以"户"为宅基地分配单位，每一户只能申请无偿取得一处宅基地，且取得宅基地的面积需按照相关法律政策规定，对"超占"收取有偿使用费用；第三，在行使规则上，宅基地的分配请求权一旦得到行使，农户获得宅基地后该权利随即消灭，此外，农户流转宅基地导致宅基地使用权灭失，农户将不再享有宅基地分配请求权。

（2）宅基地获益权。宅基地成员获益权是指，作为宅基地资格权人基于自愿退出和政府征收等客观原因的宅基地资格权退出，所获得相应补偿性收益的权利。政府征收农村宅基地将导致宅基地资格权人丧失宅基地，并相应地丧失宅基地资格权。《宪法》第十条规定，对集体土地实行征收要给予相应补偿。其次，对于进城落户的农民，政府鼓励其自愿退出宅基地，以盘活农村闲置宅基地，并按照具体情况给予相应的补偿。补偿包括三方面的内涵：第一，在补偿形式上，宅基地补偿包含房屋、资金、养老服务、就业保障等形式；第二，在补偿内容上，包含对宅基地土地的补偿、宅基地上房屋的补偿、农户社会保障的补偿；第三，在收益性质上，宅基地资格权人所获得的收益属于补偿性收益，仅限于弥补其居住保障权利，与宅基地使用权流转获得的经营性收益存在本质上的区别。

（3）**宅基地管理权**。宅基地管理权是指，资格权人对宅基地实际利用情况进行管理以维持其基本用途的权利，是农户作为农村集体经济组织成员所享有的对宅基地处理事务的一系列权利，包括知情权、参与表决权和监督权。一是知情权，农户作为集体成员享有对本集体宅基地相关事务的知情权，包括本集体宅基地的分配情况、宅基地审批标准、宅基地退出的补偿标准等信息的知情权。二是参与表决权，在宅基地管理事务中，农户有权参与到宅基地决策事项，行使表决权。三是监督权，一方面为自我监督，农户作为集体成员有权对本集体其他成员的宅基地使用情况进行监督，同时农户自身也接受集体经济组织的监督和统一管理；另一方面为监督他人，表现为资格权人将使用权流转给他人，资格权人有权对使用权人是否按照合同约定和法律规定要求合理利用宅基地进行监督。

（三）**宅基地使用权**

宅基地"两权分置"格局下，我国的法律和政策文件对宅基地使用权流转大多持否定态度，尽管有一些私下流转情况，法律也未做具体规定。此时，宅基地使用权是受身份严重限制的用益物权。2018年，中央一号文件在探索"三权分置"改革政策中，提出适度放活宅基地使用权，以提高宅基地的利用价值，推进乡村振兴战略。随后，我国试点地区大力探索了适度放活使用权的实现路径，并采取了出租、继承、抵押和转让等使用权流转方式,为"三权分置"改革提供经验支撑。在学术界中,对于宅基地使用权的讨论也是建立在具体试点地区的实践基础上的,对其研究也正处于探索阶段。对于使用权的性质,学术界主要持有以下几种观点:"法定租赁权说"、"次级用益物权说"和"不动产用益物权说"等。

1. 宅基地使用权性质

(1)法定租赁权说。持"法定租赁权说"的学者认为,宅基地使用权是一种属于债权性质的法定租赁权。该观点认为,宅基地使用权人主要以租赁的方式将一定期限宅基地使用权转让给他人,受让人只获得了一定期限的有偿使用宅基地的权利,[①]资格权人依然享有对宅基地的使用权,且取得相应的租赁金,以实现宅基地的财产性功能。[②]由于法定租赁权以法律中的权利来表述,可降低使用权的立法成本以实现放活使用权的目的。此外,其属于债权性质,因此不必要对不动产进行备案登记,减轻了政策成本。

(2)次级用益物权说。众多学者认同"次级用益物权说"的观点,其认为宅基地使用权属于次级用益物权,即属于宅基地使用权这一用益物权之上的一个次级权利。在这种理解下,"三权"构成了"宅基地所有权—宅基地使用权—次级用益物权"的权利结构。也有部分学者认为这种权利与地上权相似。将使用权定义为用益物权,可以排除第三人对使用权的干扰,保留权力主体的使用权,在突破宅基地身份限制的基础上促进宅基地的流转。但是有学者认为,从使用权中分离出次级用益物权,可能会导致所有权、资格权、使用权、次级用益物权"四权"并存的现象,与"三权"政策相悖。

(3)不动产用益物权说。持"不动产用益物权说"的学者认为,宅基地使用权为权利主体将使用权返还给集体后形成的新的权利——不动产用益物权。即宅基地资格权人自愿将宅基地退回给集体,集体经济组织收回宅基地

---

① 陈耀东:《宅基地"三权分置"的法理解析与立法回应》,《广东社会科学》2019年第1期,第223～230、256页。

② 陈小君:《宅基地使用权的制度困局与破解之维》,《法学研究》2019年第3期,第48～72页。

后,赋予退回的宅基地不动产用益物权。[①] 该权利可经过主体限定、期限规定、费用缴纳等方式,由农村集体经济组织转让给集体外部人员,此时,受让人获得宅基地的不动产用益物权。当然,这种权利的受让人必须为农村居民,即遵守"城镇居民不能购买农村宅基地,只能由农民取得"的法律规定。

国家"三权分置"改革提出"适度放活宅基地使用权",其用意在于保障农户权益的同时,促进宅基地"适度"流转,激活宅基地的财产性功能。综合上述观点,如果将使用权概括为法定租赁权和次级用益物权还存在一定风险,当事人双方协商一致即可实现债权或物权的转移,这种由宅基地使用权人单独流转其租赁权或次级用益物权,会产生复杂的权利义务关系,同时农户不具备完善的风险意识和规避能力,宅基地自行流转可能会造成农民权益受损。

此外,宅基地分布较为分散,零星的宅基地流转也不利于对宅基地的统一规划和进行合理的开发利用。因此,在现阶段将宅基地使用权定义为不动产用益物权可能更符合实际。在此观点下,宅基地使用权直接派生于宅基地所有权,宅基地使用权流转应由集体经济组织赋予并授权同意,受让人取得的是宅基地的不动产用益物权。这种由集体组织参与的宅基地使用权流转交易更为科学合理,有利于保障农户的权益。

2. 宅基地使用权权能

(1)**宅基地占有权**。宅基地使用权人享有的宅基地占有权具有无偿无期限的特征。宅基地使用权人有权占有依法取得的宅基地,并排除他人的非法侵害。宅基地占有权和所有权相似,强调占有者与宅基地之间的静态关系,不反映占有者对宅基地实际利用的动态情况。权利主体在转让宅基地使用权后,新的宅基地使用权人享有占有权。

---

① 高海:《宅基地"三权分置"的法律表达——以〈德清办法〉为主要分析样本》,《现代法学》2020年第3期,第112~125页。

（2）**宅基地使用权**。《物权法》第一百五十二条规定，宅基地使用权主体有权依法利用宅基地建造住宅及附属设施。使用权人有权在房前屋后的宅基地上种植花草树木，树木的所有权归属种植人。使用权人只能按照批准的用途来使用宅基地，不得擅自改变宅基地的用途，且必须按照批准的面积建造房屋，不得多建、违建。

（3）**宅基地收益权**。在现行法律框架下，宅基地使用权只能用于本集体成员居住或只能在本集体内部进行流转，此时使用权只体现了占有和使用的权能。而"三权分置"改革过程中，各改革试点地区探索出不同的使用权流转方式，在一定程度上允许使用权在本集体范围外流转，形成了流转市场，体现了宅基地财产价值。"三权分置"下放活宅基地使用权的流转彰显了宅基地的财产属性，必然进一步释放被"禁锢"的宅基地价值，从而带来收益。具体而言，宅基地收益权指作为宅基地使用权人基于宅基地出租、转让、抵押、入股、联建等方式所获得相应经营性收益的权利，这种收益属于宅基地增值收益。

第三节　农村宅基地制度演变特征及过程

一、农村宅基地制度演变特征

（一）始终坚守"三条底线"

宅基地制度演变过程中始终坚守"三条底线"，即土地公有制性质不改变、耕地红线不突破、农民利益不受损。

1.坚决守住土地公有制性质不改变

自宅基地由私有制向公有制转变后，政府更加强调宅基地公有制性质。其中《村镇建房用地管理条例》将"维护社会主义土地公有制"作为立法目的予以明确;《土地管理法》再次明确宅基地在内的农村土地的集体所有性质;《关于加强农村宅基地管理的意见》《物权法》等将宅基地集体所有权所涉内容进行细化,将主体统一明确为"农村集体";2018 年以来,政府在积极探索宅基地"三权分置"改革试点的同时,也将落实宅基地集体所有权作为改革的一项重要内容。

2. 坚持保护耕地红线不突破

《土地管理法》在第四章明确提出"保护耕地,严格控制耕地转为非耕地",同时改革中相关政策也做出规定:超标占地的农户应当收取费用;鼓励村民在原宅基地上拆旧建新,并给予适当的政策优惠,严格实行一户一宅制度;建立严格的用地审批制度和土地监管体系。可见,在宅基地制度发展的过程中,我国一直执行严格的耕地保护制度,坚决制止乱占滥用耕地,以此实现耕地红线不突破。

3. 坚持保障农民利益不受损

保护农民利益贯穿于我国宅基地管理制度体系,诸如《中华人民共和国土地管理法实施条例》《关于进一步完善农村宅基地管理制度切实维护农民权益的通知》《深化农村宅基地制度改革试点方案》等。同时,"三权分置"改革也处处以维护农民利益为首要条件。确定"进城落户,自愿有偿退出",即农民进入城市后,宅基地可自愿有偿退出,也可持续保留,实际上就是在城镇化发展中对农民的保障。其次是"放活使用权,宅基地变资产",宅基地可以作为一种资产进行抵押贷款,支持农民自由创业。

（二）采用渐进式改革模式

过去和现在的宅基地改革在落实所有权、使用权流转和退出以及盘活等方面都体现了渐进式特征。

1. 所有权演变方面

1949 年后,国家实现了土地私有制向社会主义公有制的转变,但这一切在短期内是无法一步到位的。从过程中看,宅基地所有权最初属于私人所有,随着社会的不断发展变化,逐步转变为生产队所有、农民集体所有、农村集体经济组织所有，从自愿入社、地基私有、宅房分离到所有权公有，经历了系统的、大规模的政治动员，才逐渐从私有制转换为公有制。

2.宅基地流转和退出方面

自推动农村全面深化改革以来，从起初的允许房地一体转让，到20纪末的禁止出售给城市居民，发展到现在的探索内部转让与有偿退出，都历经了曲折的改革发展过程。在流转和退出改革试点中，宅基地制度改革也先后经历了期限延长、联动探索、范围拓展等不断渐进的过程。

3.宅基地盘活方面

在宅基地盘活过程中，我国采用"试点—推广—法律化"的渐进式路径，以试点为抓手的先行先试，以发达地区为突破口的改革方式，并结合地方实际采用的不同盘活模式。[①]面对我国复杂的经济环境和利益博弈关系，采用渐进改革有助于减少改革带来的社会成本，避免引起激烈的社会冲突。

（三）由无偿使用向有偿使用转变

长期以来，我国实行农村宅基地无偿使用制度，这也是赋予农民的一项基本福利，但是宅基地的无偿使用也带来了很多问题。因为宅基地使用的无偿性，农民"多占地、占好地"，造成房屋建设失控，耕地大量被占用，这与耕地保护的初衷背道而驰。继续保持宅基地无偿使用，会使得宅基地分配不合理、不公平，占用耕地建房现象也将更严重，而宅基地有偿使用制度更加适应社会现实需求。

1990年《关于加强农村宅基地管理工作的请示》首次提出进行农村宅基地有偿使用试点，自此农户依法无偿获得宅基地的福利性、集体分配土地逐步进行改革。近年来，国家提出改革完善农村宅基地制度，探索宅基地有偿使用和自愿有偿退出机制，对因历史原因形成超标准占用宅基地和"一户多宅"等情况，探索实行有偿使用。可见，宅基地制度改革的趋势逐渐由无

---

① 朱丽丽：《农村宅基地渐进式盘活路径研究》，中国科学技术大学博士学位论文，2020年。

偿使用转向了有偿使用。

(四)强制性与弹性改革相结合

宅基地改革初期,以强制性制度确立了宅基地由私有向集体所有制的转变。面对改革中出现的新问题,又出台相关政策推动宅基地有偿使用、宅基地置换等。

随着宅基地制度的逐步完善,在当前宅基地改革中更注重强制性与弹性相结合的原则。随着农村宅基地改革总体有序开展,地方政府创新探索与村集体组织推动宅基地制度弹性改革。国家提出鼓励农村集体经济组织及其成员盘活利用闲置宅基地和闲置住宅,统筹考虑区位条件、资源禀赋、环境容量、产业基础和历史文化传承,选择适合本地实际的农村闲置宅基地和闲置住宅盘活利用模式,"鼓励、盘活、闲置"恰恰体现了宅基地制度制定下的弹性原则。

总体看来,宅基地制度变迁是国家约束性管理与地方政府创新、村集体组织及其农民利益诉求等互动互馈的过程,是各行为主体在实践冲突中相互调适和不断改进的过程。

(五)改革的内生性需求不断提高

随着我国社会主义市场经济不断发展和城镇化加速发展,宅基地管理制度受到政治、经济、社会和文化等外部多方面因素的影响,发生了外生性改革和变迁。在宅基地管理制度演变过程中,宅基地利用的内部环境也在不断变化,内在因素的变动和相关利益主体的博弈使宅基地制度改革不断推进和变化。

宅基地的内部流转制度和社会经济因素,构成宅基地管理制度产生内生性改革的关键因素。一是宅基地使用权的限制流转,导致大量的闲置宅基地无人使用,造成土地资源的严重浪费;城市化进程加速,导致城市建设用地供给不足,供需矛盾日益突出,形成农村土地低效利用与城市用地紧张的结构性失衡状态。而放活使用权流转能够提高闲置资源的使用效率,促进资源要素的流通。二是我国经济发展进入新常态后,乡村振兴等制度为宅基地改革提供了制度保障,促使改革转向凸显宅基地经济属性、解决城乡居民收入不平衡等问题。

二、农村宅基地权能演变阶段

(一)第一阶段(1949—1961):宅基地所有权和使用权合一

中华人民共和国成立初期,需要通过经济发展促进社会尽快恢复活力,而发展农业是推动经济恢复的重要基础。因此,国家通过土地改革赋予农民耕地和住宅用地保障,使其能更好地从事农业生产,以支撑国民经济恢复发展。

国家施行"耕者有其田",开始废除封建地主土地所有制,进行土地改革运动。随着土地改革不断推行,建立了以土地农民所有为特征的农地产权制度,这时期农村宅基地归农民所有。农民对房屋和宅基地具有所有权和完整物权,法律上允许农民出租、抵押、买卖房屋,说明这一时期宅基地在制度设计上具备一般的用益物权属性,农民可在法律允许范围内自由交易、流转宅基地,以满足生活生产的需求。但是这一时期,并未出现关于宅基地的法规政策,而是将宅基地列入土地制度改革中,加以间接规范和引导。

这一时期的制度安排是由国家层面推动,体现了政治因素的主要作用。该阶段初期,国家为维护政权稳定,通过没收地主土地无偿分配给农民的激进式、强制性制度变迁,赋予农民私有产权,以此满足农民"耕有其田、户有所居"的需求。这种由国家力量推动的制度改革,能够有效促进经济社会发展秩序的恢复。实行土地改革后,农村土地私有制保证了新制度的平稳过渡,在意识形态领域也逐步强化公有制,在实践中弱化私有产权。可见,在完成阶段性建设任务后,国家又出于社会主义公有制性质的判断而建立土地集体所有制,也就是社会主义改造下的农村宅基地集体所有制。

（二）第二阶段（1962—2017）：宅基地所有权和使用权分离

1. 1962—1977：宅基地集体化阶段

1962 年，我国开始进入社会主义改造时期。随着农业生产的进一步发展，落后的生产能力、技术、生产条件及小农经济体系下土地私有局限性日益凸显，严重制约着社会经济的进一步发展。为了加快实现工业优先发展的战略目标，在全国土地改革基本完成后，国家开始对土地等农业生产资料进行社会主义改造，即全国性的农业合作化运动全面开展。

此时农村宅基地制度随着合作化运动发生变化。1962 年 9 月，《农村人民公社工作条例（修正草案）》确立了农村人民公社的组织、性质、规模和生产队的性质、管理、规模，而在人民公社体制终结后，便逐渐发展成为我国农村集体经济组织。该修正草案规定："生产队范围内的土地，包括宅基地都归生产队所有，一律不准出租和出卖，但社员的房屋永远归社员所有。"1963 年，国家对宅基地管理问题做了一些补充规定，提出"宅基地使用权"，确立宅基地流转"地随房走"的原则，初步形成宅基地"两权分离"制度形态。

宅基地虽转化为公有，但住宅保障功能仍被保留。在这一时期，我国在计划经济体制下，安排推动农地的集体化发展，其目的一是增加工业化的原始资本积累，二是降低由于农地细碎化带来的制度管理和交易成本。到人民公社时期，宅基地已转变为集体所有，但法律层面上农民住宅用地使用权依旧为农民所有，农民对其拥有完全处分权能，同时农村宅基地的农户住宅保障功能亦被固定了下来。

随着人民公社制度被强化，"房地一体"变为"房地分离"。为了巩固城乡二元体制，确保有充足的农业剩余来长期有效地支持国家工业化，不断调整和强化农村人民公社体制。国家通过强制性制度变迁将原来农民享有的农村宅基地所有权转变为农民对宅基地集体所有权的使用权，农村宅基地的资产属性捆绑于使用权。在此期间，农村住宅用地被界定为宅基地，农民不再拥有宅基地所有权，仅保留农房所有权权能，至此法律层面上的宅基地农民所有亦不复存在。

2.1978—2012：宅基地限制流转使用

改革初期，宅基地使用权具有开放性，由城乡居民共同享有。改革开放后，快速发展的农村经济，不断推进的城镇化、城乡工业化建设，使农民的建房和城市建设、工业用地等需求不断扩大，同时亦伴随着耕地被大量侵占和宅基地管理混乱等现象，因此加强对农村宅基地产权的管理、面积标准的设定和取得范围的限制是必要之举。

（1）1978—1982：改革开放初期宅基地使用限制流转阶段。 1978年，国家法律重申了限制宅基地流转。自宅基地所有权和使用权分离后，只有农村集体经济组织成员才能享有宅基地使用权，同时法律亦禁止宅基地使用权的外部流转，这是为了调整农民个体与集体的关系而设定的。限制宅基地流转规定的目的是保护宅基地的集体所有权，其意图是确保村民居住保障功能。

为避免农村建房滥占耕地，国家严格控制宅基地无序扩张。由于家庭联产承包责任制的实行，农村经济得到快速发展，农民生活水平不断提高，农民便开始着手改善居住环境。此时，国家鼓励农民建设房屋。这就出现因新建、扩建农房而导致的宅基地利用面积不断扩张，农村乱占农田建房的现象也逐渐突显，给耕地保护带来了较大压力。在此种情况下，国家意识到这是农村缺少科学规划和管理不善的结果。因此，从1981年起国家连续出台政策提出保护耕地的原则和措施，重申农村土地归集体所有，禁止土地流转。

1982年，我国规定禁止流转农村建房用地。为保障农业生产的发展和适应农村建设的需要，防止村镇建房乱占滥用耕地，1982年《村镇建房用地管理条例》第四条规定"严禁买卖、出租和违法转让建房用地"，第十五条规定"出卖、出租房屋的，不得再申请宅基地。社员迁居并拆除房屋后腾出的宅基地，由生产队收回，统一安排使用"。这表明政府禁止了"空白"宅基地的流转，但为附有建筑物的宅基地流转留下了口子。农房是农民的私有财产，保护农民的私人产权可以调动农民积极性，但为了防止宅基地的变相流转，该规章对附有建筑物的宅基地流转增加了条件限制。

（2）1983—1999：宅基地使用进一步限制流转阶段。1999年开始，我国对使用权流转进行更严格的限制。1999年《关于加强土地转让管理严禁炒卖土地的通知》规定：宅基地所有权归农村集体所有，房屋只能在本集体内部进行流转。农民不得向城镇居民出售房屋，农村集体经济组织也不得批准城镇居民在农村建设住宅。《宪法》规定土地不得流转的目的是应对耕地流失的现实问题，实现"国家对城乡土地利用的全面管控"，可见，这一时期颁布的法律继续执行土地权属条款和禁止土地转让条款。

至此，农村宅基地制度具有以下特点：一是农村宅基地属于集体所有，基本确立了农村宅基地所有权和使用权相分离，农民对宅基地由原来拥有土地所有权转化为拥有宅基地使用权；二是宅基地不准出租、买卖和擅自流转，但宅基地上的房屋归农民所有，农民有租赁、买卖房屋的权利，房屋出售后宅基地的使用权随之转移给新房主；三是农民可无偿取得宅基地使用权，其使用权具有无期限性，这在制度安排上体现出宅基地居住保障功能；四是在农村宅基地分配方式上，以农户为单位严格实行"一户一宅"的方式。

（3）2000—2004：市场化下宅基地使用权流转的严格管控。这一时期，保护耕地成为土地管理的重点任务。随着市场在资源配置中基础性作用的逐步加强，农村开始发展乡镇企业、农村企业，同时随着城镇化步伐不断加快，农村人口大规模向城市流动。在这样的时代背景下，土地管理中的新问题、新矛盾层出不穷，宅基地利用管理变得日益复杂，从客观上要求国家必须强化对于宅基地使用管理的制度供给，发展农业生产和保护耕地成为宅基地限制流转的目标。

随着农村经济体制改革推行，国家对宅基地管理进一步收紧。伴随着经济体制改革，以及社会主义市场经济体制的确立，农民生活日渐富足，开始兴起了建房热，宅基地面积不断扩张；同时非公有制经济的发展也不断增加农村建设用地。因此，为更好地规范农村宅基地管理，以更好维护农村社会和谐与稳定，国家再一次强调宅基地管理的严格性，不得向城镇居民流转宅基地使用权，从农村宅基地产权、建设规范管理及取得范围三个方面不断加以限制和收紧。

农村宅基地使用开始进入全面限制阶段。宅基地朝着弱化产权和强化管制的方向演进，宅基地使用权和农房所有权被严格限制为使用和继承，没有出租、转让和抵押等权能。具体表现在三个方面：一是产权上，不断强化宅基地集体所有和农民使用的两权分离产权制度；二是宅基地使用标准和用途管制不断提高、强化；三是宅基地取得范围不断收紧，逐渐与农村集体成员资格挂钩，城镇居民被限制在外。

（4）2005—2012：新农村建设下宅基地流转探索。这一时期，大量农民进城务工，宅基地闲置浪费问题逐渐凸显，如何盘活利用宅基地成为热点话题。随着我国城镇化和工业化的高速发展，宅基地利用问题日益突出。主要表现在以下方面：农村闲置宅基地私下交易、私下流转现象日益普遍，宅基地流转隐形市场快速形成，导致违规违法流转的情况比较盛行，在私下流转过程中农户权益易受到侵害。宅基地闲置的情况往往导致稀缺的土地资源得不到合理利用，出现城镇用地不断增加、农村宅基地不减反增的现象，使城镇用地与农村建设用地逐渐失衡。随着农村"空心化"问题的出现，国家对宅基地制度聚焦到了盘活存量宅基地上。

随着我国新农村建设推进，宅基地流转限制开始得到缓解。2005年，国家将宅基地制度与节约用地、改善人居环境和减轻农民负担统筹起来，宅基地制度开始在新农村建设中担负制度使命。2007年，国家首次对宅基地的法律属性进行明确，确定宅基地用益物权属性，宅基地流转限制开始有所缓解。而此时随着社会经济快速发展，不少人发现通过在农村建造房屋后出售能得到较大利润，因此基于在农村建房的低成本以及房屋出售的可观利润，无数开发商不顾法律约束在农村违法使用土地建房，这也就形成了大量的农村"小产权房"。至此，越来越多的集体土地转变为建设用地。2008年

《关于切实加强农业基础建设进一步促进农业发展农民增收的若干意见》出台，相关规定再次明确"禁止城镇居民购买农村宅基地上的房屋"。

农村宅基地流转出现较多问题，迫切需要进行改革创新。这一时期，由于土地利益关系失衡导致农村宅基地闲置、低效利用，私下交易盛行，农民土地财产权、宅基地使用权无法得到保障等问题，逐步演变成为集政治、经济和法律问题于一体的社会热点和敏感问题，城乡经济社会转型发展的现实，迫切需要国家必须全面推进宅基地制度改革创新和实践探索。

3. 2013—2017：宅基地使用改革试点时期

这一时期，宅基地制度改革创新步伐明显加快。为改善城乡区域发展严重失衡的现实困境，党中央、国务院始终明确"三农"问题是全党工作的重中之重，农村土地制度改革不断稳步深入推进，特别是快速推进的城市化导致农村出现分化、农村集体建设用地和宅基地资源的市场价值迅速提升，农民通过宅基地隐性流转和自发建设"小产权房"等形式迫切要求分享土地增值收益，以及城乡社会保障及其公共服务非均等化带来的诸多社会压力也对原有的土地制度安排产生了新的改革倒逼机制，这同时从客观上导致这一时期宅基地制度改革及其制度创新步伐明显加快。

2013年，国家推动改革试点，促进农村宅基地制度改革完善。2015年出台的《关于农村土地征收、集体经营性建设用地入市、宅基地制度改革试点工作的意见》，针对宅基地原始取得、使用权流转和有偿退出等问题选择若干试点区进行试点试验，探索不同区域、不同条件下农民实现"户有所居"、"一户一宅"、宅基地自愿有偿退出的典型经验和模式。2016年，浙江义乌在改革试点中首次提出宅基地改革的农户"资格权"，为我国农村宅基地"三权分置"改革提供了试点经验和借鉴。

该阶段农村宅基地制度变迁主要由国家层面试点推动，结合农民意愿和农村集体实际情况而进行的地方化、差异化实践探索，中央政府以保障农户宅基地用益物权为改革导向，地方政府积极响应并探索多种方式的还权赋能，农村集体经济组织和农民也在共同发挥作用，各利益主体形成基本共识：宅基地"三权分置"改革能够实现自身预期目标。但由于地区差异和实践探索的差别，尚未形成整体的制度变革共识，还处于渐进式与诱致性并存的制度改革过程中。

（三）第三阶段（2018——至今）：宅基地所有权、资格权、使用权分置

1. 宅基地"三权分置"改革起因

21世纪以来，随着我国城市化水平不断提高，城市的就业机会以及完善的基础设施吸引农村人口不断涌入，农村"空心化"现象普遍。随着大量农村人员进入城市寻找工作机会，原有的严格限制宅基地流转制度使宅基地成为"沉睡的资本"，闲置浪费现象突出。党的十九大报告提出了"乡村振兴"战略，要求通过土地制度改革激活农村经济，促进城乡融合，宅基地"三权分置"便是乡村振兴的重要抓手。宅基地制度改革原因可分如下三点：

（1）**宅基地社会保障功能弱化。**宅基地在保障农民居住权上的功能逐渐弱化。宅基地使用权包含占有和使用两层含义，是赋予农民的一项具有社会保障的权利。由于我国城乡二元体制的存在，农村居民难以和城镇居民一样均等地享受到医疗、养老等社会保障待遇，而农村宅基地便承担了大部分社会保障的功能。我国现有的制度严格限制了使用权的获得和退出，在维持社会稳定上发挥了重要作用。

改革开放后，随着农村人口不断向城镇流动及农村社会保障体系逐步完善，农民的主要收入来源转向工资性收入，也有更多农村居民在城市购买了住房，自此一部分农民定居城市不再返乡。这些现象表明了农民在居住上对乡村的依赖性在下降，对宅基地的住房保障需求也在降低，宅基地的居住保障功能不断弱化成为了趋势。

（2）**宅基地非法流转现象严重。**在现行制度下，农村宅基地流转受到严格限制，一般不允许自由流转，以免农民"失地失房"影响农村社会稳定。经农村集体化运动后，宅基地作为生活资料由私有权变为公有权，但农户可以无偿获得宅基地的使用权。限制宅基地流转是为了实现宅基地的居住保障

功能，实现乡村稳定、耕地保护等目标。

然而，宅基地经济价值凸显促进了隐性的流转交易市场。现实中，对宅基地经济价值的追求并不会因为法律禁止而消除，正所谓"物以稀为贵"，禁止流转反而会促使需求的扩大化进而形成隐性的、非法的交易市场。同时，强行管制下的宅基地无偿分配和取得又导致"一户多宅"、超标占用等现象，尽管行政管制不断加强，但农村地区仍然出现农房建设无序和侵占耕地的现象。对于这一问题，以往的宅基地制度已经不符合当前农村经济社会的发展，于是我国开始了宅基地"三权分置"改革，目的是有效盘活农村宅基地资源。

（3）新时代社会经济发展的现实需要。城乡社会、空间、经济体制结构变化促进宅基地制度改革。为实现城乡融合发展的目标，国家推进农村宅基地改革，以实现农村宅基地财产功能显化，同时盘活闲置资源，支持乡村振兴发展，进而更好实现城乡一体化发展。在农村经济发展新常态的推动下，各地对农村闲置宅基地资源进行市场化整治，一方面可提高其资源集约利用率，更好促进可持续发展，另一方面可用于支持农村新产业、新业态发展，培育农村新的经济增长点。为满足基层治理体系和治理能力现代化的需求，国家可通过宅基地"三权分置"来更好发挥基层民主治理作用，如通过落实宅基地集体所有权为加强农村集体宅基地治理能力奠定经济基础，通过放活宅基地使用权吸引社会资金投入农村建设，从而激发村庄自治活力。

2. 宅基地"三权分置"主要进程

基于新的时代背景，宅基地改革成为优化资源配置的必然选择。宅基地作为农民最基础的生活资料，在历史改革进程中，经历了不断的探索、试点、拓展范围，一直围绕着落实宅基地集体所有权、保障农民宅基地权益、耕地保护等方面积极创新。2015年，"三块地"改革提出后，集体建设用地入市改革、征地制度改革、宅基地制度改革得以同时推进。2018年，宅基地"三权分置"改革试点重点是"探索宅基地有偿使用和自愿退出"，通过宅基地复垦，以节余指标、地票、集地券等方式有偿交易，允许农民自愿退出宅基地。为促进农村土地资源合理利用，新实施的《土地管理法》规定，允许进城落户的农村村民依法自愿有偿退出宅基地，鼓励农村集体经济组织及其成员盘活利用闲置宅基地和闲置住宅。

2020年，新一轮试点的核心转为"三权分置"实施路径创新。从之前改革实践看，各地在改进宅基地取得方式、探索宅基地有偿使用制度、完善宅基地审批管理制度等方面开展了一系列探索，取得明显成效。但是在放活宅基地和农房使用权，促进宅基地有效流转，探索宅基地自愿有偿退出机制等方面，则显得步伐缓慢、力度不够。在如何落实所有权、保障资格权基础上，适度放活使用权是宅基地制度改革的关键和重点。因此，这次改革试点就是要探索宅基地使用权的流转、抵押、自愿有偿退出、有偿使用等。

但就目前改革试点进程而言，改革模式仍需要进一步探索创新。在深化农村宅基地制度改革，推动城乡土地要素优化配置，探索宅基地所有权、资格权和使用权实现形式等方面提出新的挑战。要实现宅基地改革的短期和长期目标，对于宅基地用益物权的实现形式、"三权分置"的产权关系和实现形式、宅基地土地要素市场边界的建立和发展、宅基地整治盘活的方式及其有效性等实操性和政策性层面的问题，以及宅基地市场化发展趋势下的审批、监察、基层治理等管理制度改革层面的问题等，仍需要进一步研究。

第三章 农村宅基地全国改革实践与模式探索

宅基地制度是中国特色社会主义土地制度的重要组成部分，其核心是维护农村土地集体所有制和保障农民居有定所的基本权利。2015 年 1 月，国家出台《关于农村土地征收、集体经营性建设用地入市、宅基地制度改革试点工作的意见》，正式拉开了我国农村"三块地"改革的序幕。同年 3 月，"三块地"改革在北京市大兴区等 33 个县（市、区）进行试点，其中开展宅基地制度改革试点的有天津市蓟县（今蓟州区）、江苏省武进区、浙江省义乌市、四川省泸县等 15 个县（市、区）。本章主要选取全国 19 个典型试点县（市、区），从探索农民宅基地权益保障和取得方式、宅基地有偿使用、宅基地自愿有偿退出机制、完善宅基地管理制度等方面对试点县（市、区）的具体做法进行总结，以便全面了解全国各地宅基地改革实践，以期为推进当前宅基地改革奠定基础。

第一节 农村宅基地改革实践探索与创新

一、宅基地权益保障和取得方式实践探索

当前推行的宅基地制度改革主要坚持农民主体地位，充分尊重农民意愿，保障和维护农民的宅基地权益，以实现"户有所居"。各试点地区立足地方实际，因地制宜探索出了实现农民"户有所居"多种形式，形成"一户一宅"的宅基地分配制度。一是在宅基地取得方面，明确农户宅基地取得资格，严格"一户一宅"，并规定和控制取得宅基地和房屋建设的面积，例如

云南大理科学界定"户"与"宅"的标准，规定一户可无偿拥有一处宅基地，河北定州按照"一户一宅"标准给农户颁发资格权证书，赋予农户"资格权户"的法律地位。二是在原宅基地居住环境恶劣的情况下，对农户宅基地进行迁建，以改善农民居住环境，例如北京大兴区为改善安定垃圾填埋场周边农户的居住环境，实行"村庄异地迁建"，迁建后严格实行"一户一宅"，保障农户居住权益。三是在宅基地有偿退出方面，在充分遵循农户意愿的基础上，探索出多户联建、集中统建等方式落实"一户一宅"，例如天津蓟州区探索出了三种户有所居的保障方式，包括以政府为主导新建农民住宅小区、以集体经济组织为主体的新型农村社区以及"一户一宅"平面宅基地等方式，保障宅基地退出农户和非退出农户住有所居。

（一）云南大理市：科学界定"户"与"宅"的标准

2015年以来，云南省大理市作为最早一批承担宅基地制度改革试点任务的地区，在保障农户宅基地权益方面做了诸多探索。长期以来，国家相关土地管理的法律法规没有明确对"户"与"宅"的界定，大理市在宅基地使用过程中"一户多宅"、"未批先占"、"批而多占"等违规问题突出。据统计，大理市宅基地"一户多宅"约占宅基地总宗数的19%，"批而多占"约占39%。基于此，大理市科学界定了"户"与"宅"，将宅基地和农房统一纳入不动产登记，完善宅基地确权工作，并出台了宅基地历史遗留问题的处置工作程序，以有效解决宅基地使用历史遗留的问题，保障农民"户有所居"。

1. 科学界定"户"与"宅"

大理市在试点工作中，根据对全市宅基地利用现状与地方传统习俗的调查，科学界定了"户"与"宅"的标准，明确"一户一宅"制度。其中，"户"为具有本村常住户口，取得本集体经济组织成员资格，享受集体资产分配、履行集体成员义务的集体经济组织成员家庭自然户，而不是按户口簿认定，即一般由户主、配偶、子（女）、父（母）等家庭成员组成来认定；"宅"为能基本满足生产生活需求的宅基地，主要包括住房、厨房、圈房、天井等的宅院。"宅"的面积在坝区村庄每户不超过 180 平方米，山区村庄每户不超过 200 平方米。"一院多户"中一户实际用地坝区面积大于 110 平方米，山区大于 120 平方米，能基本满足生产生活需求的，以"一宅"形式确定。而住房用地面积坝区小于 110 平方米、山区村庄小于 120 平方米的农户，可依法自愿退还村集体，并向本集体经济组织申请使用宅基地。

2. 将宅基地和农房统一纳入不动产登记

大理市积极开展农村宅基地产权界定工作，并按照"房地一体化"原则对"一户一宅"进行确权颁证，建立了宅基地不动产确权登记制度。在过去，农村宅基地和房屋分别有两本证书。通过房地一体化确权登记，能够更方便地进行权籍调查，对农民而言也能更明确自己的产权。农村房地一体指的是房屋和宅基地的一体确权，是对农村宅基地使用权以及房屋所有权实行的统一权籍调查、统一确权登记、统一颁发证书，房地一体确权登记后颁发土地和房屋为一体的不动产权证书。农村房地一体确权，农民领取不动产权证书，使农村的房屋以及土地能得到保障，农户遇征地拆迁可凭此获得合理的补偿，若是强拆可以拿凭证维护自己的合法权益。

3. 处置宅基地使用历史遗留问题

大理市进一步规范了处置宅基地使用历史遗留问题的工作流程。第一是摸清底数，对全市农村房屋权籍进行全面的调查，建立权籍数据库，掌握全市"户"、"宅"的整体使用情况。第二是入户调查，调查所有农户的基本信息、家庭类型、房屋现有状况、房屋面积等信息，填写入户调查确认信息表，核实每户宅基地使用现状，并在本集体经济组织内进行公示。第三是宅基地使用情况分类，根据调查的结果和分类标准，将宅基地使用情况分为"一户一宅"、"一户多宅"、"未批先建"、"主体资格不符"等类型，并将各户分类进行公示。第四是制定分类处理意见，建立分类处理标准，对"一户多宅"、"未批先建"、"主体资格不符"等违规情况进行处理和处罚。

（二）河北定州市：按照"一户一宅"颁发资格权证书

河北定州市从 2015 年列入改革试点以来，在完善农村宅基地权益保障和取得方式方面，围绕宅基地"三权分置"改革重点对保障集体成员资格权进行探索，制定本村集体经济组织成员资格权户认定办法，并按照"一户一宅"标准给农户颁发资格权证书，赋予农户"资格权户"的法律地位。

1. 明确宅基地资格权的定义

河北定州市为规范宅基地资格权管理工作，制定了《定州市农村宅基地资格权管理指导意见（试行）》（以下简称《意见》）。明确了农村宅基地资格权的定义，即农村集体经济组织成员家庭在本集体经济组织享有宅基地使用权的权利。宅基地资格权以"户"为单位，按照"一户一宅、限定面积"原则认定登记，以"户"为单位统一行使资格权（称为资格权户）。资格权户的主体为具备本集体经济组织成员资格、世居或长期在本集体经济组织生产生活以及与本集体经济组织存在权利义务关系的农户。宅基地资格权不可转让，不得以任何形式非法剥夺和限制宅基地农户资格权。此外，《意见》还对所有权、使用权进行了界定，为农村宅基地推进"三权分置"改革、宅基地规范管理奠定了基础。

2. 宅基地资格权户的认定流程

宅基地资格权户的认定，由符合认定条件的家庭户提出申请，村集体经济组织初核登记，经由村民会议或村民代表会议讨论通过后张榜公示，时间不少于 7 个工作日，无异议后，报乡镇（街道）人民政府审核、备案。资格权户离开本集体经济组织生活的，按照依法自愿有偿原则，鼓励其以暂时退出（退出使用权、保留资格权）或永久退出（同时退出使用权和资格权）的方式，向村集体经济组织退出宅基地。同时，宅基地资格权实行数据库管理，各乡镇（街道）人民政府负责本地基础数据录入、日常维护及动态调整工作。

3. 开展宅基地资格权证书颁发工作

2022 年 3 月，定州市东亭镇翟城村开展宅基地资格权证书发放工作。

资格权认定工作严格按照"农户申请、村级认定、镇级审核"的程序进行，资格证书发布后，宅基地的资格权利被标注，使用权被分散，宅基地的"三权"也就建立起来了。[①] 截至 2022 年 4 月，定州市 23 万户农村宅基地资格权电子证书已经全部制作完成，资格权纸质证书正在陆续发放中。资格权和使用权相分离，为宅基地使用权可以在更大范围内转让提供了保障，可进一步盘活闲置宅基地。

（三）北京大兴区"村庄异地迁建"模式

2015 年，北京大兴区为全国第一批宅基地改革试点区。其中安定镇作为大兴区第一批宅改试点，因位于垃圾填埋场附近，周围村庄居住环境较为恶劣（垃圾场气味浓烈、垃圾运输车遗洒、垃圾渗沥液污染等问题），村民们迫切需要通过村庄改造或迁建方式改变现状。基于此，安定镇以北京城市总体规划思路为指导，以充分保障村民居住需求和改善村民生活质量为目标，探索出了一条宅改新路径——"村庄异地迁建"模式。

1. 严格"一户一宅"和限定面积

2019 年，北京市首个宅基地改革试点项目"北京市大兴区安定垃圾填埋场周边综合治理异地迁建项目（西片区）"正式启动，2020 年，迁建项目取得阶段性成效。该迁建项目不同于以往农民"拆迁上楼"模式，既不采用拆迁安置方式，也不采用棚户区改造模式，而是在宅基地制度改革的基础上进行政策创新，打破"拆一还一"和"整建制转居"的传统征地拆迁模式，不征地、不转非，农民的身份保持不变，宅基地的性质也保持不变。置换宅基地严格实行"一户一宅"、"每宅 3 分地"（即每宅 0.3 亩，约 200 平方米）用地标准和"确权颁证"相关政策，村民以"别墅＋板楼"的形式就近安置，由区不动产登记中心为村民确权颁证。

---

① 夏柱智:《有限市场：宅基地财产化改革的制度实践及解释》，《农村经济》2020 年第 3 期，
    第 34～40 页。

2.实现宅改"减量提质"的目标

安定垃圾填埋场"村庄异地迁建"模式在用地规模上满足了北京市减量要求。通过此次改革，规划总用地面积由原来的 152.76 公顷缩减为迁建后的 122.21 公顷，减量 30.55 公顷，实现拆占比为 80%，既节约了土地资源又减少搬迁成本。同时，村民的居住环境得到了极大的改善，新村社区实行"统规联建"方式，按照北京市居住区公共服务配套标准来配置社区管理、商服、卫生、养老及教育，结合"里坊制"中心集中配建行政管理、微型绿地及公共活动场所，大大改善了村民的居住环境，提升了村民居住品质，实现了"减量提质"的目标。

3.实现退出宅基地的有效利用

安定镇将集约出来的宅基地建设成以生活垃圾焚烧处理设施为核心的循环经济园区，以联营公司为主体，统筹用地指标。将土地作价入股，每年按股分红，实现闲置宅基地利用的高回报、稳增长，确保村集体和农民的长远利益。同时，退出的宅基地使用权到期后使用权依然属于村集体。这样，村集体、村民与填埋场的关系由以前的矛盾重重变为现在的互利互惠。

（四）天津蓟州区：三种"户有所居"建设模式

2015 年，天津市蓟县（今蓟州区）被列为宅基地制度改革试点。试点过程中，蓟州区结合自身发展情况，根据人地矛盾和区位不同，探索了三种"户有所居"的建设模式：农民住宅小区、多户联建、"一户一宅"。同时，蓟州区在充分遵从农民意愿的前提下，逐步减少审批传统的"一户一宅"宅基地，主要以农民住宅小区、多户联建等形式来保障农民户有所居，从而实现土地集约节约利用。

1.农户住宅小区建设模式

农户住宅小区建设模式是指以镇政府为主体，新建农民住宅小区或农村公寓，主要用于安置在蓟州区城乡建设用地规划边界范围内符合宅基地申请条件的新申请户，以及自愿有偿退出宅基地的退出户。同时，针对靠近蓟州区中心地区的退出农户，可借助蓟州新城已有安置房进行住房安置。针对农户因宅基地刚性需求与建设用地不足而矛盾较突出的村庄，结合棚户区改造，在重点城镇建设农民住宅小区，例如在团山子村修建了总占地面积 1.57 公顷的农民住宅小区，设计为四层楼房，可安置 144 户村民，有效解决了团山子村因建设用地不足导致的私搭乱建问题，缓解了人地矛盾。

2. "多户联建"建设模式

"多户联建"建设模式指集中建设多户联建住宅楼，在蓟州区北部山区和产业发展与经济条件良好的平原村庄，农民愿意留在村中经营旅游产业，有意愿在村中腾出空间进行多户联建，并且以村集体经济组织或其成立的实体公司为主体，新增的建设用地指标主要以腾退村庄内部宅基地或空闲地的指标来进行换取。同时，在符合土地利用总体规划的前提下，于本村村域范围按照规划选址多户联建住宅小区，用于安置本村符合宅基地申请条件的新申请户和自愿有偿退出宅基地的退出户，以满足新增及腾退宅基地村民的刚性需求。通过对村民居住户型偏好的调查，选择联排住宅和多层住宅楼两种户型。例如，穿芳峪镇小穿芳峪村和上仓镇程家庄村就采用了"多户联建"模式。

3. "一户一宅"建设模式

"一户一宅"建设模式主要针对距离城镇较远，并以农业为主的部分村庄，农户不具备进入城镇或就地多户联建的条件，依据规划和用地标准延续平面宅基地方式保障"一户一宅"。按照蓟州区新的宅基地审批办法，蓟州区批准"一户一宅"平面宅基地的标准包括：农村村民一户只能拥有一处宅基地，本村人均耕地面积不足 667 平方米的，每户宅基地面积不得超过 167 平方米；本村人均耕地面积在 667 平方米以上的，每户宅基地面积不得超过 200 平方米。

二、宅基地有偿使用改革实践探索

为实现农村宅基地合理有效利用，各试点地区积极探索宅基地有偿使用，形成了非本集体成员有偿使用、超面积标准有偿使用和"一户多宅"有偿使用等类型。一是宅基地非本集体成员有偿使用，申请区位较好的宅基地以及非本集体经济组织成员（经批准同意）申请宅基地需要缴纳一定的费用，例如浙江绍兴市允许镇域内跨村有偿选位，贵州湄潭县长期在本集体经济组织生产生活的外来务工人员可有偿获得宅基地。二是超面积标准有偿使用，主要表现为对超占且未退出宅基地的农户进行超出规定标准面积部分梯级收费，超占越多，有偿使用费越高。例如湖北禹城市各村集体根据各地宅基地的平均面积、社会经济发展情况、集体组织讨论等来确定建立有偿使用标准。三是"一户多宅"且未退出的，主要根据"多宅"部分的面积进行收费。收取的费用主要用于宅基地退出补偿、村庄改造、村庄基础设施和公共设施配套建设、村内公益事业发展等方面。

（一）浙江绍兴市：宅基地可跨区域有偿选位

2020年，浙江绍兴市入选全国新一轮农村宅基地制度改革试点。柯桥区作为绍兴市农村宅基地制度改革试点市级先行地区之一，利用集体闲置建设用地开展"宅基地跨区有偿选位"试点探索，实现了宅基地资格权跨区域流转。

1. 宅基地跨区有偿选位的现实必要性

我国农村宅基地分配具有无偿福利性的特征，这有利于保障农民居住权益。但浙江绍兴市在宅改实践中发现，有的村庄用地紧张，虽然农户享有宅基地资格权，但难以在本村庄内实现"户有所居"；而另一些村土地资源丰富，在满足本村村民需求以后还存在富余，富余土地没有得到有效利用。为积极探索农村宅基地置换和激活闲置农房资源，以促进土地集约利用和村级集体经济发展、农民增收，绍兴市首试宅基地跨村跨县有偿选位。

2. 探索镇域内跨村有偿选位

2021年7月，绍兴市王坛镇喻宅村将腾退的5宗宅基地面向全镇符合条件的宅基地资格权人进行拍卖。拍卖农村宅基地的村民，主要用于改善自身居住环境。通过拍卖消息公布—拍卖者报名—资格审核等流程，最终9人进入拍卖最终环节，其中1人为跨村竞拍。5宗宅基地总起拍价60万元，经70轮竞价，最终成交价为109万元，溢价率达81.7%。竞拍成功的农户需签订宅基地使用权竞拍承诺书，要求严格按图纸建房，以避免"少批多建、未批先建、批东建西"等现象出现。竞拍所得纳入喻宅村三资管理，用于本村的基础设施建设和乡村振兴事业。相比传统的村内流转，镇域跨村有偿选位竞拍更具市场化特征，有利于激活农村存量资本，增加集体经济收入。

3. 探索市域内跨县有偿选位

2022年6月，绍兴市柯桥区峡山村探索市域范围内农村宅基地的跨县有效流转，使宅基地政策有了新的突破，在全国尚属首例。竞拍者须为无房户，或者为已退出宅基地农户。村集体在保障村内村民"户有所居"的前提下，以破旧厂房或整理出来的废弃民宅为竞拍对象。竞拍时，首先由本村村民进行有偿选位，按照价高者得的原则进行，其中小面积起拍价20万元，大面积30万元。在满足本村村民需求前提下，按价高者得的原则，镇内村外、区内镇外、市内区外起拍价均为小面积30万元起，大面积45万元起进行拍卖。竞拍成功后，竞拍者跨县取得宅基地使用资格权，同时其位于户籍所在地的宅基地将无偿归还村集体。

然而从社会公平的角度，有偿选位可能会造成村集体内部住房地位分层现象，加剧农村内部的阶层割裂，[①]因此国家对这项制度的推广相当谨慎，只默许可以在少数地区探索。即便是采取了有偿选位制度的地区，也只是将村庄内少量废弃建设用地而非全部宅基地进行拍卖，较大程度地保留了宅基地的福利性。

① 夏柱智：《有限市场：宅基地财产化改革的制度实践及解释》，《农村经济》2020年第3期，第34～40页。

（二）贵州湄潭县：外来务工人员可有偿使用宅基地

2017年12月，贵州湄潭县成为宅基地改革拓展区。作为西部山区农业县，湄潭县茶叶产业发达，一些经营规模较大的茶叶种植户、合作社或公司雇用周边村民务工，使得县内村与村之间人口流动性较强。为稳定外来劳动力长期在本地就业发展，湄潭县允许非本集体经济组织成员通过有偿使用方式获得宅基地资格权，有偿使用的宅基地来源于闲置退出或采用"分割登记"的宅基地。

1. 采用"分割登记"促进宅基地使用权流转

湄潭县允许农民在满足自用需求，保障农户居住权和财产权的前提下，将多余的宅基地和农房或宅基地中实际用于商业服务业、仓储等经营性用途的部分，采用分割登记的方式，赋予其出让、出租、入股、抵押、担保等权能。使用权人向集体经济组织缴纳一定比例的土地收益金后，可将其使用权转让给他人。受让方在缴纳相关税费后，湄潭县不动产登记事务中心依法为其颁发不动产权证书。

2. 对部分非集体经济成员赋予资格权

湄潭县允许非集体经济组织成员有偿取得宅基地资格权，使用年限不低于50年，最长不超过70年。不是任何外来务工人员都可以真正获得宅基地资格权，只有已经长期在本村生活或务工，与周边村民比较熟识，大家对其品行、能力、信用、家庭等方面已经有了一定程度了解，并且获得了绝大多数村民同意的非集体经济组织成员才能获得，实际上其已经融入本地社会关系中。例如龙凤村出台《湄潭县兴隆镇龙凤村宅基地管理公约（试行）》，明确规定：在本村集体内从事农业生产三年以上的外来农业人口，可以有偿获得宅基地资格。允许外来村民有偿使用的同时，湄潭在宅基地资格权认定时还考虑到本地村民的历史亲缘关系。对于当初为了子女在城镇上学将户籍转为城镇户口的成员，以及户口迁出村的"回乡"成员，由于其生产生活关系依然在本村，经过合作社股东同意仍可获得宅基地资格权。

3. 有偿取得宅基地使用权流程

按照《湄潭县兴隆镇龙凤村宅基地管理公约（试行）》规定，获得有偿使用资格权者，由本人提出书面申请，再由村党总支、村委会、村监委会研究，村民评议确认无异议后，才能有偿使用宅基地。村委会为有偿获得宅基地使用资格的外来务工人员颁发宅基地资格权登记卡，对经流转有偿取得宅基地的非户籍外来务工人员的集体成员资格给予证明。有偿取得宅基地使用权费用不得低于本区域现行镇域基准地价。2019 年 7 月，遵义籍的一位农民向龙凤村村集体缴纳宅基地有偿使用费 4.4 万元，有偿使用本村 200 平方米宅基地。

（三）湖北宜城市："分段 + 调节"有偿使用模式

2015 年，湖北宜城市作为全国 33 个宅基地制度改革试点之一，开启农村宅基地制度改革的破冰之旅。根据宜城市前期摸底工作情况显示，宅基地使用面积超标问题突出，达 8.63 万户，占比 81%；"一户多宅"现象普遍，达 8700 户，占比 8.16%。为解决这一现象，宜城市出台了《宜城市农村宅基地管理办法》，对宅基地面积予以明确规定，同时规定了对超占、"一户多宅"等有偿使用的具体标准。

1. 确定宅基地的法定使用标准

对宅基地有偿使用的前提是对宅基地法定使用标准进行确定。宜城市通过全面调研和对相关法律法规的深入研究，新出台了《宜城市农村宅基地管理办法》，对宅基地法定面积予以明确：城市规划区内，建设农民公寓和农民住宅小区的，户均用地面积不超过 90 平方米。镇政府所在地、传统集镇、新型社区等地集中建设的，户均宅基地面积不超过 140 平方米。不宜集中统建的传统农区、丘陵山区，人均耕地小于等于 1 亩的，宅基地面积不超过 160 平方米；人均耕地大于 1 亩、小于等于 2 亩的，宅基地面积不超过 180 平方米；人均耕地大于 2 亩的，宅基地面积不超过 200 平方米。

2. 提出"分段 + 调节"有偿使用办法

宜城市针对因历史原因形成的宅基地超占、"一户多宅"、非本集体经济组织成员通过继承房屋或其他方式占有和使用宅基地等情况，出台了《宜城市农村宅基地有偿使用办法》。该《办法》基于"分段 + 调节"的基本思路，按照各个时段的农村集体具体情况实行梯度式分年度有偿使用。

首先，确定"分段"面积。将超占情况分为"一段超占面积"和"二段超占面积"：超过法定面积（200 平方米）而达不到村规民约或本村实际平均面积的部分界定为"一段超占面积"，超过村规民约或本村实际平均面积的部分界定为"二段超占面积"。其次，确定基准价格调节系数。由集体经济组织根据具体条件，如区位条件、地貌类型、人均宅基地超占面积，并通过村委会自治的方式予以调节。最后，确定基准价格。依据城区、副城区、集镇中心村与普通村的区别，按平方米划分 1 元到 21 元不等的基准价格。基于以上规则，有偿使用费计算方式为：有偿使用费用 = 一段超占面积 × 基准价格 × 调节系数 + 二段超占面积 × 基准价格 × 调节系数。

3. 试点村建立有偿使用标准

宜城市在试点村基本建立了农村基准地价体系，按"多予少取"、科学合理的原则，采用"分段 + 调节"的方式，确定宅基地有偿使用标准：宅基地在 200 平方米以内的不需要收取费用；超过 200 平方米而达不到村规民约或本村平均面积的，由村民自治选取 0.2—1 的系数进行收费调节；超过村规民约或本村平均面积的，由村民自治选取 1—2 的系数进行收费调节；非本村成员的，根据其用地总面积，在基准价 1—2 倍的基础上进行收费调节。例如小河镇新华村 200—268 平方米按 0.77 元每平方米收费，超过 268 平方米按照 7.7 元每平方米收费；刘猴镇胡坪村 200—243 平方米按 0.5 元每平方米收费，超过 243 平方米按照 1 元每平方米收费，"一户多宅"和外来户按照 2 元每平方米进行收费；流水镇黄冲村 200—315 平方米按 0.2 元每平方米收费，超过 315 平方米按照 0.8 元每平方米收费，"一户多宅"和外来户按照 0.8 元每平方米进行收费。

三、宅基地自愿有偿退出实践探索

农村宅基地有偿退出对于盘活农村闲置资产、提高农村土地利用效率、优化城乡建设用地格局具有重要的作用。自宅基地改革试点开展以来,各试点地区立足地方实际,开展了差异化的宅基地有偿退出探索。

从退出推进主体来看,可以分为政府补贴助力退出、村民自发退出和市场化退出三种模式。政府补贴助力模式从宅基地退出发起、规划再到执行都由政府主导,例如宁夏平罗闲置宅基地普遍,退出补偿资金压力较大,政府牵头并结合平罗生态移民插花安置政策,设立宅基地退出收储基金,促进闲置宅基地退出。村民自发退出模式即村集体经济组织为主体,在尊重村民意愿的前提下实施宅基地退出,例如四川郫都区探索形成了"四维模式+三个民主"的农村基层治理模式,由村民代表大会结合本村实际商讨确定退出补偿标准,由村集体有偿收储闲置宅基地,退出宅基地由村集体和农户统筹利用。市场化退出模式指构建城乡土地市场,运用市场机制来推动宅基地退出,实现土地资源的优化配置,例如重庆大足的"地票"模式、浙江义乌的"集地券"模式、安徽金寨等实行的城乡土地增减挂钩政策,在符合土地利用总体规划基础上,将农户自愿退出的宅基地复垦并形成建设用地指标,通过产权交易平台将建设用地指标配置给本市或本省范围内其他用地者从而获得收益。

从退出补偿的方式来看,主要包括货币补偿和非货币补偿方式。货币补偿根据退宅农户所处地区的经济状况,按照宅基地退出面积、农房结构给予一定金额补偿,例如福建晋江、安徽金寨等根据房屋构造结构进行分级补偿。非货币补偿主要包括房屋补偿、就业、社保、养老等政策支持补偿,房屋补偿包括在城镇用地、乡镇或本村内为退出农户集中建造房屋用以补偿,以及补贴农户进城购买商品房。例如宁夏平罗的"以地养老"模式体现了对退出农户的养老保障。

从退出后利用方式来看,一是退出后复垦为耕地;二是整理转化成建设用地指标，通过产权交易平台进行交易流转，例如重庆大足的"地票"模式、浙江义乌的"集地券"模式、安徽金寨等实行的城乡土地增减挂钩政策等；三是将退出宅基地整理后流转给符合宅基地申请条件的农民使用，或整理成建设用地用于农村基础设施建设、公益事业和乡村产业发展，例如四川郫都区将闲置宅基地退出利用与产业发展深度融合，大力发展乡村旅游。

（一）浙江嘉兴市：宅基地退出"两分两换"模式

浙江嘉兴市在城镇化发展过程中，对土地的需求不断增大，现实中建设用地和商服用地又严重不足，为增加可使用土地面积，嘉兴市于2008年探索出"两分两换"政策，鼓励农民退出宅基地和承包地，以节约出更多土地。

1."两分两换"模式

浙江嘉兴"两分两换"模式是指将宅基地使用权和土地承包经营权分开。所谓"两分"指的是"宅基地和承包地分开、征地和拆迁分开"，农民的宅基地和承包地可以分别处置，自主选择保留或者置换；所谓"两换"指的是"以土地承包经营权置换社会保障"和"以宅基地置换城镇住房"。"两分两换"的核心是宅基地置换，引导农民按照城镇规划和村庄规划，通过多种形式搬迁建房，逐步向城市和新市镇集聚，实现集中居住。具体做法：一是农户将原有宅基地作价领取货币补贴后到城镇购置商品房；二是农户搬迁到安置区置换搬迁安置（公寓）房，部分或全部到产业功能区置换标准产业用房；三是自愿退出宅基地的农户，可在村域镇域内置换，也可以跨镇进城置换。①

2.以土地承包经营权换保障

用土地的承包经营权置换社会保障主要有以下两种方式：一是土地承包

---

① 扈映、米红：《经济发展与农村土地制度创新——浙江省嘉兴市"两分两换"实验的观察与思考》，《农业经济问题》2010年第2期，第70～76页。

经营权全部流转且流转期限在十年以上的，按照城镇居民的标准置换社会保障；二是农民自愿放弃全部土地承包经营权的，按照被征地农民的养老保险政策置换社会保障。试点地区通常的做法是以户为单位到二轮承包期止，承包经营权有偿流转费按每年每亩700元的标准为基数，以后每年递增50元；按政策认定的人口，16周岁以上的补助12000元，16周岁以下的补助4000元；60周岁以上农民一次性办理城镇居民社会保险手续，次月起享受城乡居民社会养老保险中的城镇居民养老保险待遇；16周岁以上、60周岁以下的农民直接按城镇居民缴费。对于土地全部流转的农民，每人每月享受200元生活补助，且有递增机制。对于60周岁以上的农民，如果流转期限超过10年，农户将按照城乡居民社会养老保险中的城镇居民的缴费标准待遇参保。[1]

3. 以退出宅基地换房、换资金

用宅基地置换城镇住房有以下三种方式：一是通过所获得的货币补偿到城镇购置商品房；二是置换集中安置区住房或联建住房；三是如果有产业用房的可以在产业功能区置换产业用房。浙江"两分两换"模式虽有其优点，但也存在着不足，例如在用土地承包经营权换取股份、租金和社保的过程中，政府所需承担的财政资金压力过大，从而在土地开发及整体规划上会受到束缚，影响整个模式的运行效率和效果。

（二）安徽金寨县：宅基地"无偿+有偿+奖励"退出模式

2015年，金寨县作为全国33个试点县之一开始宅基地制度改革。金寨县作为安徽省面积最大的贫困山区县，农民居住环境偏僻、安全隐患多。为改善村民的居住环境，金寨县将宅基地制度改革与扶贫搬迁政策相结合，探索出宅基地"无偿+有偿+奖励"退出模式。

---

[1] 吕政远、朱晓霞、林微等：《基于土地流转下的"两分两换"模式的研究——以浙江嘉善为例》，《市场周刊》（理论研究）2014年第9期，第6～7页。

1. 宅基地无偿退出模式

安徽金寨县通过有偿和无偿相结合的方式引导宅基地自愿有序退出。对于"一户多宅"的多宅部分、非本集体经济组织成员除继承之外未经批准在农村占用和使用的农村宅基地、其他经集体经济组织或村民事务理事会认定并经乡镇人民政府审核同意无偿退出的这三种情况实行无偿退出。

2. 宅基地退出补偿方式

一是地上房屋拆除补偿，按照不同结构制定补偿标准：框架、砖混、砖木、土木结构分别为 600 元 / 平方米、430 元 / 平方米、350 元 / 平方米、250 元 / 平方米。二是宅基地退出补偿，已确权颁证且符合规定面积标准的，每平方米补偿 70 元，超出规定面积的每平方米补偿 35 元；未确权登记的，由农村集体经济组织或村民理事会和确权部门共同核实认定，经公示无异议并报镇政府批准，按房屋占地面积每平方米补助 70 元、房屋占地外的宅基地每平方米补偿 35 元，补偿面积不超过 160 平方米。如果农户在签订退出协议后 6 个月以内腾退宅基地和房屋，补偿标准将上浮 30%。据测算，这两部分补偿加起来，退出宅基地的农户平均每户可获得补偿约 8 万元。截至 2022 年 7 月，全县自愿有偿退出宅基地约 800 户，户均获得退出宅基地补偿 8 万元以上。

3. 宅基地退出奖励方式

一是到县城购房的，叠加移民搬迁、易地扶贫搬迁补助，房屋拆除补偿标准上浮 30%，按购房面积每平方米补助 800 元房票，最高不超过 100 平方米，自愿放弃申请宅基地的，每户奖励 2 万元，金融机构提供每户不超过 20 万元的免抵押安居贷款；二是到集镇购房的，叠加移民搬迁、易地扶贫搬迁补助，地上房屋拆除补偿标准上浮 15%，自愿放弃申请宅基地的，每户奖励 1 万元，按购房面积每平方米奖励 200 元房票，最高不超过 100 平方米，金融机构提供每户不超过 10 万元免抵押安居贷款；三是到中心村庄建房的，对于建卡贫困户、有直补人口的移民户、人均建房面积小于 30 平方米的农户，优先分配宅基地。叠加移民搬迁、易地扶贫搬迁资金补偿，并整合有关涉农资金配套建设排水、道路、电力通信、广场绿地等服务设施。①

（三）重庆大足区：创新宅基地退出"地票"模式

2017年，重庆大足区启动宅基地制度改革试点。2008年，重庆市为探索治理城乡发展不平衡问题，促进土地资源要素在城乡间合理流动，在全国首创"地票"制度。2017年以来，大足区将"地票"制度运用于宅基地有偿退出工作中，截至2018年10月，大足区结合地票、拆旧建新等政策完成自愿有偿退出宅基地376宗、225亩，发放复垦补偿868.78万元。

1."地票"运行过程

重庆"地票"模式是指在充分尊重农户、集体经济组织的基础上，将村庄内闲置的、废弃的宅基地、乡镇企业用地等农村集体建设用地进行复垦。在留足农村地区的发展空间后，通过重庆土地交易所，把农村节余的土地指标在交易所内公开交易，形成新的可用于全市规划使用的建设用地指标。在土地交易所内，有需求的单位、个人都能申请购买竞拍而获得具体的地块。"地票"运行的全过程分为复垦、验收、交易和使用四个环节。第一，申请复垦。具有稳定住所以及稳定生活来源的农民，在经过农村集体经济组织同意后，可以申请将自己闲置的宅基地及附属用地复垦为耕地。第二，复垦验收。复垦后的耕地经区县国土资源行政主管部门验收合格后，在留足农村发展空间的基础上，政府作为农村集体经济组织或农民的代理将剩余指标打包上市交易。第三，指标交易。指标在重庆农村土地交易所公开交易，具有独立民事能力的自然人、法人或其他组织均可参与竞买。第四，落地使用。购得"地票"的持票人选择符合土地利用总体规划、城乡总体规划的待开发土地，凭"地票"申请办理农用地转用手续后，由国土部门根据用地性质通过招标、拍卖、挂牌等方式出让城市建设用地使用权。"地票"交易可以看作

---

① 夏柱智：《关于中部安徽、江西和湖北三省宅基地制度改革试点的评析》，《长春市委党校学报》2018年第1期，第20～24页。

对成都城乡建设用地挂钩流转制度的进一步创新，一是在成都的基础上，重庆"地票"交易的空间范围更大，可以在重庆市内跨区县（全市范围内）流通；二是还设有专门的交易平台通过公开竞购的方式实施交易。[①]

2.制定"地票"价款分配方式

在"地票"价款的分配上，宅基地及其附属设施用地按照"地票"公开交易成交价格扣除复垦成本及相关费用后的85%和15%分配给农民与集体经济组织，并且对农民和集体经济组织做出了分别不低于144万元/公顷和25.5万元/公顷的保底规定。这样既避免了市场波动带来的补偿标准差异过大，保障了农民的基本收益；又借助市场机制作用，最大程度地增加农民收益。在补偿方式上，采用"地票"价款直拨的方式，在规定时间内拨付到农民与集体经济组织，避免了层层截留和延迟发放的风险。

3.对"地票"交易进行一定限制

为了规避一些政策和市场风险，重庆对"地票"交易也进行了一定的限制。一是明确要求出让方必须是"地票"的合法持有人；二是由市政府对城乡建设用地挂钩指标交易的总量进行计划调控与合理确定；三是统一制定了城乡建设用地挂钩指标的成本和基准交易价格，如重庆市主城区范围内耕地开垦费为30—60元/平方米，新增建设用地土地有偿使用费为40—80元/平方米。[②]

（四）福建晋江市：探索出四种宅基地退出模式

2015年，晋江市被确定为全国农村宅基地制度改革试点之一。晋江市位于我国东部地区，社会经济发达，城镇化水平高，农民非农化程度高。

[①]　钟菲、孙芬、章明：《重庆地票制度对宅基地退出机制改革的启示》，《农村经济与科技》2015年第12期，第32～33、58页。

[②]　邱继勤、邱道持、石永明：《城乡建设用地挂钩指标的市场配置》，《城市问题》2010年第7期，第65～69页。

2012—2017 年间,晋江市农村人口数减少了 10.84 万人,[①] 大量农民"候鸟"式迁移导致农村宅基地闲置问题突出。为促进闲置宅基地的退出,晋江市探索出了"借地退出、指标置换、资产置换和货币补偿"四种宅基地退出模式。

1."借地退出"补偿模式

"借地退出"补偿模式是指村集体借用或租用长期无人居住而荒废坍塌的宅基地,并将其建设为停车场、名人堂、农村书屋等公益性配套设施。该模式是在农民自愿且已在村内其他区域建有新房的前提下,村集体经济组织与农民协商讨论后对闲置宅基地进行改造重建。该模式中仍然保留农民的宅基地使用权和资格权,农民的产权关系未发生改变。

2."指标置换"补偿模式

"指标置换"补偿模式是指农民以退出的宅基地置换成安置指标,并使用此安置指标换取村集体建设的楼房。这种模式是基于村集体具有一定经济实力,可通过重构村庄建设用地,在村集体内重置农村住宅小区,以解决宅基地退出农户的住房问题。"指标置换"未改变农户的农业户口,农户依然为本集体经济组织成员。

3."资产置换"补偿模式

"资产置换"补偿模式是指农民以退出的宅基地资产权益置换相应的安置房。主要通过政府统一征地拆迁或进行城中村改造来实现。政府以分配城镇中的安置房或商品房进行有价补偿,以保障农民的居住权益。农民进入安置房后,农民身份转变为城镇居民身份,并享受城镇居民待遇。

4."货币补偿"模式

"货币补偿"模式是指农民以退出的宅基地置换一定数额的货币。货币补偿范围包括农民宅基地、地上的建筑物、构筑物,各村村集体基于市场价

---

① 刘丽惠:《经济发达地区农村宅基地退出的模式选择研究——以福建省晋江市为例》,华侨大学硕士学位论文,2020 年。

格自主定价补偿，补偿后宅基地及其建筑物、构筑物收归集体。晋江市由于华侨人数较多，选择货币补偿的农户较多。

（五）宁夏平罗县："土地收储＋以地养老"模式

2015 年，宁夏平罗县被列入 33 个"三块地"试点改革的区市县之一。在宅基地改革实践过程中，基于前期摸底工作发现，平罗县闲置宅基地问题突出。全县自然村庄房屋空置率近 40%，最高的可达到 55%。为激活闲置宅基地有效利用以及解决退出农户养老问题，平罗县形成了"土地收储＋以地养老"的宅基地有偿退出模式。

1. 政府"土地收储"补偿标准

"土地收储"是指政府将退出的宅基地进行土地整理后作为储备用地的过程。早在 2013 年，宁夏平罗县为了"插花安置"生态移民，就启动了农村宅基地和房屋政府"土地收储"的试点工作，并制定了"土地收储"的补偿标准：对于宅基地，根据不同地理区位，确定 270 平方米标准面积宅基地收储价格为 10000 元、9000 元和 8000 元三个等级，未取得宅基地证的或超占的相应打折；对于房屋，根据修建时间、房屋结构等，确定 2010 年以后修建且为砖木结构、外墙贴瓷砖的房屋，收储价格为 700 元／平方米，2010 年之前修建的或未取得所有权证的相应打折。

2. "宅基地退出—土地收储—生态移民插花安置"模式

平罗县村庄针对宅基地空置率逐年攀升的现实问题和生态移民"插花安置"的需要，将宅基地有偿退出与移民搬迁相结合，巧用宁夏回族自治区为生态移民提供的安置经费（每户 12 万元），对本地农民退出的承包地、宅基地和房屋进行收储，将生态移民像插花一样安置在现有村组，形成了"宅基地退出—土地收储—生态移民插花安置"的模式。实现了增加退出农民财产性收入、降低政府安置移民成本、盘活农村闲置资源、加快移民脱贫致富的"多赢"目标。

3."以地养老"退出补偿模式

随着大量农村青壮年劳动力进城务工,平罗县农村留守老人逐年增多。基于此,平罗县的宅基地退出为保障老年人居住权益,形成了宅基地退出"以地养老"模式。2014 年 6 月,平罗县出台了《老年农民自愿退出转让集体土地和房屋产权及社会保障暂行办法》,老年人可以将其土地承包经营权、宅基地使用权和房屋产权这三权完全退出,交由村集体统一收储后流转经营,并使用政府收储补偿费入住养老院,换取养老服务,以满足不愿进城居住的老年农民"老有所养"的需求。平罗县新建的养老院主要是在村集体闲置建设用地(例如闲置学校)建设的,有利于农村闲置资源的有效盘活。

(六)浙江义乌市:宅基地退出"集地券"模式

2015 年以来,浙江义乌市作为国家宅基地改革第一轮授权试点,在"三权分置"改革中积累了许多"义乌经验"。在探索过程中,义乌市基于其农村非农化、城乡一体化水平高,农村宅基地财产性凸显等基本特征,探索出了宅基地退出利用新模式——"集地券"模式。此外,针对宅基地退出,义乌市还探索出了"城乡新社区集聚建设"模式,以保障退出农户住有所居。

1."集地券"的取得

义乌市创设了"集地券"交易模式,将农村腾退出的宅基地或零星的建设用地复垦为耕地等农用地,经验收合格后,折算成建设用地指标,在预留农村发展需要的用地后,节余指标由市自然资源和规划局统一发放"集地券",即建设用地指标凭证。由宅基地使用权人自愿退出宅基地复垦为耕地产生的"集地券"归宅基地使用权人持有,由农村废弃工矿等集体土地复垦后产生的"集地券"归集体经济组织所有,因参加城乡新社区集聚建设退出的宅基地复垦为耕地等农用地所产生的"集地券"归政府持有。

2."集地券"的交易和流通

"集地券"的交易可以选择向银行等金融机构申请抵押贷款,也可以在义乌市资源要素交易平台上进行交易。义乌市政府在制定"集地券"管理细则后，又先后制定了《"集地券"挂牌交易细则》《"集地券"交易合同》等以确保"集地券"制度的顺利开展。政府除了建立"集地券"的管理平台、后备资源储备库等，还建立了"集地券"的时效使用制度，即在一年内如果没有实现交易的情况下，由市政府按照每亩40万元进行回购，所购得的指标可用于民生和基础工程建设，同时"集地券"持有人可将"集地券"存入平台获取利息。

3.建立"城乡新社区集聚建设"模式

义乌市以"是否在规划红线以内"为划分依据，对在城镇规划红线内的农村宅基地，允许农户自愿退出宅基地，并在城市新社区进行集中居住。此时农户宅基地退出后，村民身份转变为市民，享有城镇居民待遇。退出后的宅基地经整理和转换后用作城市建设用地，可缓解城镇用地紧张问题。而针对城镇规划红线外且完成旧村改造的宅基地，宅基地退出复垦后可换取"集地券"，从而获得财产性收入。

（七）四川郫都区：宅基地退出村民自主管理模式

2016年，四川郫都区开展宅基地制度改革探索，2017年出台《关于成都市郫都区自愿有偿退出宅基地使用权改革试点工作实施办法（试行）》，规定了农民自愿有偿退出宅基地的相关制度与办法，形成了宅基地退出的"四维模式＋三个民主"的决策模式和"货币补偿＋住房补贴"的补偿方式，并将退出闲置宅基地与产业发展深度融合，发展乡村旅游、民宿康养、艺术文创等新产业新业态，开创了土地增效、农民增收、集体经济实力增强、产业升级的新局面。

1."四维模式＋三个民主"的决策模式

郫都区秉承以人为本的基层治理理念，坚持"自主、自愿、自治"的前提，增强群众的核心主体地位，探索形成了"四维模式＋三个民主"的决策模式。"四维模式"即"党建保障、法治思维、民主决策、利益引导"，以党支部为战斗堡垒，以村民议事会、村务监督委员会和村民代表大会为组织形式，以村民委员会为具体执行机构，健全了集体经济的组织管理形式；"三个民主"即"民主讨论、民主协商、民主决策"，通过民主程序，固化集体经济组织成员权、农用地承包权和宅基地资格权，实行"生不添、死不减"股权量化方式；村重大事务由村民代表大会民主讨论，宅基地退出补偿、闲置宅基地利用由村民代表民主协商决定，入市后宅基地收益分配由集体经济组织成员或成员代表大会通过民主来决策。

2. "货币补偿 + 住房补贴"补偿方式

郫都区宅基地退出补偿主要采取"货币补偿 + 住房补贴"的方式。货币补偿：主要对宅基地上农房及宅基地范围内的附属构筑物设施、宅基地范围内的苗木等资产实施资金补偿。住房补贴：将退出农户进行安置，按照退出农户家庭现有人口（不包括未出生的孩子）以 35 平方米 / 人分配安置住房，并以 400 元 / 平方米的安置住房价格抵扣原有宅基地面积，按多退少补原则进行安置住房分配，另外在安置住房计划面积有剩余的情况下允许农户在计划内增购。

3. 发展乡村产业的退出利用模式

结合乡村振兴战略规划，村集体经济组织成立资产管理公司、农业合作社，对于能够改造利用的闲置宅基地，由村集体有偿收储闲置宅基地，通过引入社会资本，利用宅基地发展乡村旅游、民宿康养、艺术文创等新产业、新业态。公司投资修建民宿，村集体是业主，公司负责建设和经营，村集体和公司按照比例实现经营分红，村民则以房屋租金作价入股参与分红，实现了"国有公司 + 合作社 + 农户 + 企业（客户）"四方共赢局面。

四、宅基地改革管理方面实践探索

宅基地改革管理即对宅基地改革过程中组织、管理层面的基础性安排。在实践中，为加强和规范宅基地的管理，各试点地强化了村集体的功能和作用，完善了宅基地审批程序，对于改善乡村治理环境，宅基地资源合理利用和分配，优化村落居住格局具有重要作用。①

首先，在宅基地管理运行机制上，大多数试点地区强化了村集体的主体地位，建立了村集体经济组织的代表组织，如村民事务理事会、村级股份经济合作社、村议事会等，以其代表集体经济组织，行使所有权职责，充分发挥村集体在宅基地申请、流转、退出和收益分配等事务管理中的作用，保障宅基地管理各项制度得到严格执行和落实。例如江西余江成立了村民事务理事会，四川泸县成立了村议事会，在实践中赋予其宅基地审批、收益、抵押贷款等权力，充分发挥其在宅基地自主管理中的作用。四川彭山区以发展壮大集体经济为路径，为宅基地改革提供支撑。

其次，针对宅基地交易不畅问题，试点地区规范交易程序，构建交易流转平台，保障宅基地交易双方的合法权益。例如四川德阳创新出了一种宅基地交易办理程序——"三书模式"，四川新都区优化了宅基地流转交易机制，建立了宅基地流转"一公证两委托三审查"模式。

此外，试点地区宅基地管理遵循"利民便民、简化流程、优化程序"的原则，将宅基地审批权下放，简政放权，提高办事效率。例如四川泸县将宅基地使用审批权下放到乡镇级人民政府，形成宅基地"批、供、用、管"一体化管理信息平台，四川新都区规范交易程度、减免交易费用，极大提高了宅基地管理效率。

（一）四川德阳市：创新宅基地使用权流转"三书模式"

四川德阳市在适度放活宅基地使用权、促进闲置宅基地流转方面做了较多探索。据前期摸底数据显示，德阳市闲置宅基地普遍，平均一村有 5 处宅基地闲置，约占总建设用地的 14%。针对大量宅基地闲置，缺乏规范的交易平台、合法的流转程序等问题，德阳市以成都农村产权交易所（以下简称

---

① 曾旭晖、郭晓鸣：《传统农区宅基地"三权分置"路径研究——基于江西省余江区和四川省泸县宅基地制度改革案例》，《农业经济问题》2019 年第 6 期，第 58～66 页。

"农交所")德阳所为中心,整合律师事务所、公证处力量,创新实施"法律审查意见书+公证书+交易鉴证书"的"三书模式"。通过产权交易所规范农房流转交易程序,实现闲置农地农房有序流转,最大程度保障了流转双方的合法权益,维护了农民财产性收益。

1. 围绕交易主体合法性问题,出具法律审查意见书

针对自主交易合同中存在的主体资质不清、标的物产权不明,导致交易合同无法律效力、事后产生产权及债务纠纷等问题,德阳农交所委托四川朗照律师事务所,在交易前对转让方资质、受让方资质及流转房屋权属进行逐一审查,确保流转交易合同合法合规。

2. 围绕交易过程真实性问题,出具公证书

对自主交易中存在的程序不规范、证据缺失、告知不及时,导致事后毁约、产生纠纷等问题,德阳农交所委托德阳诚信公证处,全程参与农房流转交易各环节,确保交易过程得到全程监督。交易合同签订前,由律师事务所、公证处与转让房屋所有权人或委托代理人签订《农村闲置房屋使用权流转风险告知书》,在此基础上签订《农村闲置房屋使用权流转合同》,并依法出具公证书,确认流转行为的真实性。

3. 围绕交易服务欠缺性问题,出具交易鉴证书

为解决农房流转中供需信息不畅、效率不高、矛盾调处困难等问题,德阳以成都农交所德阳所为主体,建立市、县、乡、村四级农村产权流转交易服务平台,将农房流转交易全部纳入平台管理。律师事务所出具律师鉴证书,公证机关出具公证书后,由农交所为流转双方办理流转合同签订、流转款项支付等具体手续,向流转双方出具交易鉴证书,确认交易完成。

（二）江西余江区：形成"群众主体"的宅改组织方式

2015 年,江西省余江县（今余江区）[1] 开始农村宅基地制度改革试点工

---

① 2018 年,撤余江县,设立鹰潭市余江区。

作。在实践中，余江区坚持走"依靠群众，发动群众"的群众路线，将群众的事情交给群众办，形成了"群众主体"的宅基地改革组织方式：在村一级设置了能充分代表群众利益的村民事务委员会，代表村集体负责宅基地改革，同时依靠群众汇集各方力量落实宅基地改革资金来源，向群众宣传宅基地改革政策，提高群众参与的积极性和主动性。余江区宅基地改革的群众路线对于乡村治理和乡村建设具有重要的启发意义。

1. 建立村民委员理事会

余江区在自然村一级设置村民事务理事会，将宅基地改革内化为村集体内部和农民自己的事务。在村党组织的领导下，遴选有声望、处事公正的党员干部、村民代表、乡贤能人、致富能手等组成村民事务委员，并积极动员在外知名人士回乡担任理事、理事长，确保理事会接地气、有人气。通过赋予村民事务委员会宅基地分配、收益分配、宅基地抵押贷款等12项权力和15项职责，代表村集体行使宅基地所有权。比如政策规定原则上应当有偿退出的"空心房"，可以由村民事务委员会根据各村情况协商确定。

2. 多途径落实宅改资金来源

余江区探索出"政府帮一点、农户出一点、社会捐一点"的宅基地改革资金"三点聚财"模式。"政府帮一点"：将宅基地改革与相关的农村改革政策性资金（包括土地整理、农业发展、精准扶贫、乡村振兴等政策性资金）相整合，并由区本级财政统一负担，保障了资金的管理使用符合国家有关规定。"农户出一点"：在有偿使用和有偿选位方面，对农户多占的宅基地进行梯级收费，可为宅改提供一部分资金来源。"社会捐一点"：余江区在外的成功人士较多，因此鼓励有能力的乡贤能人、致富能手自愿捐资，建设家乡。

3. 建立一套行之有效的宣传模式

在广大农村，承包地集体所有观念已经非常牢固，"宅基地是祖业"的观念也根深蒂固。为打破祖业观念，推动宅基地制度改革，余江区设计形成了一套行之有效的宣传模式。在时间和空间上，保证宣传不断档。在宣传手段上，充分利用电视台、微电影、微信群、刷标语等方式，对村民进行持续性、广泛的宣传，形成浓厚的宅基地改革氛围。在宣传方式上，采用通俗易懂、有技巧的语句打动村民，例如"多占宅基地，多交人民币"、"宅改显公平，干部是带头人"、"宅基地不是祖业，是集体资产"等标语，激发村民宅基地改革的积极性和主动性。在宣传对象上，按照先干部—再理事—后群众的顺序，全方位开展宣传动员活动。通过激发各级干部的主观能动性，从工作机制上杜绝各级干部"人浮于事"。采取多种激励方式团结和发动理事长、乡贤，激发他们发挥带头示范作用，从而带动广大农民群众的改革热情。

（三）四川新都区：优化宅基地流转交易机制

为有效盘活利用农村闲置宅基地和闲置农房，新都区优化宅基地交易机制，形成了宅基地流转"一公证两委托三审查"模式，规范了宅基地交易的流程。有效提高了宅基地交易效率，保障了农户的权益。

1.宅基地流转"一公证两委托三审查"模式

新都区充分发挥农村集体经济组织"统"的作用，由农户与集体经济组织签署闲置宅基地和农房等流转合同，并在成都市公证处取得委托公证书，再由集体经济组织委托成都农村产权交易所新都区分所公开发布闲置资源公告，市农交所法律顾问对每宗流转合同进行合法性、合规性、合理性审查，并出具法律审查意见，充分保障各方权益。

2.规范宅基地交易流程

通过梳理农村闲置宅基地和农房等公开流转程序，形成审核资料、发布公告、现场核查、组织交易、监督资金到账、出具交易鉴证、发布结果公告的标准流程，并明确各环节要件清单，实现闲置宅基地和农房公开规范流转。

3.实行交易费用减免

以开展农村闲置房屋（院落）租赁试点为契机，与农交所进行充分协商，争取流转交易费用减免，凡在农交所交易平台办理农房（土地）流转的，收取农户和集体经济组织"零"费用，同时免去业主交易服务费用70%。

（四）四川泸县："总量管控＋民主管理＋下放权限"管理模式

2015 年 3 月，四川泸县被确定为全国农村宅基地制度改革 33 个试点县区之一。着眼于宅基地该"怎么管"、"管得住"、"放得活"等问题，泸县农村宅基地管理实行"总量管控＋民主管理＋下放权限"的管理模式。实践中该模式对于提升村集体治理水平，推动传统管理向长效治理转变具有重要作用。

1. 实行宅基地总量管控

泸县结合 2016 年二调变更数据和城乡地籍信息，封顶固化宅基地使用面积，将全县农村宅基地面积固化在 16403.49 公顷，确保全县宅基地总量只减不增。规定以现有农村在籍人口，按宅基地规定面积标准，落实宅基地底线保障，留足集体建设用地指标，将全县底线保障面积规定为 6986.45 公顷。此外，对农村宅基地实行总量分层级控制，县、镇、村、组层层下达年度管控责任。各镇（街道）、村在宅基地指标总量不足时，可以按照程序在县域内进行有偿调剂，突破了"宅基地只能在本村本组取得"的限制。

2. 完善"村民自治"的民主管理

强化村集体在宅基地规划、建设、管理方面的职责，落实村集体的主体地位。在法治框架下，建立村民自治机制，选举产生村民小组议事会和村议事会，配套议事会章程，由议事会决定本村宅基地分配、退出补偿、有偿使用、收益分配等相关事务。此外，议事会还需研究全村宅基地使用管理，并向全村通报宅基地使用管理和宅基地总量执行、收支等情况。

3. 改革审批程序，下放审批管理权限

泸县在宅基地制度改革中，将宅基地使用审批权下放到乡镇人民政府，极大提高了农村建房审批效率。改革之前，建房审批程序是：村民申请、村委会审查、乡镇国土所受理、乡镇政府审核上报、县政府审批、县国土资源局及乡镇国土所归档备案。改革之后，将审批权下放到乡镇人民政府，建房审批程序变为：村民申请、村委会审查、乡镇国土及村建设办公室受理、乡镇人民政府审批、乡镇国土与村建设办公室归档交由县国土资源局备案。村民建房审批改革将审批管理权限下放到乡镇人民政府，实现了农村建房管理的权责统一，有效促进土地节约利用，从源头上解决了村民建房审批难、违建多的问题。

（五）四川彭山区：以发展壮大集体经济为引导

2020年9月，四川省彭山区开展宅基地改革，为解决宅基地所有权主体虚置和村集体经济发展无资源依托、无核心产业等主要难题，从强化村集体主体地位，探索村集体与新产业、新业态链接机制，强化村庄规划调整等方面发展壮大集体经济，为促进宅基地改革平稳有序推进奠定基础。目前，改革成效初步显现，并以公义镇新桥村为重点成功探索出具有重要推广价值的以壮大集体经济为引导的宅基地制度改革"彭山样本"。

1. 强化村集体主体地位，规范宅基地管理

为解决宅基地所有权主体虚置的难题，新桥村将重构村组集体作为改革深化的先决基础。将村集体作为农民利益代表主体、资源整合主体和项目承载主体，对内组织动员农民、管理资源资产，对外连接投资企业。开展清产核资、成员界定、股份量化等工作，成立组级、村级股份经济合作社，明确联合社作为宅基地改革的实施主体，强化村集体发展主体意识和市场运营能力。

2. 村集体与新产业、新业态发展的深度链接

新桥村为构建村集体与新产业、新业态的深度链接机制，不断拓宽闲置宅基地利用增收渠道，将闲置宅基地复垦后的79.2亩耕地交由村集体持有，发展适度规模农业。同时，以集体建设用地为依托积极构建村集体与新产业、新业态的深度链接机制，将宅基地腾退节余的48.1亩集体建设用地，通过入股、出租等方式与外来投资业主合作发展农文旅融合的产业项目。新桥村集体经营性收入由2018年的0.8万元快速增长到2020年的40万元，增幅高达49倍。

3.强化村庄规划调整，统筹以地招商

新桥村依托宅基地改革推动实现集体经济发展壮大，一是强化村域统筹规划建设。编制调整"多规合一"的村庄发展规划，为农村宅基地腾退整理、新村建设、业态布局、项目包装等提供空间指引和方向指导。二是强化统筹以地招商引资。利用腾退节约的宅基地资源精准招商、择优招商，成功引进何家院子民宿、幸福时光农场等 6 个项目，总投资额达 8000 余万元，并吸纳了一大批新村民、新乡贤返乡下乡发展。在此过程中促进了土地资源的合理配置和乡村产业的转型升级，成功实现了推进宅基地改革与乡村产业再造的一体化发展。

第二节　农村宅基地改革试点经验总结与问题关注

一、经验总结

各试点地区在地方政府、集体经济组织和农户等多方面的积极推进下，在完善宅基地取得方式和权益保障、探索宅基地有偿使用制度、自愿有偿退出机制、宅基地管理和监管制度、宅基地"三权分置"有效实现形式等方面开展了改革探索，为全国有序推进宅基地改革提供了许多有益的经验。

（一）立足地方实际，因地制宜推进改革

通过对上述典型试点地区的实践总结发现，推动农村宅基地改革方式在我国各地区各有差异。各地农村宅基地改革立足于地方实际有序开展试点探索，不搞"一刀切"、"齐步走"和"快步跑"。如：浙江义乌经济相对发达，为提高土地集约化利用、推进美丽乡村建设，宅基地改革的主要目的是进一步引导农民集中居住、节约集约利用土地；江西余江主要是为了新村建设和乡村产业发展，尝试盘活存量宅基地利用；宁夏平罗"政府收储"是为了给

生态移民提供宅基地和房屋，小范围探索老年农民"以地养老"的可行性模式。无论如何，以提高农村宅基地利用效率为导向的改革，无论是政府或集体有偿回收，还是"以地养老"、"以地换房"，在当地都具有一定的可行性，可以在相似地区范围内推广应用。

（二）发挥政府作用，增强政府统筹力度

农村宅基地高效利用存在两个困境：一是小块土地零星分布，即便一些企业想利用农户闲置的宅基地发展合适的产业，也存在如何将宅基地集中连片使用的问题；二是市场缺失导致农户难以处置闲置宅基地，也难以进入土地流转市场。这些困境单纯依靠市场和农民都难以解决。要通过城乡建设用地增减挂钩政策联通城乡建设用地两个市场、打通宅基地和承包地两种不同土地类型，就需要借助政府力量和多个部门的通力协作。政府充分发挥搭建平台或创新政策的作用，将农村闲置分散的宅基地集中起来，在城乡之间、农户之间重新配置，这是提高土地利用效率，促进城乡经济社会发展的有效途径。只有充分发挥政府主导作用，宅基地改革才能取得预期效果。这也是浙江义乌、天津蓟州实行农民住宅小区"集中居住"，宁夏平罗实行"土地收储"，北京大兴实行"村庄异地搬迁"，浙江嘉兴实行"两分两换"等各种模式得以顺利进行的主要原因。

（三）注重协同推进，加强政策协调配套

农村宅基地改革和管理涉及"三农"的方方面面，在实际推进过程中，宅基地改革并非"一策独行"，而是与脱贫攻坚、土地整理、生态移民、乡村振兴等各项改革政策相结合，形成改革政策合力，以全面推进农村综合改革。浙江义乌结合美丽乡村建设、农村改造、土地整治等，在全域范围内推进宅基地改革，显著改善了村容村貌，实现了宅基地集约利用。宁夏平罗实行的"土地收储"与生态移民政策相结合，将退出宅基地用于"插花安置"生态移民，生态移民政策资金用于宅基地退出，政策实施效果良好，宅基地退出效率较高。四川彭山区建立闲置宅基地和农房的高效利用模式，盘活宅基地这个"沉睡"的资源，发展壮大集体经济，吸引城市资本下乡，发展符合乡村特点的休闲农业、乡村旅游等新业态，促进乡村产业振兴。安徽金寨将移民搬迁、异地扶贫以及其他有关涉农资金与宅基地有偿退出相整合，有效解决了宅基地改革的资金来源问题。

（四）尊重农民意愿，切实增进农民福祉

各地的宅基地改革始终以维护农民的利益为核心，积极、有序、稳慎推进。在宅基地取得方面，试点地区充分保障农民户有所居，保障农民的居住权益，形成了"一户一宅"的制度。在宅基地退出方面，以农民意愿为主，不得强制农民退出，同时各试点地区的宅基地退出补偿方式在很大程度上将选择权给予农民，让农民根据自身情况及意愿，自行选择退出方式。例如，晋江市探索出了"借地退出、指标置换、资产置换、货币补偿"等几种宅基地退出形式。在闲置宅基地有效利用方面，以保障农民宅基地的财产收益为前提，结合乡村振兴中建设用地需求，农民可通过转让、出租、抵押、担保、入股等方式获得宅基地使用权流转的财产性收入，以增进农民福祉。在宅基地管理实践中，充分尊重农民的主体地位，坚持农民群众的事由农民群众自己解决的原则，调动农民参与宅基地改革的主动性和积极性，提高农民的参与度，以村民自治管理为基础，维护好、发展好农民权益。例如江西余江区探索出了"群众主体"的宅基地改革组织方式。

（五）建立市场机制，增强宅基地流转效率

宅基地是农村重要的资源和资产要素。受土地位置固定性、面积有限性等特征约束和集体土地使用权权利主体特定的限制，宅基地无法真正实现实物上的跨区域、跨城乡、跨主体流转。而义乌实行的"集地券"制度、重庆的"地票"制度不局限于项目区范围内的农村建设用地与城市建设用地指标置换，真正实现了农村建设用地大范围、远距离的流转和交易。通过地票、集地券等市场化交易，显化了宅基地资产价值，使农村节约的用地指标流向城市，城市资金流向农村，将固化的宅基地转化为可以流动的资本，畅通了城乡之间要素双向流动的通道，带动了农村土地市场的发育，促进了城乡建设用地市场的有机统一，有利于城乡统一建设用地市场。经济发达、城市建设用地指标较紧缺的地区可借鉴参考此类方式。

二、存在的问题

农村宅基地改革试点，对于保障农民居住权益，激活闲置宅基地，提高土地资源利用率，以及为我国其他农村地区宅基地改革提供一定的借鉴等都起着很大的作用。但是，宅基地改革实践探索中依然存在着一些急需解决的难题和问题。

（一）部分地区宅基地"户有所居"保障难度较大

在传统农区，由于地广人稀，实行"一户一宅"的压力较小，且进行新增户分宅的阻力也较小。而在经济发展较快、耕地面积较少的地方，新增建设用地供需矛盾较为突出。一方面在控制新增宅基地指标的政策下，新增分配单宗宅基地的难度加大。目前大部分地区已无地用于新增宅基地，导致部分农民群众的新增建房需求无法得到满足，"户有所居"难以得到保障。另一方面，各地实行城乡建设用地增减挂钩政策，要求农村复垦更多的宅基地以换取城市建设用地指标，农村建设用地供给不足，迫使退出农户集中居住，甚至出现农户"被上楼"的现象，损害了农户的居住权益。

（二）宅基地有偿使用费征收难度大

我国宅基地获取和使用具有无偿性特征。长期以来，农户认为宅基地为个人所有，对其占用不用付出任何成本。农户的宅基地已使用多年，在农户心中早已属于"私有财产"，农户从心理上难以接受缴纳使用费。其次，在有偿使用费收取中虽然制定了激励措施，例如一次性缴纳或分期缴纳，对于一次性缴纳将给予一定优惠，而对于分期缴纳的情况，使用权人在办理宅基地使用权手续后是否会继续缴纳，还有待时间检验。此外，宅基地有偿使用费收取是集体内部事务，目前尚未出台相关法律法规明确规定缴纳的对象和缴纳标准，尚无有效的惩罚措施进行制约规范，且现实中超占人员往往是村集体的干部或村中村务管理人员，这在一定程度上削减了有偿使用费收取的公信力，导致宅基地有偿使用的动力不足，宅基地有偿使用费征收难度大。

（三）宅基地有偿退出动力不足

从试点情况来看，宅基地有偿退出存在以下问题。第一，补偿资金来源不稳定。不论是宅基地的退出补偿还是土地收储，都需要大量的资金，而大多数村集体经济组织财力有限，有的甚至是"负债村"，根本不具备补偿宅基地退出的经济实力。为此，很多地方政府承担了这笔资金，由于闲置宅基地再利用变现速度慢且收益也不高，地方政府财政压力大、补偿资金没法按时到位，将影响宅基地退出的积极性。例如宁夏平罗前期借助宁夏回族自治区生态移民资金缓解了资金困难，生态移民完成后，后期面临资金短缺的窘境，无力支付退地老人城镇养老保险项目，宅基地退出工作难以为继。

第二，宅基地退出长效机制尚未完全建立。试点地区为进城后不适应在城市居住的退地农民留了后路，即部分退出宅基地的农户可在规定年限后重申宅基地，例如江西余江向退地农户颁发15年后生效的申请宅基地使用"权证"，15年后退地农户可凭证重申宅基地。随之而来的问题是，15年后重申的宅基地从何而来？允许返乡的具体标准是什么？重申宅基地具体程序如何？这些问题的解决方案需要在实践中进一步制订和完善。

第三，农民退出宅基地的积极性不高。在对宅基地价值进行评估时只考虑了宅基地的居住保障功能，未包括宅基地的生产生活功能，尤其是郊区或将拆迁的宅基地的财产功能被严重低估，因此退出补偿资金不足以吸引农户自愿退出。大部分退出宅基地属于违规批建、未批先建、违规多占等违规违建占用等，"一户一宅"农户自愿退出宅基地的积极性不高，如江西余江号召党员、干部带头宣传宅基地改革政策，鼓励村民退出宅基地，但实际效果并不理想。

（四）宅基地管理制度有待完善

首先，有关宅基地管理的相关立法不足，缺少法律的支持。有关宅基地管理的法律主要有《土地管理法》《民法典》，两者对宅基地管理的规定较为模糊笼统，《土地管理法》只简单规定宅基地退出后再申请宅基地的，不予批准。《民法典》相关规定还存在缺位现象，农村宅基地管理专门性法律欠缺。其次，现行宅基地审批制度还需改革，其审批环节过多、周期过长，不适应农民建房的随时性和零散性特征，导致建房农户边报边建、未批先用、乱占滥用等现象时有发生。

（五）宅基地"三权"权利边界尚未厘清

宅基地"三权分置"改革中，资格权是 2018 年后新提出的权利。由于试点周期较短，在实践过程中，对"三权"的具体界定、权利内涵、权能行使还尚未形成共识。部分试点地区将宅基地资格权界定为农村集体经济组织成员资格这一特定身份而存在的权利，是本集体成员依法获得宅基地使用权的"保障"。例如大多数地区以本集体成员组成的"户"为单位确定资格权行使主体，而有少数地区对长居本地的外地人员或与本村有历史亲缘关系人员实行有偿获得宅基地资格权，如贵州湄潭龙凤村明确规定外来务工人员可以通过缴纳有偿使用费获得宅基地的资格权，这虽然与资格权"集体成员占有"相悖，但村民心理上已默认其属于本村成员，应当具有宅基地资格权。还有部分地区将资格权界定为物权，例如江西余江宅基地资格权人转让宅基地使用权给他人后，转让期满后转让方有权恢复对宅基地的使用权。目前对宅基地资格权是成员权还是类似于使用权的物权仍未取得共识，关于资格权的主体、认定标准、权能结构等也没有形成共识。

第四章 农村宅基地"三权分置"
改革实地调研与问题分析

全国各地对农村宅基地改革进行了实践探索，不论是改革试点区还是非试点区，都从不同程度、不同视角进行了改革摸索，也取得了一定的成效。本章主要对四川泸县、郫都区、青白江区、新都区等大城市近郊地区、偏远农村地区进行深入的实地调研，掌握其主要做法和经验、收集剖析典型案例，形成调研的主要结论和主要政策需求，为"三权分置"改革奠定坚实基础。

第一节 四川泸县宅基地改革调研

一、调研基本情况

泸县是四川省泸州市下辖县，位于四川盆地南部，面积 1525 平方公里，共辖 19 个镇、1 个街道。截至 2022 年末，全县户籍人口 105.7 万人，常住人口 76.5 万人，其中城镇人口 32.9 万人，乡村人口 43.6 万人，常住人口城镇化率 43%。2022 年泸县地区生产总值（GDP）475.2 亿元，城镇居民人均可支配收入 44329 元，农村居民人均可支配收入 23450 元。泸县文化旅游资源十分丰富，境内有"川南小九寨"道林沟、川渝古驿站立石古街、长江古埠文化地新溪古街、乡村旅游点喻寺谭坝和太伏沙田坝、川南道教圣地百和东林观等旅游景观。享有西部百强县、全国平安建设先进县、国家卫生县城等称号，是四川省首批扩权县、全国不动产统一登记试点县。

2015 年 3 月，泸县被列入全国农村土地制度改革试点县，主要承担宅基地改革任务；2016 年 9 月，又新增农村土地征收、集体经营性建设用地入市两项试点，统筹推进农村土地制度改革三项试点；2017 年 5 月，四川省国土资源厅（现自然资源厅）正式发布《2016 四川省国土资源公报》，指出泸县探索形成的宅基地改革经验和改革试点统筹方案获国土资源部批准备案，为全国农村土地制度改革提供了"可复制、易推广"的四川样本。

2019 年 3 月，课题组前往四川省泸县开展农村宅基地"三权分置"改革调研工作。课题组与泸县国土资源局、天兴镇田坝村、喻寺镇谭坝村、玉蟾街道玉蟾村等干部进行座谈，就宅基地"三权分置"改革的政策设计、宅基地有偿退出与利用、宅基地改革创新做法、改革试点中存在的问题和成效等方面进行了深入交流。随后，课题组在各村内进行了随机走访调研，并与部分农户和投资人进行了深入交流（见图 3）。

图 3　泸县国土资源局调研座谈

二、主要做法与案例

泸县在宅基地改革方面的主要创新就是实行"规划引领、总量管控、有偿调剂、民主管理"的制度。其政策内涵就是"总量管控与村民自治相结合"，县人民政府只负责管控总量，审批权下移到乡镇，村内实行自治管理。"总量管控"实现了耕地不被占用的问题，"镇级审批"可以防止村庄内部乱占乱用乱建，村内通过自治约束农户随意建房行为，三方发挥各自的作用，保障各方的目标实现。

"规划引领"是指农民新建住宅严格按照村庄规划、村级土地利用规划要求，选址定点、集中修建；"总量管控"是指各镇（街道）村宅基地固化总量按现有宅基地面积核算，保证现有存量建设用地不再增加；"有偿调剂"是指各镇（街道）、村存量建设用地使用完毕，需要新增建设用地的，实行总量分层级控制，县域统筹、有偿调剂；"民主管理"是指建立村民自治机制，选举产生村民小组议事会和村议事会，配套议事会章程，由议事会决定本村宅基地分配、退出补偿、有偿使用、收益分配等相关事务。此外，议事会还需研究全村宅基地管理，并向全村通报宅基地使用管理和宅基地总量执行、收支状况。

（一）实行农村宅基地总量管控

根据《泸县农村宅基地使用和管理暂行办法》，泸县对农村宅基地实行总量分层级控制，并规定"县人民政府管控各镇（街道）宅基地总量；各镇（街道）管控本辖区内各村的宅基地总量；各村管控本辖区内各村民小组的宅基地总量"，"以现有农村在籍人口，按宅基地规定面积标准，落实宅基地底线保障，确保户有所居和村级事业发展用地"，"各镇（街道）、村在宅基地指标总量不足时，可以按照程序在县域内有偿调剂"。

2017年12月，泸县人民政府下发了《关于下达2017年宅基地总量和底线保障的通知》，"各镇（街道）的宅基地总量以现有实际使用数为控制总量；以现有在籍总人口，按50平方米/人（生活居住用地30平方米/人，院坝用地20平方米/人）的使用面积的总和，再增加50%，作为保障底线。各镇（街道）在底线保障内，不能向外调剂和流转"，并要求"确保全县宅基地总量只减不增"，全县农村宅基地面积被固化在16403.49公顷，底线保障6986.45公顷（详见表1）。

表 1　泸县农村宅基地总量管控和底线保障面积表

镇（街道）	农业人口 （人）	总量管控面积 （公顷）	底线保障面积 （公顷）
玉蟾街道	47120	812.44	353.22
福集镇	51524	909.16	386.24
嘉明镇	37365	586.49	280.10
喻寺镇	42758	737.31	320.52
得胜镇	53045	934.74	397.64
牛滩镇	29955	650.82	224.55
兆雅镇	38149	674.73	285.97
玄滩镇	80928	1436.53	606.66
太伏镇	71220	1235.45	533.88
云龙镇	46884	706.59	351.45
石桥镇	38988	691.69	292.26
毗卢镇	38688	761.86	290.01
奇峰镇	44681	805.39	334.94
潮河镇	55630	1073.31	417.02
云锦镇	65054	1242.46	487.66
立石镇	39135	656.43	293.37
百和镇	47102	801.35	353.09
天兴镇	26982	435.51	202.26
方洞镇	45531	724.22	341.31
海潮镇	31255	527.01	234.30
合　计	931994	16403.49	6986.45

（二）改革审批程序，下放审批管理权限

一是下放审批权限。泸县在宅基地改革中，将宅基地审批权下放到乡镇人民政府，极大地提高了建房审批效率。将审批权下放到乡镇人民政府，建房审批程序变为：村民申请、村委会审查、乡镇国土及村建设办公室受理、乡镇人民政府审批、乡镇国土与村建设办公室归档交由县国土资源局备案。

二是下放管理权限。泸县试点出台《关于委托土地管理行政执法的通知》，授权镇（街道）土地管理的监管权和行政执法权，负责组织、实施本辖区内国土资源执法监察的巡查工作，检查用地单位和个人是否依法依规办理用地手续，是否按照相关批复进行建设；本辖区内土地违法行为的信访、举报受理处置，土地违法行为制止及法律规定由县国土资源局管辖的土地违法案件的查处权限；已立案的土地违法案件由县国土资源局查处到位，未立案查处的线索由各镇（街道）接管依法查处。

（三）按照"定人定面积"的原则，确定占地标准

泸县在宅基地改革中，推进"一户一宅"、"一户多宅"向"户有所居"转变，鼓励自然村向中心村集聚，引导村民建房有计划并逐步地向小城镇和中心村集中。同时，按照家庭常住农业人口确定建房面积，家庭常住农业人口包括农业户口现役和复退转军人，农业户口大中专院校在校学生、服刑被注销户口的原农业户口服刑人员以及法律法规规定其他人员等，可计入建房人口。除了确定建房人口，泸县还在宅基地人均面积方面做出探索："村民建房占地标准按每人30平方米，其他建设用地每人20平方米"来固定面积标准，这也是充分考虑了传统农区大量存在的粮食晾晒、家禽家畜蓄养以及工具堆放等农业生产生活的现实需求。

（四）推行农村宅基地分层级有偿调剂

泸县通过全县宅基地总面积和底线的分层级控制管理，确保宅基地面

积不增加，对于不同的宅基地使用需求，通过"有偿调剂"的方式跨区域配置宅基地资源，这种市场化的配置方式在一定程度上将宅基地价值进一步释放，也促使宅基地资源进而向区位条件优越、资源禀赋好的区域集中，有效促进了村庄的分化和转型。

泸县为了解决各镇（街道）经济发展水平不同而带来的宅基地需求差异，实现县域范围内的公开交易制度，交易流程为："村民议事会对节余指标交易价格、数量、交易方式、是否委托村级集体资产经营管理有限责任公司进行交易等进行讨论。讨论结果经村民（代表）会议与会人员半数以上同意，形成决议；决议经镇人民政府（街道办事处）审查后，上报县人民政府批准并由集体经济组织委托县公共资源交易中心进行公开交易。"主要采取协议、招标、拍卖、挂牌等有偿使用方式公开交易。

2017 年 3 月，泸县 4 宗节余建设用地指标在公共资源交易中心进行拍卖交易，共交易 83 亩节余建设用地指标，成交总额为 643.1 万元，均价为 7.74 万元。此次节余宅基地指标拍卖交易，由各村集体资产管理公司为主体，在各村之间进行指标交易（详见表 2）。

表 2　泸县宅基地指标交易情况

转让人	指标数量（亩）	竞得人	成交额（万元）
得胜镇东皇殿村村民村委会	20	泸县喻寺镇谭坝村集体资产管理有限责任公司	156
天兴镇一心村村民委员会	20	泸县玉蟾街道马溪河村集体资产管理有限责任公司	154
得胜镇荞子坝村村民委员会	20	泸县喻寺镇谭坝村集体资产管理有限责任公司	156
天兴镇场口村村民委员会	23	泸县玉蟾街道马溪河村集体资产管理有限责任公司	177.1

三、主要成效

（一）农村宅基地价值进一步显化与实现

通过宅基地制度改革，泸县农村宅基地价值实现一定程度的显化与增值，这个增值来自三种途径。一是宅基地复垦产生节余建设用地指标，这部分指标被泸县土地统征和储备中心以 11 万元 / 亩（"一户一宅"退出节余指标）的价格进行收储。二是县土地统征和储备中心将收储节余建设用地指标对外流转，流转价格一般比政府收储价格高，如 2017 年 12 月流转价格为 25 万元 / 亩。三是节余建设用地指标交易或调整入市，节余建设用地指标交易发生在集体经济组织、镇人民政府（街道办事处）以及泸县土地统征和储备中心之间，价格一般以政府收储价格为基准；[①] 节余建设用地指标调整为集体经营性建设用地，价格能够达到 15 万元 / 亩左右。

截至 2017 年底，泸县 20 个镇（街道）251 个村共 2.53 万户农户退出宅基地，腾退宅基地 1.5 万亩，其中：县兜底收储 1.47 万亩，支付 15.96 亿元。流转费用主要用于支付退出农户拆旧补偿和安置费、拆旧复垦工程费、集中安置建新区支出、配套设施和公共服务支出及土地开发支出等。

（二）农民财产性收入得到一定程度实现

泸县通过宅基地价值的显化，有效促进了农民财产性收入的增加。从直接收益来看，农户通过宅基地退出，户均可获得直接经济补偿约 4 万元，例如泸县田坝村宅基地退出节余 105 亩指标，按每亩 11 万元的底价进行交易，则农户可获得 280 多万元的补偿收入；对于不同类型的农户，退出宅基地进城购房户，户均可获得补偿 10 万余元，退出原宅基地到中心村建房，户均可获得补偿约 7 万元。泸县参与宅基地有偿退出的 2.53 万户农户共获得补

---

① 刘守英、熊雪锋：《泸县宅基地制度改革实践与创新》，《中国土地》2018 年第 3 期，第 10 ～ 13 页。

偿资金 15.96 亿元，集体经济组织结余资金 2.5 亿元。

农村宅基地退出后通过土地综合整治、耕地复垦、耕地质量提升等措施，为农业规模化发展和乡村旅游提供了有利条件，农民通过承包经营权流转、参与工程建设及就近务工就业，增加工资性收入，例如玉蟾街道龙桥社区，农民通过开办农家乐、承包土地流转等，人均收入高于全县平均水平 30% 左右。此外，农民住房抵押贷款进一步增加农民的财产性收入，中国农业银行泸县支行、泸州市商业银行泸县支行、泸县农村信用联社等三家受权金融机构，已发放抵押贷款 234 笔，共 4197 万元。

案例一：宅基地改革促进农民财产性收入增加

玉蟾街道玉蟾村熊 ××，62 岁，家中 5 口人，生有二子一女，小学文化程度，全家在广州打工或上学，年收入 5 万元左右，原房修建于 1987 年，为土瓦房，面积 171.81 平方米，退出补偿费用 53267 元，退出复垦耕地面积为 333.5 平方米，村集中居住点建房面积为 88 平方米，本人只支付了 76973 元即住上新房，而新房市值近 20 万元并不断升值。

（三）为乡村提供发展空间，促进乡村产业落地

泸县通过宅基地制度改革，增加了农村宅基地建设用地指标，将零星分散的耕地连接成片，进一步促进农村基础设施、公共设施和生活环境的改善，为乡村产业升级和乡村发展提供了支撑。

泸县耕地面积 84860.48 公顷，人均耕地 1.37 亩；全县建设用地总面积 19087.19 公顷，其中国有 2383.32 公顷，集体 16703.87 公顷。全县农村人口 275450 户，宅基地 26.9 万宗（其中闲置宅基地 3.6 万户，3.2 万亩），面积 24.3 万亩。宅基地改革后，全县 20 个镇（街道）251 个村中，2.53 万户农民退出宅基地，腾退面积 1.5 万亩。其中：一户多宅 16068 户，违建房 1243 户，危旧房 18694 户。经过土地综合整治和复垦措施，耕地质量得到大幅度提升，通过引导农户将复垦宅基地、承包地采取出租或托管等方式流转，促进了农业规模化经营；同时，利用中心村建设和乡村旅游，结合当地

旅游资源发展农家乐,促进休闲和乡村旅游业发展,培育了农村新业态。

据调查统计,2017年底,泸县农业机械化水平达到58.4%,培育种养大户2330个、家庭农场216个、农民合作社346个、农业龙头企业98个,基本形成6000亩泡菜原料基地、万亩现代化农业产业示范园区。

案例二:宅基地改革促进农村公共设施建设

天兴镇田坝村于2016年12月成立田坝村集体资产管理有限责任公司,将宅基地退出复垦村级预留节余指标调整为集体经营性建设用地指标2.46亩,在县公共资源交易中心进行公开拍卖出让,最终以15.3万元/亩的价格成交,在中心村建设幼儿园。交易地块原属田坝村二组,由田坝村集体资产管理有限责任公司按照3.82万元/亩(含青苗费)的价格将其流转,现在产权属于田坝村集体。此次退出宅基地节余指标调整入市,扣除指标成本14.76万元(6万元/亩,含用地补偿和拆除复垦)以及调节金6.3万元,田坝村集体经济组织收入约16.58万元。

案例三:宅基地改革促进农村产业发展

天兴镇田坝村通过土地流转可以形成无花果基地300亩、藕鳅养殖水产观光园120亩、三角梅种植基地1200亩、国家高产示范田1000亩,极大促进了农业生产方式的现代化转变。

喻寺镇谭坝村规划建设核心区1.2万亩,重点发展扶贫工业产业、村级工业企业、电子商务、代耕体验农业等新产业新业态;布局传统产业粮油种植基地4000亩、甜橙种植3000亩、蔬菜种植2000亩、特种水产1000亩;引进农业综合项目企业,发展猕猴桃、柠檬、观赏花卉等2000亩。

(四)农村宅基地改革成为城乡融合的重要载体

农村宅基地退出后复垦为耕地,产生的节余建设用地指标在优先满足本地发展需求的前提下,还可在县域范围内调整使用,满足县城和其他重点镇建设发展的需求,为二、三产业发展提供了用地保障。截至2018年底,泸县能腾退建设用地指标约1.5万亩,可保障全县3年的城乡发展建设用地需求。

泸县宅基地退出指标转为城市建设用地指标后，为城市基础设施的建设提供了指标保障。2016年，第一批退出宅基地节余建设用地指标转为城市建设用地 6.83 公顷，主要用于湿地公园道路建设和汇兴公司保障房及道路建设；2016年，第二批退出宅基地节余建设用地指标转为城市建设用地 53.67 公顷，主要用于汽车贸易中心、药业园区产业园、安置房、青龙综合体、城西道路、经开区 10 号线道路等建设，极大促进了泸县融入泸州主城区（详见表3）。

表3　宅基地退出节余建设用地指标交易情况

编号	批次	面积（公顷）	用途
1	2016 年第一批	6.83	湿地公园道路建设、汇兴公司保障房及道路建设
2	2016 年第二批	53.67	汽车贸易中心、药业园区产业园、安置房、青龙综合体、城西道路、经开区 10 号线道路、玉蟾大道城东幼儿园、湿地公园
3	2016 年第三批	2.78	云锦镇第二小学校、天兴卫生院职工周转房
4	2016 年第四批	23.06	泸县基础设施建设、经开区道路建设

四、主要问题

（一）宅基地退出实施主体不明确，主体形式各异

泸县出台的《泸县农村宅基地有偿退出管理暂行办法》规定，"农民自愿退出的宅基地由村民委员会收回重新分配给本集体经济组织村民原地使用，或复垦为耕地，并将复垦形成的建设用地指标在县域内调整使用"，"宅基地退出由村级集体经济组织负责具体实施"。同时，在《泸县农村宅基地有偿退出房屋拆迁补偿安置指导意见》中既规定宅基地退出房屋拆迁"以村委会为主体，村民小组具体组织实施"，又规定"由集体经济组织统一组织拆旧复垦"。在整个宅基地退出过程中，实施主体较为混乱，缺乏统一规定，村委会是否有权组织经济活动也有待商榷，且这种政经不分的做法是否会影响宅基地增值收益分配的公平性与合理性也需要考虑。

（二）宅基地有偿使用推进难，资金渠道有待拓展

由于历史原因形成的"一户多宅"和宅基地超面积的情况比较复杂，加之过去没有超面积缴纳有偿使用费的先例，习惯性思维短期内难以改变，虽然泸县制定的有偿使用费收取标准兼顾了大多数人的利益，但大多数农户对于缴纳有偿使用费意愿不高，有些村民要求费用收取要与补办用地、房屋手续相挂钩。此外有偿使用费收取主体是村一级，村民自治约束力不强，缺乏有效的制约措施。

同时，泸县开展宅基地有偿退出改革试点，无论是复垦资金还是房屋拆除补偿资金，均由政府先行垫资，县政府以获取节余建设用地指标的形式给予农户每亩 12 万元的补偿。这不仅给地方财政带来较大的压力，而且也将影响改革推进的效果。

（三）宅基地集体所有权主体能力不足

泸县自试点以来，建立了村级集体资产管理公司来具体运作宅基地退出、入市等具体事务，但是由于成立时间较短、自身建设不健全、实践经验不足、专业能力不强及产权归属不明确等原因，集体资产管理公司参与管理的水平还较低，也难以真正作为独立法人进行商业化运作。而且在实践中，集体资产管理公司同村委会往往共用一套班子，政经不分，存在一定隐患。

（四）宅基地退出机制不通畅

宅基地退出机制不通畅主要体现在宅基地集体内部流转受限和大规模有偿退出障碍两个方面。若只允许宅基地在集体经济组织内部流转，可能抑制大量潜在的现实需求，私下交易、长期租赁等隐性交易行为依然会大量存在。若不加限制放开流转，还需政策支撑和制度突破。而现阶段大规模、彻

底性地引导农民退出宅基地仍有较多障碍：村集体财力薄弱，无回购的经济能力；群众对补偿愿望较高，协商难度大；实现城乡统筹、破除二元结构壁垒、构建新型城乡关系还需要相当长的一段时间，农村居民半农半工的生存状态还将长期存在。

第二节　四川郫都区宅基地改革调研

一、调研基本情况

郫都区位于成都市西北方，成都平原正中区域，面积438平方公里，下辖7个街道，3个镇，156个村庄，常住人口139.47万，2021年全区GDP为1365.4亿元，乡镇人均年收入达3.3369万元。截至2021年，郫都区共有农村宅基地9.2万余宗，面积7.5万余亩，户均农村宅基地面积411.5平方米。确权颁证8.8万余宗，面积5.4万余亩，其中，颁发"房地一体"不动产证3768宗，一户多宅约涉及2710户，闲置农村宅基地约涉及1819户，已流转农房约3364户，办理农村住房财产权抵押55宗，面积2.5万平方米，抵押金额5652万元。

2014年12月，《关于农村土地征收、集体经营性建设用地入市、宅基地制度改革试点工作的意见》将郫都区确定为全国33个农村土地制度改革试点之一，主要承担集体经营性建设用地入市的试点任务。2017年11月，又将宅基地制度改革拓展到全部33个试点区。郫都区自被确立为宅基地制度改革试点以来，出台了《成都市郫都区农村住房及宅基地使用权流转管理暂行办法》《成都市郫都区农村宅基地有偿使用指导意见（试行）》等9个政策文件，不断推进宅基地的科学管理，不断加强"三块地"改革的协同性、整体性、系统性，进一步集成农村产权制度、"多规合一"、全域土地综合整治等改革政策，打造了具有一定借鉴价值的"郫都模式"。

2018 年 12 月—2019 年 1 月，课题组前往成都市郫都区开展农村宅基地"三权分置"改革调研工作。课题组与郫都区国土资源局、友爱镇农科村、唐昌镇战旗村等干部进行座谈，就宅基地"三权分置"改革的实践探索、宅基地自愿有偿退出、宅基地有偿使用、农村住房及宅基地使用权流转等方面进行了深入交流。随后，课题组在各村内进行了随机走访，并与部分农户和外来投资人进行了交流（见图 4、图 5、图 6）。

图 4　郫都区国土资源局调研座谈

图 5　郫都区唐昌镇战旗村调研座谈

图 6　郫都区安德街道安龙村调研座谈

二、调研区域概况

（一）农科村概况

农科村是全国农业旅游示范点，位于成都市西部近郊，距成都市区 25 公里，距都江堰市 30 公里（见图 7）。全村面积 2.6 平方公里，耕地面积 280 余亩，花卉种植面积达 300 余亩，辖 11 个社，有 703 户，人口 2497 人。农科村以花卉苗木种植和农家旅游为主导产业，目前全村共有农家乐接待户 40 余户，日接待能力 1 万余人次，年人均收入 3.1 万余元。

农科村具有较为悠久的花卉种植传统，经过 30 多年的持续发展，农科村逐步形成集"农家情趣、田园风光、城市文明、乡村生活"于一体的独一无二的农家乐休闲旅游模式，处处体现出"古蜀文化之乡、川西民居风格"的特色和气息，营造出安居乐业、社会稳定、环境优美的"世外桃源"意境。农科村也获得了"没有围墙的农民公园"和"鲜花盛开的村庄"等美誉。近年来，在农家旅游经营规模化、服务专业化的形势下，以徐家大院、汇景苑为首的五星级乡村酒店，以邻水轩休闲庄、逸亭休闲庄为代表的四星级乡村酒店等乡村旅游产业已成型，是农村富余劳动力转移，打造农科村农家乐旅游品牌的主阵地。

（二）战旗村概况

战旗村位于郫都区唐昌镇西部，紧邻都江堰市和彭州市，距成都市区 40 多公里（见图 8）。全村面积 5.36 平方公里，耕地面积 5441.5 亩，辖 16 个村民小组，共 1445 户，4493 人。2019 年，战旗村集体资产达 7000 多万元，集体经济收入 600 多万元，村民人均可支配收入 3.24 万元。先后荣获"全国社会主义精神文明单位"、"全国文明村"、"四川集体经济十强村"和省市"新农村建设示范村"等称号。

近些年，战旗村大力推进实施农村集体产权制度改革、耕地保护补偿制度、农地流转新模式、集体资产股份制、农村产权交易等"五项农村综合改

图 7　农科村村容村貌

图 8　战旗村村容村貌

革",在全省敲响农村集体经营性建设用地入市"第一槌",推动资源变资产、资金变股金、农民变股东,实现了资本进村、人才入村、村美民富的改革愿景。按照"建基地、创品牌、搞加工"的思路,做强做优绿色品牌,建成绿色有机蔬菜种植基地近 2000 亩;组建 2 个蔬菜专业合作社,成功引入京东云创平台、"人人耘"智慧农业,培育省市著名商标品牌 3 个;引进榕珍菌业、妈妈农庄、蓝莓草莓、蔬菜、苗木花卉等 16 家企业,延伸产业加工销售链条,解决村民 1300 多人就业;2019 年成功创建国家 AAAA 级景区,年接待游客近 120 万人次,实现农商文旅、三产融合发展。

（三）安龙村概况

安龙村位于郫都区城区以西 12 公里处,距成都主城区 25 公里（见图 9）。成灌高速穿村而过,北靠 317 国道线及郫都中国川菜产业园,南临走马河,东接第二绕城高速,西有温郫彭快速通道,交通优势明显。全村面积 3 平方公里,共有 18 个社,1125 户,3399 人,是四川省城乡环境综合治理环境优美示范村、四川省"四好村"、四川省园林示范村、成都市创先争优先进基层党组织。

近年来,安龙村围绕乡村振兴战略,通过村民自治方式,引导全村 806 户农户参与土地综合整治,完成复垦验收土地 345 亩,整理集体建设用地指标 249.7 亩,并通过集体建设用地入市方式发展文化休闲旅游项目。目前,已招引水韵安泷文化发展有限公司,发展集民宿、艺术康养、影视基地等于一体的田园综合体项目;招引上海乡香文化发展有限公司,发展乡村休闲旅游项目;招引万山河书院项目,发展文化创意产业。2017 年,全村人均纯收入 25200 元,人均固定资产超过 15 万元,基本户户拥有汽车,居民生活品质大幅提升。

图 9　安龙村村容村貌

三、宅基地改革典型案例

（一）友爱镇农科村

案例一：宅基地转型自营，发展农家乐

乡坝土鸡庄位于农科村 3 组，宅基地总面积约 2 亩，房屋建筑面积 500余平方米（见图 10）。近年来以其独具特色的菜品和实惠的价格吸引了大量游客，院内可同时容纳 100 余人就餐，是农科村农户自营农家乐比较成功的案例，也是农科村较早将闲置宅基地盘活利用的案例之一。

据了解，在发展农家乐之前，农户家庭主要靠种粮及经营花卉苗木为生，后来由于当地农家乐的快速发展和政府的大力支持开始转型做农家乐，将 2 亩多的宅基地全部利用起来，门前庭院搭起藤架，用枯藤景石打造盆景，营造出优雅舒适的休闲庭院；屋后则建为可容纳 100 余人同时就餐的宴席厅。同时，一层的附属用房也被改造成喝茶休闲的雅间。现在每年的收益达 10 多万元，农户收入和生活水平比原来均有较大的提高。

图 10　农科村乡坝土鸡庄调研图

案例二：宅基地使用权流转，开发民宿酒店

"三舍"民宿位于农科村子云北路东侧，社会投资人通过一次性支付的方式长期租赁当地村民 2.3 亩宅基地和 500 平方米住房，租赁费用共计 180 万元。原有农户及家庭成员自愿将宅基地和住房流转给社会投资人，拟用于打造集住宿、康养、休闲与茶文化于一体的特色民宿酒店，调研时该项目正在建设之中（见图 11）。

具体流转过程为：农户腾退宅基地 2.3 亩 +500 平方米住房→农科村景

图 11　"三舍"民宿调研图

区管理运营有限公司→公司寻找联系社会投资人→景区管理运营有限公司与农户、社会投资人通过合同协议约定的方式将宅基地使用权交由社会投资人有偿使用→社会投资人将宅基地进行民宿酒店开发。

案例三：宅基地使用权租赁，开设工作室

从事旅游规划的个体经营人赵某，通过朋友介绍从北京来到农科村，在村委会与景区管理运营公司的推介下，通过租赁方式获得村内一户农户 20 年宅基地使用权作为创作工作室，租金为 4 万元 / 年。赵某对原宅基地上的农房进行了升级改造，规划打造办公室 1 间，用于日常创作；会议室 1 间，用于规划方案研讨；客房 3 间，用于临时居住和客户招待。调研时该项目正在建设当中（见图 12、图 13）。

从调研中得知，将宅基地租出去的农户已搬到在城里有住房的子女家共同居住，短期内不会回村生活。村委会对外来投资人也非常支持，明确在不

图 12　改建中的工作室　　　　图 13　与外来投资人交流

突破确权颁证宅基地面积的前提下,不会对他们的经营用途提出另外要求和限制。另外,赵某也反映了一些在改建农户宅基地过程中遇到的问题,如村内通网不及时、不便捷,村内有关电信运营商帮助商户安装宽带的工作开展缓慢等问题。同时,赵某也表示,当前农科村由于缺乏规划,景区内农家乐同质化竞争严重,除少部分星级农家乐经营状况较好外,部分农家乐盈利状况不理想,但是由于紧邻成都市,地理位置优越、交通十分便利,所以发展前景看好。

（二）唐昌镇战旗村

案例一：宅基地使用权转让

调研了解到,目前战旗村宅基地使用权实际发生转让 20 余户,均为私下流转,受让人均为非集体经济组织成员,价格由流转双方协议商定,并未缴纳任何有关税费和宅基地有偿使用收益金,也未获得相关权证。受让人所得的宅基地及农房主要用于节假日居住。课题组实地探访了一处宅基地私下流转点位,宅基地面积 70 余平方米,房屋建筑面积 175 平方米,流转价格为 42 万元。出让方因家庭有多余住处,因此想将闲置的宅基地盘活,便将其中一处宅基地转让给了外地居民。另外,战旗村有 2 户申请走合法正规程序进行宅基地转让,村委会也将其确定为试点案例研究,调研时相关实施细则正在商议中（见图 14）。

图 14　宅基地转让调研图

案例二：宅基地使用权出租

据调研了解到，战旗村村民杨某家庭户籍人口5人，在2007年村上集中居住时通过购买指标的方式，以1万元的价格购买了本村另一村民集中安置指标，从而获得了两套占地面积70多平方米、房屋建筑面积175平方米的三居室房屋。其中一套地理位置较好，仅杨某老两口常年居住，便将一楼约20平方米闲置车库出租给了外地人经营餐饮，老两口则居住在二楼。租金为5000元/年，租期为3年。该农户为典型的在保证"户有所居"且不影响正常生活的前提下，将部分闲置农房盘活利用，增加了租金收入。另外，全村还有其他3户类似的宅基地使用权出租情况，分别用于商用办公、美容美发、餐饮等经营活动（见图15）。

图15　宅基地出租调研图

（三）安德街道安龙村

案例一：宅基地使用权转让，发展乡村文旅产业

据调研了解到，位于安龙村村委会附近一户农户早前利用自家约3亩宅基地发展家猪养殖业，但由于安龙村位于都江堰灌溉区，是重要的水源保护地，后来区政府规定禁止发展养殖业，该宅基地便长期处于闲置状态。2018年，安龙村引进"安龙书院"项目使该闲置宅基地得到了盘活利用，转让总价格为120万元，转让期限为30年。同时，"安龙书院"的投资人按2000元/亩的标准向村集体缴纳了宅基地有偿使用收益金。目前，原宅基地用户已利用宅基地使用权转让收入在城里头房，并将剩余资金在外地继续发展养殖业。

"安龙书院"项目总投资 800 万元，建筑总面积约 3800 平方米，计划开展传统节庆文化、传统礼仪常识训导、亲子经典诵读、中医养生保健传授、传统文化系列讲座等活动。该项目的引进对于提升安龙村的文化影响力、丰富村民的精神文化生活、提高村民的传统文化素养、推动安龙村文旅事业的健康发展和乡村文化振兴、促进当地旅游经济发展等具有积极的现实意义。调研时该项目正在施工当中，预计 2019 年 4 月可投入使用（见图 16）。

图 16 "安龙书院"项目调研图

案例二：宅基地出租，发展乡村民宿

安泷乡村文化发展有限责任公司依托安龙村优越的地理区位和优雅恬静的乡村资源，在安龙村共租赁 9 处宅基地打造安泷乡村民宿（见图 17），每处宅基地面积 140—600 平方米不等，位置分布较为零散。改造后的户型包括独栋别墅和四合院。独栋别墅平均有 5 间房，可容纳 10 多人居住；四合院套房有 8 间，分为上下两层。租金为 1 万元 / 处，租期为 30 年。出让农户在保证户有所居的前提下，盘活闲置、多余的宅基地，增加了财产性收入。

图 17 安泷民宿项目

四、主要做法及成效

（1）**积极探索落实所有权实现形式**。从法律规定而言，集体土地的产权归属是明晰的，但事实上"集体所有"这个概念本身存在一定缺陷。首先，集体所有权主体虚置。大多数的农村集体经济组织没有建立起来，而是由村委会代行集体所有权。其次，集体所有权权能薄弱。根据《宪法》的相关规定，集体虽然享有土地的所有权，却不享有土地处分权能，且收益权能也十分薄弱。

通过后续调研了解到，郫都区通过出台《郫都区农村集体经营性建设用地不动产登记管理办法》，夯实所有集体土地的用益物权，推进宅基地相关制度改革。具体做法：当农民进行宅基地及其农房转让时，资格权人需向农村集体经济组织一次性缴纳基准地价的1%作为宅基地有偿使用收益金，受让人需向地方政府缴纳总价款的1%作为相当于契税的调节金；当农民出租宅基地及其农房时，资格权人需向农村集体经济组织缴纳租金的1%作为宅基地使用权出租收益金。本集体经济组织成员超出固化宅基地面积标准，或占用集体建设用地用于生产经营的纳入有偿使用范围；非本集体经济组织成员通过继承房屋而使用农村宅基地，或因各种原因在2017年12月31日前已实际使用农村宅基地居住、生活或经营的纳入有偿使用范围。以2017年12月31日为基准日，以每人宅基地30平方米、附属设施面积110平方米为基数，按每年5—10元/平方米的参考标准收取有偿使用费。如三道堰镇青杠树村，2017年收取有偿使用费27万余元。

（2）**积极探索保障资格权实现形式**。资格权是农民在集体经济组织内部享受权利的凭证，在推进宅基地有偿退出、流转等工作中，农民常常存在着失地担忧。为固化农民资格权，保障农民的财产权益，郫都区所采取的做法是推进股权量化。典型做法如战旗村成立集体资产管理公司，将集体资产全部纳入，以"生不增、死不减"的管理方式，将集体资产定人量化1704股，实行集体经济组织成员权和宅基地资格权一体固化。固化农民资格权，不仅增加农民收益，更让集体经济组织资源集中。同时，村集体资产管理公司的成立，也一定程度上理顺了村内的行政关系和经济发展关系。目前，郫都区137个村、1538个村组的集体资产清产核资和债权债务清理工作基本完成，1489个村组完成股权设置和股份量化。

（3）**积极放活使用权利用形式**。改革推行以前，由于宅基地的无偿取得、用途限制等原因，导致了宅基地在村集体经济组织内部流转并没有市场，私下交易的宅基地和农房不受法律保护也加固了土地对农民进城的约束。在放活宅基地使用权方面，郫都区采取的做法是有条件转让、出租和抵押三种方式。宅基地有条件转让，可办理不动产登记，在限定的区域范围和年限内按照市场需要进行宅基地的使用权流转，允许流转后的农村住房在符合规划的前提下，经相关部门审查同意，按程序实施房屋改建、重建或风貌改造，以发挥最大的效用。宅基地在规定的年限内出租和抵押，可办理备案登记和他项权利登记，鼓励农村集体经济组织作为抵押担保人，完善相关的办法和规定，拓宽农民的收益渠道，增强农村的融资能力。截至2018年底，已办理农村住房财产权抵押33宗，涉及宅基地面积13848.19平方米，抵押金额3275.69万元。

（4）**积极探索宅基地发展权**。土地发展权是指在符合规划的条件下变更土地使用性质或提高土地利用强度的权利，在我国实际存在，却并未在法律层面设立。建设用地节余指标交易其本质就是土地发展权流转。探索土地发展权，保障农民的当期权益及长期子孙后代的生存能力，郫都区在实施成都市饮用水源生态保护综合改革示范项目中，突破增减挂钩建新区与拆旧区严格对应的限制，对节余指标进行集中收储和台账管理，节余指标可报征为国有，也可以由乡村振兴公司以保底价收储，按规划以农村集体经营性建设用地的形式落地入市，其收益与指标产生的村集体共享。该综合改革示范项目涉及5个镇25个村，规划整理198个地块804.2亩，搬迁农户929户2955人，新增有效耕地4.49亩，节余建设用地指标799.72亩。

第三节　四川青白江区宅基地改革调研

一、调研基本情况

青白江区位于成都市东北部，东邻金堂县，南连龙泉驿区，西接新都区，北与广汉市接壤，面积 378.94 平方公里，耕地面积约 19065 公顷。下辖大弯街道、大同街道、弥牟镇、城厢镇、姚渡镇、清泉镇、福洪镇等 2 个街道和 5 个镇，共 83 个村（社区）。截至 2021 年末，青白江区常住人口 50.11 万人，其中城镇常住人口 38.78 万人，常住人口城镇化率达 77.4%。全年实现地区生产总值（GDP）620 亿元，同比上年增长 8.7%，三次产业结构比为 2.5∶30.4∶67.1。先后获评全省农村改革工作先进区、全市乡村振兴先进区等称号。

2015 年起，青白江区开始探索农村宅基地制度改革，在人和乡三元村开展宅基地制度改革试点，创新建立了"权属剥离、市场定偿、整户腾退、稳定增收"的农村宅基地使用权腾退机制。通过项目带动，以集体经济组织所属企业为主体，引入社会资本合作开发乡村旅游、山地运动休闲产业等项目，为附近农户就地就业和拓宽农民财产性收入渠道进行了有益探索与实践。同时，福洪镇民主村 5 户农户自愿有偿退出宅基地，依照程序将其宅基地和部分符合条件的集体建设用地确权登记给该组集体经济组织进行再开发利用，为福洪镇现代农业产业化项目提供了集体建设用地保障。近些年，青白江区致力盘活农村宅基地，有序推进农村第一、二、三产业融合，积累了一些农村宅基地改革经验。

2018 年 8 月，课题组前往成都市青白江区开展农村宅基地改革调研工作。课题组与青白江区国土资源局、青白江区福洪镇的领导、村干部进行座谈，就宅基地自愿有偿退出、宅基地使用权流转、依托宅基地发展乡村旅游产业等方面进行了深入交流。随后，课题组在福洪镇实地调研了"我的田园"田园综合体和气调库等项目，并与项目负责人进行了交流（见图 18、图 19、图 20、图 21）。

图 18　青白江区国土资源局座谈会

图 19　福洪镇座谈会

图 20　气调库项目实地调研

图 21　"我的田园"项目实地调研

二、调研区域概况

青白江区福洪镇地处龙泉山脉中段、成都平原东北部，南与龙泉驿区洛带镇接壤，西与新都区石板滩镇为邻，距成都市区 23 公里，距区政府 24 公里，面积 39.36 平方公里，耕地面积 34540 亩，辖 9 个行政村，134 个村民小组，32752 人，属典型的丘区纯农业乡镇。镇区南宽北窄呈猴形，兼有平坝、丘陵、低山三种地貌，平均海拔高度约 475 米。镇内有成南高速、成德南高速、青南大道、云石路、成环线、达成铁路、成渝铁路七大主要干道，有榿木河及两条分支河流、西江河一部分、东干渠、东支七、东支十三、东支十四等河流沟渠及众多的塘堰,建有客家杏花村国家 AAA 级旅游景区和万亩优质杏业基地,紧邻龙泉洛带客家古镇、古金龙寺,是龙泉山脉生态旅游走廊的重要节点之一。

福洪镇先后荣膺"中国南方最大优质杏基地"、"四川省最具发展潜力十大乡镇"、"四川省十大赏花旅游目的地"、"四川省最具潜力花卉观赏地"等荣誉称号。2010 年杏花村成功创建国家 AAA 级旅游景区,2011 年"福洪杏"获得国家地理标志保护产品,2012 年获"最具投资环境乡镇奖",2013 年获批成都市首批启动建设的特色镇、成都市首批启动的统筹城乡综合改革示范镇,2014 年 9 月"撤乡设镇",2015 年与龙王镇联合获批成都市统筹城乡示范片,2016 年获评成都市十个优先支持发展特色镇、成都市首批十大改革先锋示范点位,2017 年福洪镇作为全区唯一乡镇被纳入全省"十三五"规划,成为全省重点发展的 200 个特色小镇之一。

三、宅基地改革典型案例

案例一：宅基地退出就地建气调库项目

气调库项目由民主村、字库村分别成立的成都市民宏农业专业合作社、青白江区字库杏果种植专业合作社共同实施,项目涉及农村土地制度改革(自愿有偿腾退宅基地、集体建设用地自主开发利用)、集体资产股份化改革、探索财政支农资金形成的资产转交合作社持有和管护及农户普惠受益机制、探索政府投资基础设施项目后期管护机制、精准扶贫等多个改革事项。

项目占地面积约 16 亩,其中集体建设用地 5.72 亩(民主村 9 组 3 宗 4.55 亩,字库村 13、14 组 1 宗 1.17 亩)。总投资 1603.6 万元,新建库容为 700 吨,建筑面积约 1280 平方米(1.92 亩)的果蔬气调库;新建约 1560 平方米(2.34 亩)的农产品批发交易市场和 15 公里田间采摘道路(见图 22)。

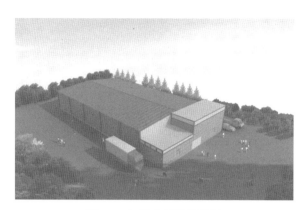

图 22　气调库项目效果图

（1）**项目资金来源**。项目总投资 1603.6 万元，其中：财政资金 800 万元（市级 600 万元，区级配套 200 万元），合作社自筹 803.6 万元（成都市民宏农业专业合作社自筹 383 万元，青白江区字库杏果种植专业合作社自筹 420.6 万元）。成都民宏农业专业合作社自筹资金组成情况：民主 9 组自愿腾退宅基地土地折价 183 万元，企业筹资 200 万元。青白江区字库杏果种植专业合作社自筹资金组成情况：四川福茂源农业开发有限公司气调库折价 78 万元，字库小学确权 1.17 亩集体建设用地折价 70 万元，字库小学房屋（改建后）评估 150 万元，村民自筹 122.6 万元。

（2）**宅基地自愿有偿退出**。民主村用社区剩余房源对民主 9 组自愿腾退宅基地农户进行安置，腾退宅基地确权为集体建设用地 4.55 亩，民主 9 组召开村民大会决议将腾退的 4.55 亩集体建设用地使用权交给民主村，民主村将集体建设用地评估后以 183 万元入股合作社（见图 23、图 24）。

（3）**股份量化**。项目按照 1603.6 万元投资总额，对固定资产和经营性资产进行股份量化，股权设置按照 1 元 1 股计算，成都市民宏农业专业合作社占 941.9 万股，青白江区字库杏果种植专业合作社占 661.7 万股（其中财政资金 241.1 万股，自筹资金 342.6 万股，四川福茂源农业开发有限公司 78 万股）。成都市民宏农业专业合作社成员共 2197 人，其中贫困户 13 人；青白江区字库杏果种植专业合作社成员共 3988 人，其中贫困户 51 人。经合作

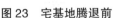

图23　宅基地腾退前　　　　　　图24　气调库现状

社全体成员同意，分配股权时，将两级财政资金形成的800万股的2%作为扶贫股分配给贫困户，即成都市民宏农业专业合作社一般成员分得4236.33股/人，贫困户分得6736.33股/人；青白江区字库杏果种植专业合作社一般成员分得1451.55股/人，贫困户分得3951.55股/人。

案例二：土地综合整治开发田园综合体项目

"我的田园"田园综合体是由四川我的田园农业科技有限责任公司和四川我的田园文化旅游有限公司投资约25亿元规划建设的项目。规划面积4200亩，主要涉及福洪镇字库村、民主村和进步村等。按照"一区、一域、四组团"规划布局，以"有机、绿色、生态"为特色，以青白江自贸区铁路港为依托，以亚欧农产品交易会展为引擎，致力构建集会展经济、国际贸易、家庭农庄、仓储物流、休闲体验康养度假于一体的"农业示范园区＋特色小镇＋田园综合体"建设样板（见图25）。

"我的田园"项目通过农村土地综合整治、宅基地有偿退出等项目，一体推进发展第一、二、三产业，实现产业有机融合、可持续发展。其中第一产业，包含欧盟出口标准水果种植科技示范园、智慧云农场示范园、农场亲子乐园、有机蔬菜种植示范园、欧洲农业种植示范园、CSA（社区支持农业）等；第二产业在发展第一产业的基础上，建设农产品加工示范园，提供对休闲食品、果酒、有机蔬菜、果品、果干、果汁、中药材、酵素等加工生产，以及进口农产品分拣分包等；第三产业包括欧亚农产品会展商业集群、欧洲农艺体验区、科技研发中心、农旅康养休闲区。

图 25 "我的田园"田园综合体项目

四、主要做法及成效

（一）强化组织保障，优化顶层设计

青白江区委、区政府以"我的田园"项目为试点，成立青白江区乡村振兴战略指挥部，每月进行一次乡村振兴战略现场会，统筹安排、加快推进全区乡村振兴试点项目建设。紧紧围绕"蓉欧+"和"亚欧特色农产品小镇"定位，做好乡村振兴规划、土地综合整治等顶层设计，大力发展亚欧农产品展示交易、体验、科技、商贸、会展等业态，按照国家AAAA级旅游景区标准打造欧洲田园生态牧场，建设欧洲风情特色街和特色农庄，构建康养田园社区，修复川西林盘与建设功能复合的现代林盘院落相结合，丰富文旅、宜居、休闲体验方式。

（二）以宅基地改革激活土地资本

在控制农村建设用地总量不增加，不占用永久基本农田前提下，加大盘活农村存量建设用地力度，因地制宜优化建设用地布局。在福洪镇范围内，通过实施农村宅基地改革、土地综合整治等项目来盘活存量建设用地的优化使用，调整村庄建设用地布局，发展集家庭农庄、仓储物流、休闲、体验、康养、度假为一体的田园综合体项目。如：福洪镇进步村2组3户村民及家庭成员自愿申请将批准的宅基地和其他集体建设用地0.65亩退回给集体经济组织，用于福洪镇打造"我的田园"田园综合体项目。

青白江区积极探索创新农民合作社与企业共建共治共享机制，引导成都市民宏农业专业合作社以气调库和双创园作为资产入股，与四川我的田园农业科技有限责任公司成立联合经营性组织，股权持有者按股享受股权收益分红。

（三）强化三产融合，推动乡村产业发展

第一产业：以原始地形地貌为基础，再造大地景观，规划先行，有机种植，精品农业，高精品种种植。第一，科学设计。通过无人机航拍等现代化技术手段，对现场实景进行光影再造，通过对水文特征和地形地貌、自然植被的调查，进行景观化设计。第二，导入农业元素。由于低丘地貌限制，本地不适合大规模建设菜粮基地，所以项目通过对农用地的休耕和土壤改良，大力发展果树经济林和蔬菜种植，并引进先进技术和种苗。第二产业：在订单式服务指引下，在园区内进行茶叶半发酵、粗加工后，包装制成成品，最后出口日本。2020 年在园区进入盛果期后，园区果品精深加工率将达到 40%，社会效益和经济效益大幅提升。第三产业："我的田园"项目规划建设 1000 平方米乡村图书馆、2000 平方米乡村酒店、80000 平方米稻田咖啡。同时还布局有欧洲体验农庄、精品农庄、家庭农庄等将投入使用。

（四）助力乡村产业落地，增加农民收入

青白江区通过农村宅基地改革、结合土地综合整治项目，大力推动了乡村产业落地，同时增加了农民可持续性收入。以"我的田园"项目为例，其通过搭建创新创业平台，推行"育种评估＋合约管理＋园丁服务"的孵化管理模式，为入驻项目和团队提供最大化的支持，帮助创业孵化项目快速发展壮大。农民的技术提高了，农事作业才能更有效地进行，对农地的利用率才能实现最大化，并以此来带动当地农业职业经理人合作成立果蔬专业合作社、中草药种植专业合作社，从而提高当地农业发展，推动农产品品质、价值提升。

在重视乡村人才培养的同时，"我的田园"项目的建设对于农民的增产增收也有着显著提升效果。一方面，运用科学、系统的种植技术和方式方法，对片区农业种植业进行系统化管理，从而促进农产品产值提高，使农民人均收入增加；另一方面，在紧抓农业的同时，也加强对于当地农民的教育培训。双创中心对农民进行多方面系统化的农业技能培训，不仅能提高农民的技能技术，还使他们的文化水平和文化素养获得显著提升。"我的田园"项目的建设，对于当地农民的个人收入水平和文化素养、技能技术的提升都有着显著效果。据当时调查显示，仅 2017 年当地村民 2163 人增加务工性收入约 75 万元，人均增收 3452 元。直接辐射项目周边农民 5773 人，而这些辐射人口占进步、字库、民主三个村农民人口数量的 40% 以上。

第四节　四川新都区宅基地改革调研

一、调研基本情况

新都区位于成都北部，东南与青白江区、龙泉驿区、成华区、金牛区接壤，北邻彭州市、广汉市，西连郫都区，辖区面积 496 平方公里。辖区包括大丰街道、三河街道、石板滩街道、斑竹园街道、桂湖街道等 7 个街道和清流镇、军屯镇 2 个镇，共计 101 个社区、79 个村。截至 2021 年末，常住人口 157.2 万人，地区生产总值约 1000 亿元，较上年增长 8.2%，其中第一产业产值 22 亿元，第二产业产值 307 亿元，第三产业产值 671 亿元。城镇居民人均可支配收入 54297 元，人均消费性支出 31979 元。农村居民人均可支配收入 32383 元，农村居民人均生活消费支出 21702 元。2021 年 2 月，被评为 2020 年度四川省农村改革工作先进县（市、区）。

近些年，新都区为深化农村产权制度改革，引导农村土地经营权规范有序流转，切实保障广大农民和投资业主权益，探索健全农村土地流转风险防范机制。2020 年 7 月，为深化统筹城乡综合配套改革，探索农户宅基地使用权退出制度，盘活农村集体建设用地，实现资源向资本转化，成都市新都区政府出台了《成都市新都区深化集体建设用地开发利用机制创新实施方案》，探索建立农村宅基地使用权流转机制。

2018 年 9 月，课题组前往成都市新都区开展农村宅基地改革调研工作。课题组与新都区国土资源局、斑竹园镇三河村等局领导、村干部进行座谈，就宅基地自愿有偿退出、宅基地使用权流转、农村存量建设用地再利用等方面进行了深入交流（见图 26）。随后，课题组在新都区实地调研了三河村刘

图26 新都区斑竹园镇三河村座谈会

家祠堂、王家大院和一杯时光咖啡馆等项目,并与项目负责人、部分农户进行了交流。

二、调研区域概况

三河村位于新都区斑竹园镇竹友片区,是市级锦绣田园花香果居现代农业精品园区和国家 AAA 级旅游景区花香果居辐射区的重要组成部分,东距成德大道(北新干线)2.2 公里,西临香城大道西沿线 2.6 公里,辖 15 个村民小组,50 余个院落,751 户,2096 人,面积 3400 余亩,是斑竹园镇打造音乐小镇的重要依托(见图27)。

三河村以发展足球运动、打造"成都足球第一村"为切入点,抓住花香果居创建 AAAA 级景区的契机,通过创建高端农业产业链,创新农旅方式,推动三产深度融合,重点打造水果农场、花卉蔬菜农场、体育健身和文化及养老四大板块,逐步形成了"互联网+体育健身+乡村旅游"的发展模式,初步实现了由传统农业种植区向现代农业观光区再到现代农业观光体验式风景旅游区的转变。

三、宅基地改革典型案例

案例一:刘氏宗祠存量建设用地开发利用

刘氏宗祠位于三河村东北部,是四川传统祠堂建筑的典型代表,2016年 7 月被列入第六批"成都市历史建筑保护名录"(见图28、图29)。与之前的调研情况相比,宗祠变化不大,仍未进行修缮,宗祠两旁的道路也没有

图27 三河村村容村貌

进行硬化。目前宗祠仍在使用中，除清明节期间有较大的刘氏祭祖活动和村内的红白喜事在此进行以外，平时主要作为周边农户蔬果挑选与装运的临时场地。当地目前也在积极寻求合作，希望引入社会资金，依托刘氏宗祠，开展一些中国传统文化、忠孝文化的教育、培训和体验活动，以盘活农村的文化资产资源。

案例二：王家大院就地开发利用

王家大院经营人王某是本村人，该院落及其周围原为王某与附近农户的承包地。后来村上引入"美柚乡水果农场"农业创业项目，成立了四川绿量

图 28　刘氏宗祠内部情况

图 29　刘氏宗祠周边农户住房及道路情况

农业有限公司。在村委会的组织协调下，绿量农业承租了土某与附近农户的承包地，租金为1800元/亩/年，并投资进行了大规模的农用地整理，整理后的土地用于新都柚的规模种植。随后，王某从绿量农业返租了部分土地，租金为3000多元/亩/年，开发了王家大院，并对其进行了一定程度的修缮，现经营餐饮。同时，村委会也依托王家大院打造了一个文化长廊，用于介绍和宣传三河村的发展。据王某介绍，除他们家庭以外，原承包地上的农户目前大多都在村上的农家乐打工，每月工资2000多元，每年还有租金收益，收入和生活水平比原来均有较大的提高（见图30、图31）。

图30　王家大院调研图

图31　文化长廊建设图

案例三：宅基地盘活利用

三河村大部分的农家院落和周边高大乔木、竹林及外围耕地等自然环境有机融合，是典型的川西林盘。村内 90% 以上的宅基地超标使用，户均建筑面积 200 平方米以上，宅基地和农房闲置、低效利用情况较为普遍。为解决上述问题，当地积极谋求宅基地和农房的盘活再利用，已与北京一家从事影视后期制作的公司、四川音乐学院和乐队组织等企业、高校和团体达成了合作意向，通过出租农户的闲置农房来满足他们的用地需求。同时，村委会还承租了部分农户闲置的附属用房，用于设置农民夜校、防灾减灾指挥办公室、应急物资储存仓库和球员更衣室等（见图 32、图 33、图 34）。

图 32　农民夜校

图 33　村道旁足球主题的农户住房

图 34　防灾指挥办和应急物资储存仓库

第五节　实地调研主要结论与政策需求分析

一、实地调研主要结论

（一）地方对宅基地改革意愿很强烈，均做了一定的实践探索

从全国各地试点地区、四川省试点区县和课题组调研的一些区市县自行进行的宅基地改革探索来看，各地对宅基地改革热情很高、意愿很强、需求很旺。从实践层面来看，各地都做了一些探索，比如泸县提出"依法取得、公平使用、节约土地、民主管理"的原则，创立了"有偿使用"和"规划引领、总量管控、底线保障、有偿调剂、村民自治"等制度安排，开拓了"县域内农民跨区域建房"的先河，为合理、合法解决"一户多宅"的问题做出探索；又如郫都区以股权量化模式实现集体经济组织成员权和宅基地资格权一体固化等。

（二）各地对宅基地改革的方式各异，都有一定的现实成效

农村宅基地改革试点就是让各地结合自身经济发展水平、资源禀赋、区位条件等因素进行改革探索。因此，各地的探索内容、探索模式、探索深度都有所不同，但是都取得了一定经验和成效。其成效主要体现在以下方面：壮大了集体经济组织经济实力、提升了农村基层组织治理能力，农村宅基地价值得到显化和激活、扩展了乡村产业发展空间、推动了乡村三产融合、实现村庄发展转型等。比如，泸县在宅基地改革中形成了较为完备的制度成果，青白江区积极探索建立农民合作社与企业共建共治共享机制等。

（三）不同区位条件的农村改革需求有差异，"一刀切"政策不可取

从课题组调研的情况来看，不同区位条件的农村对宅基地改革需求不

同，改革的模式也不一样，政策需求具有较大的差异性，不可"一刀切"。离大城市较远的偏远农村，更倾向于对宅基地退出节余指标通过市场交易再利用，而大城市周边的近郊农村，更多是宅基地退出指标就地利用，发展乡村产业。比如，泸县出台了《泸县农村宅基地退出节余建设用地指标交易实施意见》《泸县农村宅基地退出节余建设用地指标交易操作流程》等关于节余指标再利用的系列制度规定；而郫都区、新都区、青白江区等近郊区县宅基地退出后更多用于乡村产业用地。

（四）当前农村宅基地改革制度制约明显，需要更多政策支持

各农村地区在宅基地改革中，虽然做了很多实践探索，取得了一些积极成效，但是制度制约也非常明显，尤其是顶层制度制约。要继续推进农村宅基地"三权分置"改革，就需要更多顶层制度设计和政策支持，比如宅基地所有权主体虚置、资格权认定与获取、宅基地退出再利用、宅基地共建共享、宅基地有偿退出资金渠道、宅基地改革与其他政策协同性等，均需要"由下自上"与"由上自下"相结合进行信息反馈，从而形成系统性制度，破解改革中的难题。

二、主要政策需求分析

（一）宅基地"三权分置"改革需要正确发挥政府的作用

在宅基地"三权分置"改革中，政府应当准确界定自身的角色定位，其应致力于搭建平台，充分发挥保障功能和监督功能。一是规范化宅基地产权交易。健全农村不动产登记，出台专门法规细化宅基地流转管理，专业化宅基地流转交易服务。二是合理化宅基地增值收益。因规划和用途管制带来的宅基地使用权流转，其收益理应兼顾政府利益。制定合理的分配比例，既保障农户的利益不受损、集体发展有实力，也要为政府公共性支出预留一定资金。三是制度化监督管理机制。发挥民主监督机制，给予所有权主体监督一定的发挥空间，同时做好宅基地用途监督，严格禁止法律、法规不允许的土

地用途。

（二）宅基地"三权分置"改革需要正视差异化问题导向

当前我国农村发展水平千差万别，不同的农村宅基地改革面临的主要矛盾和问题不同，各地的宅基地改革需求也不一样。在当前城镇化加速推进背景下和十八亿亩耕地红线的高压政策下，需要对农村宅基地进行总量控制，逐步实现闲置、空置利用的宅基地减量化，严格落实宅基地"定人定面积"，以实现农民多数集中居住，部分分散居住，以提高土地节约集约利用。同时，要进一步制度化和规范化宅基地的依法审批、依法监管、有偿使用、有偿退出等问题，保障农民的财产权益不受损失，增强集体经济组织的发展动力。

（三）宅基地"三权分置"改革需增强集体经济组织的内生性

宅基地以共有产权的形式归农村集体经济组织所有，宅基地制度改革应当充分发挥农村集体经济组织的主导作用。这就迫切需要从制度层面有效解决宅基地所有权主体虚置、权能薄弱等核心问题，主要途径就是增强农村集体经济组织内生性，加强农村集体经济组织建设和基层治理能力建设。需要进一步夯实农村集体经济组织对宅基地管理的各项权能，实现集体内部均衡的利益分配，避免改革过程中不稳定因素和社会风险。同时，要充分调动农民主动性、积极性和创造性，进一步明确农民群众在宅基地改革中的权利、责任和义务，规范对退出主体和实施主体的改革要求。

（四）宅基地"三权分置"改革需要增强政策联动性、系统性

农村宅基地"三权分置"改革需要树立系统思维，从顶层设计着手，将宅基地"三权分置"与户籍、财税、金融等相关领域的改革衔接配套，与农业政策、社会保障等政策相结合，增强改革联动的整体性和协同性，释放政策的叠加效应。

在深入推进农村"三块地"改革的背景下，宅基地制度改革是统筹推进"三块地"改革的基础，土地指标交易是统筹推进"三块地"改革的外在动力。宅基地退出产生增量入市土地，将是集体经营性建设用地入市的"主力军"。因此，宅基地改革要与集体经营性建设用地入市与征地制度改革协同，要与城乡建设用地增减挂钩政策协同，从而有效盘活闲置低效利用的宅基地资源，推动农村产业发展。

（五）宅基地"三权分置"改革需要完善基础支撑条件

农村宅基地"三权分置"改革需要建立农村不动产统一登记制度。要创新工作方式，加快推进与改革紧密相关的土地调查、确权登记、空间规划等基础性工作，把开展不动产统一登记、集体土地确权颁证、"多规合一"的村庄空间规划等作为深化改革的重要支撑条件。同时，要完善农村基准地价体系，建立宅基地最低保护价机制。为了更好地推进宅基地改革、显化集体土地价值、保障改革过程中农民的利益，要结合市场供求状况、当地经济状况等因素合理制定基准地价体系，同时设定最低保护价，当市场交易价格低于最低保护价时由政府按此价格收储，以保障农民的基本利益。

第五章 农村宅基地"三权分置"
改革风险识别与评价

农村宅基地"三权分置"改革是一项重大的理论和制度创新,牵一发而动全身。在改革实践过程中,由于其存在的不稳定、不确定因素,如伴随着权利主体的分离、参与主体的增加、利益结构的调整、流转交易的发生,国家宏观制度设计与土地产权实际配置之间"自下而上"和"自上而下"的互动过程变得更为复杂,利益关系变得更为多元等,[①] 将不可避免地出现一些风险因素。对宅基地"三权分置"改革风险的准确识别,有利于为宅基地改革提供有效防范改革风险的新思路。因此,为正确认识并有效防范实践中的可能的、潜在的风险,有必要对宅基地"三权分置"改革风险进行识别和评价。

"三权分置"改革风险主要来自于农户宅基地流转利用过程,本章主要针对宅基地流转利用中存在的风险进行调查、识别和评价。以成都郫都区为调查对象,通过实地调研收集评价数据,课题组调研了郫都区农科村、子云村、战旗村和石羊村、广福村等,其中农科村、子云村、战旗村的宅基地利用主要模式为农户自发流转再利用,农户将闲置宅基地及其地上农房使用权以出租、入股或共享的形式转移给投资企业,企业对旧农房加以改造后用以发展民宿、个人工作室等项目,流转租金与期限均由交易双方自行商讨;石羊村、广福村的宅基地利用主要模式为集体统一收储统一流转再利用。

---

① 李国权:《论宅基地"三权"分置的可能风险及防范对策》,《河南社会科学》2020年第12期,第46～53页。

第一节　宅基地改革基础数据调查

一、数据调查与分析

通过问卷抽样调查的方式，实地调研走访研究郫都区宅基地使用权流转利用情况。2023 年 8—10 月，课题组前往郫都区友爱镇子云村、农科村、战旗村及安德街道广福村等宅基地使用权流转较为典型的村庄进行实地调研。调研期间通过发放问卷、入户访谈、走访区政府的形式获取数据资料。共发放农户问卷 170 份，回收 164 份，问卷回收率为 96.47%，获取访谈文本资料 39 份。调查农户基本信息见表 4。

表 4　调查对象信息表

统计变量	分类	频数	占比
性别	男	76	46.34%
	女	88	53.66%
年龄	30 岁及以下	19	11.59%
	31—40	42	25.61%
	41—50	57	34.76%
	51—60	25	15.24%
	60 岁及以上	21	12.80%
文化程度	小学及以下	39	23.78%
	初中	79	48.17%
	高中	37	22.56%
	大专及以上	9	5.49%

续表

统计变量	分类	频数	占比
家庭总人口	1—2 人	51	31.10%
	3—4 人	68	41.46%
	5 人及以上	45	27.44%
是否参与过宅基地流转	是	119	72.56%
	否	45	27.44%

根据调查对象信息表可知,在被调查对象中女性受访者的占比较大,达到 53.66%;调查对象的年龄多分布在 41—50、31—40 岁,其占比分别为 34.76%、25.61%。从调研访谈可知,参与宅基地流转的群体部分为曾外出务工积攒一定积蓄后又返回家乡创业者,因此中年人群占比较大。受访对象人群的文化程度多为初中、小学及以下,占比达到 71.95%,高中、大专及以上人群占比较低。家庭组成多为 3—4 人,结构多为三个劳动力与一个未成年子女组合。被访对象中有 119 人参与过宅基地流转,占比达 72.56%。

二、宅基地使用权流转信息

表 5　宅基地流转信息调查表

调查内容	类型	频数	占比
宅基地流转模式	宅基地出租	98	82.35%
	宅基地入股	21	17.65%
流转交易约定形式	口头协议	18	15.13%
	委托中介签订合同	29	24.37%
	自行协商签订合同	72	60.50%

调查内容	类型	频数	占比
宅基地流转期限	5 年内	52	43.70%
	5—10 年	14	11.76%
	10—20 年	22	18.49%
	20 年以上	31	26.05%
流转租金支付方式	按年支付	78	65.54%
	一次性付款	20	16.81%
	按股份分红	21	17.65%
宅基地流转用途	乡村旅游用途	79	66.39%
	农村电商仓储用途	5	4.20%
	农产品加工用途	11	9.24%
	居住用途	15	12.61%
	文化产业作坊	9	7.56%
流转中遇到问题时如何解决	自行解决	6	5.04%
	通过村集体解决	90	75.63%
	通过司法途径解决	23	19.33%
宅基地流转政策了解程度	充分了解	34	20.73%
	了解一些	67	40.85%
	不了解	63	38.41%
宅基地流转租金	1 万以内	37	31.10%
	2 万—3 万	42	35.29%
	3 万—7 万	22	18.49%
	7 万—10 万	9	7.56%
	10 万—20 万	9	7.56%

调查内容	类型	频数	占比
宅基地流转价格满意度	完全满意	9	7.56%
	满意	14	11.77%
	一般	34	28.57%
	不满意	38	31.93%
	完全不满意	24	20.17%

通过以上调研信息分析（见表5），发现宅基地使用权流转的几个特征：

一是流转合同不尽规范，宅基地流转收益满意度较低。调查发现仍存在15.13%的宅基地流转交易以口头协议作为约定方式，双方自行协商签订合同的占比达60.50%，仅有24.37%的交易采用委托中介签订合同的方式。根据调研得知，采用委托中介签订合同基本发生在规模较大或集体主导型流转模式中，如大型酒店或民宿项目建设，由于投入更高并且这类经营者通常具有更专业的队伍以及更高的风险规避意识，受让方会更倾向于签订较为专业的流转合同。

同时，由调查结果得知，宅基地流转年租金为1万以内的占比达31.10%，2万—3万的占比达35.29%，3万—7万占比达18.49%，7万—10万与10万—20万的均占比7.56%。年租金在1万以内的多是房屋出租，月租金在500—600元不等；年租金超过10万元的大多为村集体主导的规模较大的旅游开发项目。在选择宅基地流转租金支付方式上以按年支付为主，占比达65.54%，一次性付款方式占比最少，为16.81%，部分流转以入股方式分红。在调研走访中得知，转出户对宅基地流转价格的签订方式了解甚少，熟人之间多以对方收入为签订标准或是参考其他宅基地流转价格。在所有调查对象中，对宅基地流转价格完全满意的人数占比7.56%，满意的占比11.77%，一般的占比28.57%，不满意的占比31.93%，完全不满意的占比为20.17%。

二是农户对政策了解度较低，纠纷解决途径相对单一。在政策了解度方面，充分了解的人群占比为 20.73%，了解一些的人群占比为 40.85%，不了解的人群占比为 38.41%。在面临纠纷寻求解决途径方面，75.63% 通过村集体解决，19.33% 选择通过司法途径解决，5.04% 选择自行协商解决。由此可见，极大部分转出方面临问题纠纷时首先想到的是寻求村集体的帮助。

三是流转以短期出租为主，流转用途多样化。通过调查得知，宅基地流转模式中，出租模式占 82.35%，入股模式占 17.65%，农户自发流转的出租年限多为 5 年以内及 5—10 年，分别占 43.70%、11.76%。入股模式一般是村集体与社会投资者合作的大型项目，其宅基地流转年限也较长，10—20 年或 20 年以上分别占 18.49%、26.05%。宅基地流转用途呈现多元化样态，乡村旅游产业用途如乡村民宿、农家乐等占比达 66.39%，农村电商仓储用途占比为 4.20%，农产品加工用途如小型手工作坊、家庭农场等占比为 9.24%，文化产业用途如手工艺工作室、美术工作室、社区福利性书院等占比为 7.56%。

第二节　宅基地使用权流转风险识别

一、宅基地流转风险识别方法

传统风险识别方法包括文献分析法、案例分析法、核对表法、德尔菲法等。但传统方法普遍存在可推广性较低、主观性较强、科学性不足等问题。[①]宅基地流转风险涉及主体多、利益关系复杂，风险因素难以量化。本研究采用扎根理论进行宅基地流转风险识别，其作为质性研究的经典方法，具有一套完整的、科学的编码过程，广泛运用于社会学、管理学，尤其适用于因素

---

① 陈振：《农地流转风险识别与管控研究——以安徽省为例》，南京农业大学博士学位论文，2020 年。

识别。① 通过深入实地访谈获取一手资料，经过三级编码自上而下地将原始资料抽象升华形成风险要素。通过扎根理论研究法能完整地展示风险识别的逻辑过程，使识别过程与结果更具科学性，得到更能反映实际情况、更可靠的风险清单。

二、宅基地流转风险识别思路

（一）宅基地流转风险识别原则

1. 全面性原则

全面性原则指示研究的风险识别结果应当尽可能全面涵盖各种风险。宅基地流转涉及多个主体，包含多个阶段，每个阶段各类主体所面临的风险是不一样的。同时宅基地流转是一项具有经济性、社会性、政治性等多重属性的复杂行为，识别宅基地流转风险时还应考虑到与其相关的现实环境。将宅基地流转风险识别从不同主体视角、不同阶段进行分类，保证风险识别结果的全面性。

2. 客观性原则

客观性原则指示研究应尊重社会自然客观规律，首先要认识到宅基地流转风险的客观存在。对宅基地流转风险的具体识别，要建立在比较真实的现实基础之上，不可只凭借研究者的主观臆断和猜想，这也是扎根理论方法对原始资料的要求。

3. 动态性原则

动态性原则指示研究要以发展、变化的眼光审视宅基地流转过程中的风险。宅基地流转涉及多个阶段、多方主体，每个阶段各类主体所面临的风险不尽相同，随着阶段的变化其周围环境也在发生变化。因此动态性原则要求反复检查风险清单与实际情况的吻合度，反复回到调研区查证，对风险因素进行删改或补充，力求最大限度还原与客观情形相符合的风险状况。

---

① 温阳阳、张正峰:《基于扎根理论的农民集中居住社会风险识别——以北京市 Y 镇 H 社区为例》,《中国土地科学》2018 年第 10 期, 第 21 ～ 27 页。

（二）宅基地流转风险识别维度

1. 宅基地流转阶段划分

宅基地流转包括多个阶段，每个阶段参与主体所面临的问题都不相同。宅基地流转模式分为农户自发型和集体主导型。农户自发型为出让方和受让方自行协商关于流转租金、流转期限等事项，集体主导型为集体统一收储流转闲置宅基地后对外招商。因此本研究将宅基地流转划分为房屋置换阶段、流转约定阶段、利用开发阶段、流转完成阶段等。房屋置换阶段是指发生宅基地置换的农户所面临的问题；流转约定阶段是指受让方和出让方在约定关于宅基地流转的各项细则时面临的问题；利用开发阶段是指利用开发已发生流转的宅基地期间，村集体、受让方面临的问题，包括社会稳定风险、契约风险、农户利益受损、乡村环境被改变等问题；流转完成阶段指宅基地流转后，对出让方、村集体带来的影响。

2. 宅基地流转风险主体

宅基地流转风险主体指宅基地流转中的主要作用主体，本研究侧重于"三权分置"改革背景下宅基地使用权市场化流转，因此参与主体主要有宅基地出让方（农户）、村集体、宅基地受让方（社会投资者）。为了获得更全面、更科学的宅基地流转风险清单，本研究从不同主体视角出发，通过实地调研和文献分析两种方式获取原始资料，梳理不同主体可能面临的风险。

三、宅基地流转风险识别过程

研究采用扎根理论研究法识别宅基地流转风险因素。扎根理论所需原始资料主要来自两个方面：一是通过实地调研走访，与农户、村集体成员、社会投资者进行半结构化访谈，从访谈文本中获取研究所需的原始资料；二是提炼文献中与宅基地流转风险有关的案例、观点作为研究的补充资料。

研究采用目的性抽样方法选择访谈对象。经过前期查阅研究区统计年鉴及相关资料熟悉研究区的流转情况后，前往研究区中宅基地流转案例较多及较典型的区域，入户与受访对象进行半开放式访谈，形成文本资料。收集文献中与宅基地流转相关的资料并从中提取出风险案例，与访谈文本资料整合成扎根理论的原始资料。调研总共获取访谈文本 39 份，包括出让方 25 份，村干部 8 份，受让方 6 份，其中随机抽取 5 份作为饱和度检验材料。通过梳理原始资料提取出 50 条原始概念用于编码，并对 50 条概念做初步的抽象化得到 39 个初步范畴，将 39 个初步范畴进一步提炼后经主轴编码后得到 29 个独立类属，最后根据选择编码得出 13 个核心类属，即风险识别结果。

（一）开放编码

开放编码是对原始资料的初始概念化。使用不同的编码规则，将来源于访谈文本的概念编码命名为"F××"，来源于文献的概念编码命名为"W××"，依据该规则对宅基地流转中的风险进行编码。开放编码结果见表 6、表 7、表 8、表 9。

表 6　开放编码（房屋置换阶段）

编号	原始资料（房屋安置阶段）	开放编码（概念化）	开放编码（初步范畴）
F01	补偿是按人头算的，我本来有两套房子，但只是按一家三口人这么给我赔，有些人房子比我小很多，甚至有些都没有房子，但和给我赔的一样。	房屋补偿标准未充分考虑实际情况	补偿标准不合理
F02	以前我自己的庭院里还能种些果树卖钱，再差的竹子都有人收，现在这些都搞不成了。赔偿的时候只赔了房子的钱，院子都没算进去。	农户失去庭院经济收入，补偿中并未包括院坝补偿	补偿费用覆盖面不足
F03	一开始说的不仅会赔一套房子还给我们买社保，结果到现在搬了这么久了，社保都还没办下来。	未按时按照协议为农户购买社保	未按时履行补偿协议
W01	农民的居住环境虽得到了改善，但也常伴随着生活消费的增加以及贷款的增加。①	农民生活费用增加	农民生活成本上升

---

① 王亚星、于水:《"求同"与"存异"：异质性资源禀赋视域下宅基地三权分置实现路径研究——基于典型案例的对比分析》,《宁夏社会科学》2022 年第 2 期，第 43 ～ 52 页。

续表

编号	原始资料（房屋安置阶段）	开放编码（概念化）	开放编码（初步范畴）
F04	给我们的房子是清水房，面积超过了协议上的赔偿面积需要我们自己补钱，条件不好的人家买这个房子都要带账（负债）。	农户需自行补足超出房款，部分农户需借钱缴齐	农民负债增加
W02	农户搬至新型小区或以补偿款入城购房后，人均居住面积相对原来通常降低了。①	人均居住面积下降	生活空间被压缩

表7　开放编码（流转约定阶段）

编号	原始资料（流转约定阶段）	开放编码（概念化）	开放编码（初步范畴）
F05	很多人来找过我们家，都是村集体带着来的，我们也不太了解他们，都是外面来的人。	农户缺乏对第三方的背景了解	农户风险意识不足
F06	大部分农户对宅基地流转政策知之甚少，充分理解宅基地流转政策的农户只占20.73%，部分农民认为宅基地是自己的，可以随意出售、出租。	农户对政策不知情、不了解	农户对政策了解度低
W03	普通农户收集信息、处理、谈判的能力较弱，常常是交易中的弱势群体。②	农民信息获取、市场交易能力较弱	农民处于博弈劣势地位
F07	我们比较担心的是合约期限的问题，这片地前期开发投入就大，合约期限如果不够长的话很难回本。	流转期限达不到成本回收周期	成本回收困难
F08	现在宅基地政策还不稳定，变数大，发生纠纷了，就算之前签了合同也有可能不作数。	宅基地流转政策变数影响流转合同效力	流转契约效力不定
F09	宅基地的流转还没全部推开来，也没全部放开，我们担心干到一半农民要来把房子要回去，官司都难打。	农民中途违约收回宅基地	转出方违背契约

① 李燕琼、吕维平：《我国不同地区失地农民的住房安置状况及政策实施效果评析》，《农业经济问题》2007年第10期，第83～87页。
② 刘双良、秦玉莹：《"三权分置"背景下宅基地流转风险防范——基于物权视角的分析》，《农业经济》2020年第4期，第95～97页。

续表

编号	原始资料（流转约定阶段）	开放编码（概念化）	开放编码（初步范畴）
F10	我们有过很多次对外招商，但大部分企业不愿意来，一是因为他们担心农房的产权问题，办手续很麻烦；二是要一次性缴 20 年租金，很多企业不敢轻易投资。	产权问题和租金致使企业不敢贸然投资	交易成本制约企业投资意愿
W04	目前宅基地流转交易仍缺乏足够的正规交易渠道。①	宅基地合法交易渠道少	流转交易缺乏过程保障
F11	我们有个新的民宿项目涉及 7 户家庭，每一户都是单独上门做工作，但有一户去了很多次到最后还是不同意，所以最后项目也搁置了。	流转牵涉多户农户时需与每一户分别谈判	谈判耗时耗力

表 8　开放编码（利用开发阶段）

编号	原始资料（利用开发阶段）	开放编码（概念化）	开放编码（初步范畴）
W05	宅基地的增值收益会因宅基地的流转用途不同而显示出较大差异。②	宅基地规划用途不同导致农户间存在明显收益差距	贫富分化
F12	宅基地的经济价值由其地理位置决定，距离城市较近的宅基地入市收益明显高于其他地区，造成各村集体收益失衡。	区位差异导致宅基地流转收益差异	
W06	宅基地的价值随着宅基地流转不断显化，可能会引发城市资本"圈地运动"，加深城乡不公平。③	社会资本"圈地"加剧城乡差距	

---

① 王亚星、于水：《"求同"与"存异"：异质性资源禀赋视域下宅基地三权分置实现路径研究——基于典型案例的对比分析》，《宁夏社会科学》2022 年第 2 期，第 43～52 页。

② 夏方舟、严金明：《农村集体建设用地直接入市流转：作用、风险与建议》，《经济体制改革》2014 年第 3 期，第 70～74 页。

③ 严金明、迪力沙提、夏方舟：《乡村振兴战略实施与宅基地"三权分置"改革的深化》，《改革》2019 年第 1 期，第 5～18 页。

续表

编号	原始资料（利用开发阶段）	开放编码（概念化）	开放编码（初步范畴）
F13	外面来做生意的变多了，又不是一个村的，很容易起纠纷。	流动人员增多，冲突增多	村庄社会不稳定因素增多
F14	村庄缺乏规划，景区内农家乐同质化竞争现象严重，只有少数规模较大农家乐经营状况较好，其他小型村民自主经营情况不太理想。	缺乏规划导致经营同质化现象严重	经营同质化困境
F15	我们这里离成都近，游客来玩最多吃两顿饭，很少要住一两晚的。	离中心城区较近，无法留住游客	宅基地位置条件不利于旅游经营创收
F16	这几年大环境不好，来的人越来越少了，再加上我们村其实没有什么竞争力，吸引游客的东西很少，就每年办活动的时候来的人多一点。	旅游经营受大环境影响、村庄游客吸引力低	旅游经营资源条件较差
F17	都是来搞民宿的，这么小一个地方都搞同样的东西很难都做好，本来人流量也不大，总有人要亏钱。	人流量低	
F18	经常是要一次又一次催他们交钱，有时候催了很多次到最后都还是交不齐。	转入户不缴纳足额流转租金	转入户拖欠租金
F19	其实有些老板是有那个钱，但他们就是要很晚才给。	转入户不及时缴纳宅基地流转租金	
F20	我们（村集体）不参与这个事情，但农民遇到事情了我们村集体肯定要帮农民处理的，有拖欠就出面帮他们催缴，有需要打官司的还要帮他们找些法律上的支持。	村集体帮助村民解决纠纷	帮助流转双方解决矛盾
F21	因为农民是先把地统一流转给我们（村集体），现在项目停滞了投资方暂时交不齐租金，但为了能继续租用只能我们先垫付租金，我们压力也很大，有时要和村民沟通很久。	村集体垫付流转租金	村集体面临资金压力
F22	在实际利用宅基地的过程中占用了邻近的部分林地。	违规占用林地	侵占林地

续表

编号	原始资料（利用开发阶段）	开放编码（概念化）	开放编码（初步范畴）
W07	目前宅基地置换通常做法是将多个空心村统一搬迁至新型社区，部分尚在耕种的农户因此与农田距离变远、农具堆放不便，从而导致耕作积极性降低，出现耕地撂荒。①	农户因耕种不便导致耕地撂荒	耕地撂荒，粮食产量下降
W08	随着宅基地价值显化，许多农民在利益驱使下会利用"分户"的方式获取宅基地，从而可能威胁到耕地保护红线。②	农户侵占耕地	侵占耕地
W09	社会投资者借发展观光农业的名义占用耕地。③	投资者以开发之名占用耕地	
F23	搞建设后，把原来的木板、石墙都拆了，统一改用水泥墙，这一片的房子都是一个样子。	拆除特色建筑	破坏乡村特色风貌
F24	相邻的几个村庄都采用相近的改装风格，并未依照各个村庄的特色旅游资源凸显出各个村庄的特色，缺乏美感。	改造规划统一，缺乏乡村特色美感	
F25	村子里的两处林盘被改造为民宿，新建筑的风格在村庄里显得有些突兀，破坏了村庄的整体风貌。	旧房改造与村庄整体风格不符	
F26	为了吸引游客、满足游客需要，将农房改造成"轰趴"馆、酒吧等。	将城市文化带入乡村	乡土气息被破坏
W10	宅基地流转使得大量村民外流以及城市资本下乡，双向冲击可能会影响村庄传统的人情关系、道德观念，引发乡村伦理问题。	现代化开发冲击农村乡土文化、人际关系	传统人际关系改变
F27	从前都是邻居，但现在大家都有自己要经营的生意，而且都做得差不多，肯定是相互竞争的，也出现过挨着的两家吵起来的事。	熟人之间产生竞争关系，发生矛盾	

---

① 尹露：《农村宅基地置换中的风险控制及监管机制构建研究》，《农业经济》2016年第10期，第101～103页。

② 王亚星、于水：《"求同"与"存异"：异质性资源禀赋视域下宅基地三权分置实现路径研究——基于典型案例的对比分析》，《宁夏社会科学》2022年第2期，第43～52页。

③ 何鹏飞：《农村宅基地"三权分置"改革的风险分析与防控》，四川师范大学硕士学位论文，2021年。

续表

编号	原始资料（利用开发阶段）	开放编码（概念化）	开放编码（初步范畴）
F28	没签过合同，就商量的一个月 500 块，也没问过他一个月赚多少，他也就是用来开个小五金店。	流转价格固化在低位	宅基地利益分配不合理
F29	我们租给他们（投资商）是按宅基地的价格、宅基地的面积算，但他们再对外出租、招商的时候，价格比我们高得多，面积也不是按当时给我们算的方法。他们赚得多了，但我们还是只有那点租金。	农户无法享受宅基地流转增值收益	
F30	前后大院子和我后面那几棵树再加上房子一年总共才给我一万多，最多两万，这一两万我出去买什么，还要租房子，还不如自己住着，房子后面种点菜也能过生活。	宅基地流转价格与当地消费水平相差较多	宅基地流转价格偏低
W11	由于宅基地的权属问题、宅基地本身的质量与周围环境质量参差不齐，使得宅基地缺乏科学合理的价格评估方法。[①] 使农户退出或流转宅基地时难以得到公平合理的宅基地价值评估。	农户难以得到公平合理的宅基地评估	缺乏科学的宅基地评估方法
F31	来的人越来越少，钱一点都不好挣了，稍微好点的时候赚的钱刚好够生活，大部分都是亏着的，我们都在考虑趁岁数还不大换个地方找事情做。	收益低，经营者打算转行	经营不善，亏损较多
F32	前两年疫情我们一直是亏着的，我们和村集体签了保底协议，每年必须给他们合同上规定的分红，我们自己的收益就更少了。今年放开了稍微好了一点，看明年三月份之前的情况吧，我们很多合伙人打算撤走了，三月份之前没大好转公司就要关闭了。	收益低，公司面临倒闭	

---

① 惠献波：《宅基地使用权抵押融资模式、风险及防范策略分析》，《农村金融研究》2016 年第 2 期，第 73 ～ 76 页。

表 9   开放编码（流转完成阶段）

编号	原始资料（流转完成阶段）	开放编码（概念化）	开放编码（初步范畴）
F33	当时这个企业是先联系的我们村集体，说明了想法之后我们带他们去和农民谈，我们就只是提供一个双方认识和了解的机会，后来生意经营不下去了，有些老板拖欠租金，还有些违约中途不干了，把房子租出去的农民就来找我们要说法。	村民要求村集体对拖欠租金负责	村民对村集体信任降低
F34	我们解决纠纷，就把流转的双方都叫到一起，尽量商量出一个双方都满意的办法，但有些时候村民不信任我们，觉得我们在偏袒另一方。	村民不信任村集体	
F35	很多村民刚开农家乐不懂怎么处理垃圾、污水，把垃圾全部堆在一个地方，污水就直接排放到旁边的沟渠里。	随意处置污水、垃圾	环境被污染
W12	林盘不仅有宅基地的基本居住功能，同时林盘中的林地斑块、水域斑块等还承担着平衡区域生态格局的作用，① 当大面积的林盘流转改造后可能会影响区域的生态格局，从而影响生物多样性。	影响乡村生态格局	生态系统格局被改变
F36	租期都是二十年，会存在一个风险是有些租房子的人看人家农民房子修得好，就想违约占着人家房子，合同到期了就找各种各样的理由不搬走，说自己投入了多少钱，要继续租。	合同到期，继续占用房屋	不按约定归还宅基地
W13	当农民以入股的方式流转宅基地，若入股公司经营不善，农户很可能面临宅基地被清算的风险，使宅基地流入集体外的成员。②	农民宅基地被清算	农民失去宅基地
W14	宅基地居住保障制度不完善，流转周期较长的农户可能面临阶段性失宅。③	宅基地流转周期太长导致农民阶段性失宅	农民失去阶段性居所

---

① 夷萍：《川西林盘保护与发展的困境与破解》，《当代县域经济》2023 年第 9 期，第 40 ～ 44 页。

② 郑志峰、景获：《新一轮土地改革背景下宅基地入股的法律制度探究》，《农村经济》2014 年第 12 期，第 74 ～ 79 页。

③ 王亚星、于水：《"求同"与"存异"：异质性资源禀赋视域下宅基地三权分置实现路径研究——基于典型案例的对比分析》，《宁夏社会科学》2022 年第 2 期，第 43 ～ 52 页。

（二）主轴编码和选择编码

主轴编码是按照相近原则，对初始化概念做进一步的合并与归纳。将39个初步范畴经主轴编码进一步归纳为29个独立类属。选择编码是指在系统分析主轴编码中已经得到的各种类属的基础上，从中提炼出一个"核心类属"，并将核心类别与其他类别联系起来进一步完善的过程。通过选择编码，进一步将29类主轴编码结果归纳为13个核心类属，对应宅基地流转13种风险，具体见表10、表11、表12、表13。

表 10　范畴化及质性编码（房屋置换阶段）

开放编码（初步范畴）	主轴编码	选择编码
补偿标准不合理	房屋补偿不合理	房屋置换风险
补偿费用覆盖面不足		
未按时履行补偿协议	补偿协议未按时落实	
农民生活成本上升	农房生活成本提高	
农民负债增加	农民经济负担增加	
生活空间被压缩	居住质量下降	

表 11　范畴化及质性编码（流转约定阶段）

开放编码（初步范畴）	主轴编码	选择编码
农户风险意识不足	农民在参与流转中处于信息弱势地位	信息弱势风险
农户对政策了解度低		
农民处于博弈劣势地位		
成本回收困难	交易成本高	交易成本风险
交易成本制约企业投资意愿		
流转交易缺乏过程保障	交易风险成本增大	
谈判耗时耗力	谈判成本高	

续表

开放编码（初步范畴）	主轴编码	选择编码
流转契约效力不定	流转契约合同效力出现瑕疵	契约风险
转出方违背契约		

表 12　范畴化及质性编码（利用开发阶段）

开放编码（初步范畴）	主轴编码	选择编码
贫富分化	贫富分化风险	社会稳定风险
村庄社会不稳定因素增多	不稳定因素增多风险	
经营同质化困境	经营市场环境较差	经营风险
宅基地位置条件不利于旅游经营创收		
旅游经营资源条件较差		
经营不善，亏损较多	经营亏损风险	
帮助流转双方解决矛盾	协调双方纠纷	管理风险
村集体面临资金压力	承担资金风险	
侵占林地	侵占其他类型土地	土地利用失序风险
耕地撂荒，粮食产量下降	耕地减少	
侵占耕地		
破坏乡村特色风貌	乡土气息消失	乡土文化消失风险
乡土气息被破坏		
传统人际关系改变	人际关系淡漠	
宅基地利益分配不合理	收益分配失衡	农户利益风险
宅基地流转价格偏低	流转租金低	
缺乏科学的宅基地评估方法	无法正确评估宅基地价值	
转入户拖欠租金	拖欠流转租金	

表 13 范畴化及质性编码（流转完成阶段）

开放编码（初步范畴）	主轴编码	选择编码
村民对村集体信任降低	村集体公信力降低	公信力风险
环境被污染	生态污染风险	生态风险
生态系统格局被改变	生态格局改变风险	
农民失去宅基地	农民失去居住保障	居住保障风险
农民失去阶段性居所		
不按约定归还宅基地	违约占用宅基地	

四、宅基地流转风险识别清单

通过以上开放编码、主轴编码和选择编码，从宅基地流转的四个阶段分析了三类参与主体所面临的共 13 类风险，并形成风险识别清单（表 14）。其中出让方面临的风险包括房屋置换风险、信息弱势风险、农户利益风险、乡土文化消失风险以及居住保障风险；村集体面临的风险包括社会稳定风险、管理风险、公信力风险、生态风险、土地利用失序风险；受让方面临的风险包括交易成本风险、契约风险、经营风险。

表 14 宅基地流转风险识别清单

风险主体	风险类型	具体表现
出让方	房屋置换风险	在集体主导的宅基地流转模式中常会涉及农户宅基地置换，由宅基地置换引起的补偿协议不合理、补偿不及时以及置换后农民经济负担增加均会对农户生活造成不利影响。
	信息弱势风险	农户因教育程度、信息获取、处理能力等处于信息弱势地位而面临相关隐形风险。
	农户利益风险	在流转中因缺乏科学准确的宅基地价值评估方法而造成宅基地价值偏低、流转租金偏低以及由于合同缺乏弹性导致流转收益分配不当，引起农户利益损失风险。

续表

风险主体	风险类型	具体表现
出让方	居住保障风险	流转期间农户因居住保障制度不完善而面临阶段性失居,以及入股宅基地因破产清算被银行收走而导致农户可能失去居住保障,从而引发相关风险。
	乡土文化消失风险	宅基地流转过程中乡村风貌被入侵的城市文化改造,村民间的人际关系网因利益关系发生变化而变化,宅基地流转改变了村庄的社交环境,为村民的日常生活带来相关风险。
村集体	社会稳定风险	宅基地流转造成的贫富分化和外来人员增多带来的纠纷增多会影响村庄社会稳定,村集体治理成本上升。
	管理风险	村集体在流转中充当调节流转双方纠纷的角色,以及必要时承担垫付流转租金的责任,为村集体管理带来风险。
	公信力风险	由于村集体未能妥善处理流转纠纷,村民对村集体信任降低,村集体公信力下降并且影响到其他村务工作的开展。
	生态风险	因垃圾、污水排放增多、处理不当以及村庄生态系统被影响引起的生态环境改变,而村集体对村庄生态具有监管义务。
	土地利用失序风险	宅基地流转过程中出现了耕地被侵占、土地用途被改变等土地利用失序问题,暴露出基层责任主体缺位与监督不足等问题,村集体面临被上级问责的风险。
受让方	交易成本风险	宅基地制度实施的政策环境、政策执行效果等均尚未完善,面对散户时的谈判成本较高,以及由于产权审批复杂、交易过程缺乏保障使得受让方面临的风险成本上升,致使投资者面临交易成本较高的风险。
	契约风险	由于宅基地流转政策不稳定或转出方法律意识淡薄,宅基地受让方面临宅基地开发利用过程中契约效力失效,从而导致其权益受损的风险。
	经营风险	宅基地流转后的利用经营中存在经营同质化困境、市场环境较差、收益低下等问题,引起社会投资者的相关利益风险。

第三节　宅基地使用权流转风险评价

通过对宅基地流转中识别出的利益主体可能面临的 13 类风险进行排序及定级量化。风险评价分为两个步骤：一是运用风险矩阵法、Borda 序值，从风险影响程度和风险发生概率两个维度对风险进行排序，构建风险矩阵，得到各类风险的等级序值；二是进一步通过模糊综合评价法分别计算宅基地流转风险中出让方、受让方和村集体等三方主体的具体风险值，对其进行量化定级。

一、宅基地使用权流转风险评价方法

（一）风险矩阵法

风险矩阵法是一种结合了定性与定量分析的风险评估方法，[1] 其运用逻辑为通过综合评价风险发生概率（RP）与风险影响程度（RL）两方面影响因素，对风险等级（RR）进行定性评价。风险矩阵法具有使用便捷、可靠，同时考虑风险发生概率和风险影响程度两方面因素等优点，并且风险评价过程可视化，风险评价结果清晰。风险矩阵法的具体步骤如下：首先确定风险发生概率及风险影响程度标准；依次判断各类风险因素所对应的风险发生概率及风险影响程度；构建风险矩阵表。在风险矩阵表中找到风险因素的风险发生概率和风险影响程度的交会点，并以此确定风险因素的风险等级。

---

① 聂英、韩鲜籽、付琼等：《吉林省农户宅基地退出风险评价与防控对策研究》，《地理科学》2022 年第 12 期，第 2170 ～ 2178 页。

1.风险发生概率、风险影响程度标准确定

宅基地流转风险发生概率的评价说明表如表15所示。本研究将发生概率划分为低（几乎不发生）、较低（偶尔发生）、一般（有可能发生）、较高（很可能发生）、高（经常性发生）五个等级，并以1—5的值量化。

将风险影响程度分为极小、轻微、一般、较大、极大五个影响等级，以1—5的值量化，其含义如表16所示。

表15　宅基地流转风险发生概率标准说明表

风险发生概率	含义
低（1）	几乎不发生
较低（2）	偶尔发生
一般（3）	有可能发生
较高（4）	很可能发生
高（5）	经常性发生

表16　宅基地流转风险影响程度标准说明表

风险影响程度	含义
极小（1）	若风险发生，流转参与主体几乎不遭受损失
轻微（2）	若风险发生，流转参与主体遭受轻微损失
一般（3）	若风险发生，流转参与主体遭受不大损失
较大（4）	若风险发生，流转参与主体遭受较大损失
极大（5）	若风险发生，流转参与主体受到极大损失

2.构建风险矩阵表

结合风险发生概率和风险影响程度划分风险等级。以风险发生概率为行、风险影响程度为列构建矩阵表，将每一行、列相交的指数划分为很低、低、中等、高、很高五个风险等级。风险等级矩阵表如表17所示。

表 17 宅基地流转风险等级矩阵表

风险发生概率	风险影响程度				
	极小（1）	轻微（2）	一般（3）	较大（4）	极大（5）
低（1）	很低（1*1）	很低（1*2）	低（1*3）	中（1*4）	中（1*5）
较低（2）	很低（2*1）	低（2*2）	中（2*3）	中（2*4）	高（2*5）
一般（3）	低（3*1）	中（3*2）	中（3*3）	高（3*4）	高（3*5）
较高（4）	中（4*1）	中（4*2）	高（4*3）	高（4*4）	很高（4*5）
高（5）	中（5*1）	高（5*2）	高（5*3）	很高（5*4）	很高（5*5）

（二）Borda 序值法

运用风险矩阵法将风险因素划分为五个等级，可表示出风险事件的大致分布情况，但由于风险矩阵的等级数量有限，在每个等级中仍存在多个风险发生概率和风险影响程度均不同的风险事件，即风险结数量尚过多。[1] 因此为了得到更精准的风险等级排序，缩小风险结规模，采用 Borda 序值法对各类风险事件做进一步评价排序。Borda 序值法是综合考虑风险影响程度与风险发生概率的特殊算法，其对风险结果进行划分从而使风险节点数减少，便于精准定位关键风险事件。[2]

1. 风险发生概率序值确定

风险发生概率序值是指对宅基地流转风险发生概率排序的结果。风险事件发生概率包括几乎不发生、偶尔发生、有可能发生、很可能发生、经常性发生等五个等级。令 t 代表风险事件可能发生概率的程度数目，则 $t=\{1,$

---

① 朱启超、匡兴华、沈永平:《风险矩阵方法与应用述评》,《中国工程科学》2003 年第 1 期,第 89～94 页。

② 张鹏、潘灏航、杨宗强:《基于风险矩阵法和 Borda 序值法的城市埋地燃气管道风险评价研究》,《中国安全生产科学技术》2023 年第 9 期,第 116～122 页。

2，3，4，5}；令 P_t 为风险事件发生概率，则 P_1= 高，P_2= 较高，P_3－ ·般，P_4= 较低，P_5= 低；令 N_t 表示风险事件发生概率为 P_t 的风险事件个数，则表示第 t 种风险事件发生概率等级的风险事件的风险发生概率序值 G_t 为：

$$G_t=E_t+(1+N_t)/2$$

其中 $E_t=\sum_{r=1}^{t-1}N_r$（$t\geqslant2$，$t=1$ 时，$E_1=0$）。

2. 风险影响程度序值确定

风险影响程度序值是指对宅基地流转风险影响程度排序的结果。风险事件的风险影响程度包括极小、轻微、一般、较大、极大等五个等级。令 j 代表风险事件的可能风险影响程度的数目，则 $j=\{1$，2，3，4，5}；令 Q_j 为风险影响程度，则 Q_1= 极大，Q_2= 较大，Q_3= 一般，Q_4= 轻微，Q_5= 极小；令 M_j 表示风险影响程度为 Q_j 的风险事件个数，则表示第 j 种风险影响程度的风险事件的风险影响序值 I_j 的计算公式为：

$$I_j=C_j+(1+M_j)/2$$

其中 $C_j=\sum_{r=1}^{j-1}M_r$（$j\geqslant2$，$j=1$ 时，$C_1=0$）。

3. 各个风险事件 Borda 数及序值确定

Borda 数是指宅基地流转风险中所有风险事件的风险级别的度量。对某一种风险事件而言，其 Borda 数越高，则其风险程度级别越高。Borda 数的计算方法为：

$$B_i=(N-R_{i1})+(N-R_{i2})$$

其中，B_i 为第 i 种风险的 Borda 数，N 为风险事件总个数，R_{i1} 为第 i 种风险的风险影响程度序值，R_{i2} 为其风险事件发生概率序值。求得各个风险事件的 Borda 数后将其按降序排列可得到 Borda 序值，Borda 序值越接近 0，则表明该种风险事件越关键。

（三）模糊综合评价法

模糊综合评价法的特点在于引入隶属度这一指标，隶属度用于测量因素集对评价集的归属程度，一定程度上优化了模糊对象难以定量评价的问题。

模糊综合评价法的优点在于可对被多因素影响的对象做定性与定量相结合的评价，将难以量化的事物得出相对量化的结果，[①] 且评价结果相对客观清晰。具体过程如下：

1. 构建因素集

构建模糊综合评价因素集，评价因素集即由被评价对象所组成的集合。这些评价对象常具有不同程度的模糊性，难以量化。

$$U_i=\{U_1, U_2, U_3, \cdots\cdots, U_n\}，（i=1, 2, 3, \cdots\cdots, n）$$

其中 U_i 表示由 U_1，U_2，U_3……构成的评价因素集。

以识别出的三方参与主体的 13 类风险作为评价因素，如表 18 所示。

表 18　宅基地流转风险评价指标表

目标层	准则层（一级指标）	因素层（二级指标）
宅基地流转风险	出让方风险	房屋置换风险
		信息弱势风险
		农户利益风险
		居住保障风险
		乡土文化消失风险
	村集体风险	社会稳定风险
		管理风险
		公信力风险
		生态风险
		土地利用失序风险
	受让方风险	交易成本风险
		契约风险
		经营风险

---

① 邱瑨豪、王富强、吕素冰等：《基于 DPSIR 模型和熵权模糊综合评价的郑州市水循环健康状态预测》，《水电能源科学》2023 年第 12 期，第 35、45～48 页。

2. 构建评价集

首先构建模糊评价集，评价集即由评价等级所组成的集合。按照从低到高的顺序将风险事件评价等级分为很低、较低、中等、较高、很高，每个评价等级分别以 0—20、20—40、40—60、60—80、80—100 区间值量化。评价集集合及评价等级如表 19 所示：

$$V_i=\{V_1, V_2, V_3, \cdots\cdots, V_n\}, (i=1, 2, 3, \cdots\cdots, n)$$

其中 V_n 为第 n 种风险评价等级。

表 19 风险评价等级

评价等级	很低	较低	中等	较高	很高
等级分值区间	［0—20］	（20—40］	（40—60］	（60—80］	（80—100］

3. 确定指标权重及模糊隶属度

指标权重表示各个风险事件在总体风险评价体系中的重要程度。隶属度用于表示模糊评价模型中评价因素对于某个评价等级的归属程度，介于 0—1 之间。指标权重值具体数值可通过风险矩阵排序结果结合层次分析法确定，具体数值借助 SPSS 数据分析软件运算得出。

4. 模糊综合评价

由计算所得的指标权重、模糊隶属度以及风险等级得分，通过模糊综合评价模型可得到不同主体的具体风险值，其计算过程如下：

$$B=A \times R=(a_1, a_2, a_3, ..., a_i) \times \begin{bmatrix} r_{11} & r_{12} & \cdots & r_{1i} \\ r_{21} & r_{22} & \cdots & r_{2i} \\ \vdots & \vdots & \vdots & \vdots \\ r_{i1} & r_{i2} & \cdots & r_{ii} \end{bmatrix}$$

$$=(b_1, b_2, b_3, ..., b_n)$$

$$Z=B \times V^T$$

其中 B 为被评价对象的模糊综合评价值；A 为权重向量矩阵，a_1，a_2 等为具体的权重值；R 为模糊关系矩阵，由隶属度构成，r_{11}，r_{12}……r_{ii} 为具体的隶属度值。Z 为评价对象的风险值，B 为模糊综合评价值，V^T 为评价等级分值矩阵的转置矩阵，T 为矩阵转置符号。

二、宅基地使用权流转风险评价结果

（一）风险概率与风险影响程度分析

根据前文风险清单，结合风险发生概率和风险影响程度构建风险矩阵。本研究主要通过问卷获取宅基地流转风险发生概率和风险影响程度的评价值以计算具体量化值。问卷由"风险类型"、"风险发生概率"、"风险影响程度"等内容构成，被访对象根据具体情况填写风险发生概率及风险影响程度影响值。为了保证评价的可靠性和科学性，除了邀请参与宅基地流转的三方主体农户、村集体、受让方，同时邀请对宅基地流转关注度较高的群体作为该研究的问卷发放对象，包括农业农村部门、土地管理部门人员以及高校中土地资源管理专家学者。共回收有效问卷 133 份，样本描述如表 20 所示。

表 20　调查对象分布表

调查对象	农户	受让方	村集体成员	政府部门人员	高校学者
问卷数量	40	30	17	22	24
数量占比	30.08%	22.56%	12.78%	16.53%	18.05%

调查问卷中风险发生概率由低、较低、一般、较高、高五个等级组成，分别由 1—5 量化，风险影响程度由极小、轻微、一般、较大、极大五个等级组成，由 1—5 量化。综合风险发生概率及风险影响程度可将风险等级划分为很低、低、中、高、很高五个等级。根据调查问卷所获数据，可得风险矩阵量化表（详见表 21）。

表 21 宅基地流转风险等级表

风险主体	风险类型	概率量化值	风险发生概率	影响程度量化值	风险影响程度	风险等级
出让方	房屋置换风险（R1）	2.24	一般	2.11	一般	中
	信息弱势风险（R2）	2.39	一般	1.56	轻微	中
	农户利益风险（R3）	2.17	一般	3.44	较大	高
	居住保障风险（R4）	1.29	较低	1.12	轻微	低
	乡土文化消失风险（R5）	3.42	较高	1.89	轻微	中
村集体	社会稳定风险（R6）	1.72	较低	1.37	轻微	很低
	管理风险（R7）	3.33	较高	2.87	一般	高
	公信力风险（R8）	1.69	较低	2.74	一般	中
	生态风险（R9）	1.43	较低	2.45	一般	中
	土地利用失序风险（R10）	3.01	较高	2.53	一般	高
受让方	交易成本风险（R11）	1.03	较低	1.16	轻微	低
	契约风险（R12）	3.22	较高	3.10	较大	高
	经营风险（R13）	3.17	较高	3.01	较大	高

1. 风险发生概率分析

由表 21 可知，发生概率为低、较低、一般、较高、高的风险事件个数分别是 0、5、3、5、0。总体来看，其中居住保障风险、社会稳定风险、公信力风险、生态风险、交易成本风险均处于"较低"等级，表明该类风险偶尔发生；房屋置换风险、信息弱势风险、农户利益风险均处于"一般"等级，表明该类风险有可能发生；乡土文化消失风险、管理风险、土地利用失序风险、契约风险、经营风险均处于"较高"等级，表明该类风险经常发生。

2. 风险影响程度分析

风险影响程度表示风险事件对宅基地流转参与主体带来的利益或权益

损失。从评价结果可知，风险影响程度为极小、轻微、一般、较大、极大的风险事件个数为0、5、5、3、0，影响程度多集中在轻微和一般，占比为76.9%，但仍有三类风险事件影响程度为较大。农户面临的风险中影响程度等级最高的是利益风险，村集体面临的五类风险中有四类影响程度为一般，受让方所面临的风险中风险影响程度最高的为契约风险。

（二）风险等级与 Borda 序值分析

1. 风险事件风险发生概率序值确定

如风险等级矩阵所示，所有风险事件中风险发生概率等级为"高"的风险事件个数为0；风险发生概率等级为"较高"的风险事件个数为5；风险发生概率等级为"一般"的风险事件个数为3；风险发生概率等级为"较低"的风险事件个数为5；风险发生概率等级为"低"的风险事件个数为0，即 $N_1=0$，$N_2=5$，$N_3=3$，$N_4=5$，$N_5=0$。则各风险发生概率等级的序值为：

$$G_1=E_1+\frac{(1+N_1)}{2}=0.5$$

$$G_2=E_2+\frac{(1+N_2)}{2}=3$$

$$G_3=E_3+\frac{(1+N_3)}{2}=7$$

$$G_4=E_4+\frac{(1+N_4)}{2}=11$$

$$G_5=E_5+\frac{(1+N_5)}{2}=13.5$$

2. 风险事件风险影响程度序值确定

如风险等级矩阵所示，所有风险事件中风险影响程度等级为"极大"的风险事件个数为0；风险影响程度等级为"较大"的风险事件个数为3；风险影响程度等级为"一般"的风险事件个数为5；风险影响程度等级为"轻微"的风险事件个数为5；风险影响程度等级为"极小"的风险事件个数为

0，即 $M_1=0$，$M_2=3$，$M_3=5$，$M_4=5$，$M_5=0$。则各风险影响程度等级的序值为：

$$I_1 = C_1 + \frac{(1+M_1)}{2} = 0.5$$

$$I_2 = C_2 + \frac{(1+M_2)}{2} = 2$$

$$I_3 = C_3 + \frac{(1+M_3)}{2} = 6$$

$$I_4 = C_4 + \frac{(1+M_4)}{2} = 11$$

$$I_5 = C_5 + \frac{(1+M_5)}{2} = 13.5$$

3. Borda 数与 Borda 序值确定

Borda 数是指宅基地流转风险中所有风险事件的风险级别的度量。根据 Borda 计算公式 $B_i=(N-R_{i1})+(N-R_{i2})$ 可计算各类风险事件的 Borda 数为：$B_1=13$，$B_2=8$，$B_3=17$，$B_4=4$，$B_5=12$，$B_6=4$，$B_7=17$，$B_8=9$，$B_9=9$，$B_{10}=17$，$B_{11}=4$，$B_{12}=21$，$B_{13}=21$。

将 Borda 数按从大到小的顺序排列即可得到 Borda 序值，可用于表示风险事件的重要程度。Borda 序值 B_i 表示在所有风险事件中，比第 i 个风险的 Borda 数值大的风险事件个数。当 Borda 序值为 0 时，表明比该风险等级更高的风险事件个数为 0，因此其为最关键的风险，即 Borda 序值越小，其风险等级越高。[①] 宅基地流转风险 Borda 数值及序数如表 22 所示。

---

① 牛星、李玲：《不同主体视角下农地流转的风险识别及评价研究——基于上海涉农郊区的调研》，《中国农业资源与区划》2018 年第 5 期，第 20 ～ 27 页。

表 22　宅基地不同主体风险事件 Borda 数及序值表

风险主体	风险类型	风险发生概率	风险发生概率序值	风险影响程度	风险影响程度序值	Borda 数	Borda 序值
出让方	房屋置换风险	一般	7	一般	6	13	2
	信息弱势风险	一般	7	轻微	11	8	5
	农户利益风险	一般	7	较大	2	17	1
	居住保障风险	较低	11	轻微	11	4	6
	乡土文化消失风险	较高	3	轻微	11	12	3
村集体	社会稳定风险	较低	11	轻微	11	4	6
	管理风险	较高	3	一般	6	17	1
	公信力风险	较低	11	一般	6	9	4
	生态风险	较低	11	一般	6	9	4
	土地利用失序风险	较高	3	一般	6	17	1
受让方	交易成本风险	较低	11	轻微	11	4	6
	契约风险	较高	3	较大	2	21	0
	经营风险	较高	3	较大	2	21	0

4. 风险等级与 Borda 序值结果

由表 21 可知,风险等级为"很低"的风险事件有社会稳定风险;风险等级为"低"的风险事件有居住保障风险、交易成本风险;风险等级为"中"的风险事件有房屋置换风险、信息弱势风险、乡土文化消失风险、公信力风险、生态风险；风险等级为"高"的风险事件有农户利益风险、管理风险、土地利用失序风险、契约风险、经营风险。

由表22可知，契约风险与经营风险Borda序值为0，即为最关键风险；农户利益风险、管理风险、土地利用失序风险Borda序值为1；房屋置换风险Borda序值为2；乡土文化消失风险序值为3；公信力风险、生态风险Borda序值为4；信息弱势风险Borda序值为5；居住保障风险、社会稳定风险与交易成本风险Borda序值为6。

（三）模糊综合评价结果

1. 指标权重及隶属度

通过10位来自高校专家学者及农村农业部门、土地资源管理部门的政府人员结合风险矩阵结果打分得到权重值与隶属度。权重通过层析分析法评价得出，借助SPSS软件确定具体的权重值。权重值及隶属度值见表23，判断矩阵一致性检验表见表24。由表24可知四个判断矩阵的CR值均小于0.1，通过一致性检验。

表23　模糊综合评价指标权重及隶属度表

一级指标	权重	二级指标	综合权重	权重	隶属度				
					很低	较低	中等	较高	很高
出让方风险	0.3790	房屋置换风险	0.0539	0.1423	0.1	0.3	0.2	0.2	0.2
		信息弱势风险	0.0539	0.1423	0.2	0.4	0.3	0.1	0
		农户利益风险	0.2100	0.5541	0	0.2	0.3	0.3	0.2
		居住保障风险	0.0298	0.0787	0.2	0.4	0.3	0.1	0
		乡土文化消失风险	0.0313	0.0826	0.2	0.4	0.5	0	0

续表

一级指标	权重	二级指标	综合权重	权重	隶属度				
					很低	较低	中等	较高	很高
村集体风险	0.1550	社会稳定风险	0.0159	0.1029	0.3	0.5	0.2	0	0
		管理风险	0.0529	0.3416	0.1	0.2	0.4	0.2	0.1
		公信力风险	0.0245	0.1578	0.1	0.4	0.4	0.1	0
		生态风险	0.0214	0.1378	0.1	0.3	0.5	0.1	0
		土地利用失序风险	0.0403	0.2599	0.1	0.3	0.3	0.3	0
受让方风险	0.4650	交易成本风险	0.0790	0.1698	0.1	0.4	0.3	0.2	0
		契约风险	0.2059	0.4429	0.1	0.2	0.3	0.3	0.1
		经营风险	0.1801	0.3873	0	0.2	0.4	0.4	0

表 24　一致性检验系数表

最大特征根	CI 值	RI 值	CR 值
3.039	0.019	0.525	0.037
5.061	0.015	1.11	0.014
5.098	0.024	1.11	0.022
3.018	0.009	0.525	0.017

2. 计算模糊综合值

根据以下公式：

$$B = A \times R = (a_1, a_2, a_3, \ldots, a_i) \times \begin{bmatrix} r_{11} & r_{12} & \cdots & r_{1i} \\ r_{21} & r_{22} & \cdots & r_{2i} \\ \vdots & \vdots & \vdots & \vdots \\ r_{i1} & r_{i2} & \cdots & r_{ii} \end{bmatrix}$$

$=(b_1, b_2, b_3, ..., b_n)$

可得

$$B_1=(0.1423, 0.1423, 0.5541, 0.0787, 0.0826) \times \begin{bmatrix} 0.1 & 0.3 & 0.2 & 0.2 & 0.2 \\ 0.2 & 0.4 & 0.3 & 0.1 & 0 \\ 0 & 0.2 & 0.3 & 0.3 & 0.2 \\ 0.2 & 0.4 & 0.3 & 0.1 & 0 \\ 0.2 & 0.4 & 0.5 & 0 & 0 \end{bmatrix}$$

$=(0.0750, 0.2750, 0.3023, 0.2168, 0.1393)$

$$B_2=(0.1029, 0.3416, 0.1578, 0.1378, 0.2599) \times \begin{bmatrix} 0.3 & 0.5 & 0.2 & 0 & 0 \\ 0.1 & 0.2 & 0.4 & 0.2 & 0.1 \\ 0.1 & 0.4 & 0.4 & 0.1 & 0 \\ 0.1 & 0.3 & 0.5 & 0.1 & 0 \\ 0.1 & 0.3 & 0.3 & 0.3 & 0 \end{bmatrix}$$

$=(0.1205, 0.3022, 0.3672, 0.1759, 0.0342)$

$$B_3=(0.1698, 0.4429, 0.3873) \times \begin{bmatrix} 0.1 & 0.4 & 0.3 & 0.2 & 0 \\ 0.1 & 0.2 & 0.3 & 0.3 & 0.1 \\ 0 & 0.2 & 0.4 & 0.4 & 0 \end{bmatrix}$$

$=(0.0613, 0.2340, 0.3387, 0.3660, 0.0443)$

根据 $Z=B \times V^T$ 可得：

$Z_1=(0.0750, 0.2750, 0.3023, 0.2168, 0.1393) \times (20, 40, 60, 80, 100)^T=61.912$

$Z_2=(0.1205, 0.3022, 0.3672, 0.1759, 0.0342) \times (20, 40, 60, 80, 100)^T=54.0162$

$Z_3=(0.0613, 0.2340, 0.3387, 0.3660, 0.0443) \times (20, 40, 60, 80, 100)^T=64.6198$

3. 结果分析

模糊综合评价法中各风险综合权重结果为：出让方面临风险中房屋置换风险综合权重为 0.0539，信息弱势风险综合权重为 0.0539，农户利益风险综合权重为 0.2100，居住保障风险综合权重为 0.0298，乡土文化消失风险综合权重为 0.0313；村集体面临风险中社会稳定风险综合权重为 0.0159，管理风险综合权重为 0.0529，公信力风险综合权重为 0.0245，生态风险综合权重为 0.0214，土地利用失序风险综合权重为 0.0403；受让方面临风险中交易成本风险综合权重为 0.0790，契约风险综合权重为 0.2059，经营风险综合权重为 0.1801，综合权重结果与 Borda 序值排序结果基本吻合。

（1）宅基地出让方风险值为 61.91，分值介于 [40，60]、[60，80] 之间，靠近 60，风险等级中等。由风险矩阵可知宅基地出让方即农户面临的最大风险为农户利益风险，模糊综合评价中农户利益风险等级也处于中等偏高。农户利益风险主要表现为出让方拖欠流转资金、享受不到宅基地流转增值收益以及宅基地流转租金价格过低等问题。

（2）村集体风险值计算结果为 54.02，介于较低与中等之间，相对来说风险程度为三方参与主体中较低的一方。村集体面临的较严重风险是管理风险与土地利用失序风险。当农户与社会投资者发生纠纷时，村集体要充当调解的角色，甚至帮助农户寻找法律援助；以及当受让方无法按期支付流转租金时，则需要村集体垫付租金保证农民利益和宅基地流转项目的继续运行，增添了村集体的管理压力与资金压力。宅基地流转过程中常出现农户为追逐宅基地流转利益而超占乱占，宅基地受让方在开发经营中违规侵占临近的耕地或林地等，导致危及耕地保护红线以及土地利用管理失序，村集体面临监管不到位等风险。

（3）宅基地受让方风险值为 64.62，介于中等与较高之间，总体风险评价更偏向中等程度，是三方主体中风险值最高的一方。根据排序结果与模糊综合评价权重可知，宅基地受让方面临的最严重的风险为契约风险与经营风险。

通过以上分析发现，宅基地流转过程中受让方风险最高，出让方次之，村集体略低。风险值只是相对的数值，并且风险不是孤立存在的。在宅基地利益主体中，任何一方出现风险都会带来连锁效应，都会带来其他利益方的损失，从而增加宅基地"三权分置"改革的风险。

第六章　农村宅基地"三权分置"
风险防范机制与总体思路

宅基地"三权分置"改革作为一项重大制度创新，事关农村、农民等主体的利益关系，也可能存在农民失地和耕地红线突破等显性风险和隐形风险。根据试点地区的经验总结和实地调研分析，对改革过程中可能会产生的风险，从底线管控、政策协调、权责对等、利益共享等方面建立风险防范机制，防控因风险发生引发的社会问题。在此基础上，提出"强化所有权、固化资格权、显化使用权"的宅基地改革总体思路和具体路径，从而保证宅基地改革的顺利推进。

第一节　农村宅基地"三权分置"改革重点风险监测点

一、农村宅基地"三权分置"政策衔接风险

（一）农村宅基地"三权分置"政策供给风险

新改革与原有政策之间的矛盾。宅基地"三权分置"改革是一项创新性改革，其与宅基地原有政策之间可能存在冲突或矛盾，从而对宅基地"三权分置"新政策的供给造成一定的风险。在宅基地所有权方面，为落实保障宅基地集体所有的收益权，对"一户多宅"和超占、多占宅基地面积的农户进行有偿使用，与把宅基地当作"私人财产"的农户就会产生冲突和矛盾，从而会影响到农村社会稳定。在宅基地资格权方面，允许农民自愿有偿退出宅基地，其目的在于显化宅基地的价值，减少宅基地隐形交易，保障农民利益。但"有偿"的资金来源却成了地方财政的一个大问题。在宅基地使用权方

面，宅基地"三权分置"放活了宅基地的使用权，扩大了宅基地的流转范围，在一定程度上有利于盘活农村的闲置宅基地，增加农民收入。但相关政策却没有对宅基地使用权流转是否限制、限制范围大小和外来企业参与使用权流转的流转期限等问题进行明确规定，一是导致宅基地改革进程受到一定的约束，① 二是如若在流转期间外来企业亏损，最终必然导致农民的利益受损。

新改革可能存在制度供给不足风险。与新改革相适应的法规、政策支撑是一个制度改革成功的重要保障。宅基地"三权分置"改革需要系统的政策配套支撑，现有宅基地"三权分置"制度改革可能存在政策配套不足风险。地方政府与村集体、农民和使用权人等一同作为宅基地的相关利益主体，都应从宅基地中获得部分收益。② 但目前关于宅基地利益分配的相关配套政策明显不足。农民因获得宅基地的无偿性而保留了部分宅基地的收益权，但村集体作为宅基地所有权人，应该参与宅基地的利益分配，而政策层面对于有偿的标准以及收益如何使用却没有明确规定。"保障农民利益不受损"是宅基地"三权分置"改革中坚持的一条底线。宅基地"三权分置"改革的目的是在保障农民户有所居的前提下，允许农民有偿退出宅基地，显化宅基地的财产价值，从而增加农民的财产性收益。但对于农民资格权如何确权的政策，农民退出宅基地的补偿标准政策，农民进城后的医疗、养老、上学、就业等社会保障政策以及农民如何重获宅基地资格权等相关政策还存在"缺位"的状态。

（二）农村宅基地"三权分置"政策落实风险

农民意愿的差异性会影响宅基地退出的积极性，也会影响到宅基地"三权分置"相关政策的落实。地方政府如果不尊重农民意愿和利益诉求，必然

---

① 何鹏飞：《农村宅基地"三权分置"改革的风险分析与防控》，四川师范大学硕士学位论文，2021年。

② 付宗平：《农村宅基地退出的权利主体利益取向博弈分析及政策选择》，《农村经济》2021年第11期，第26～34页。

会影响到宅基地"三权分置"制度改革工作的顺利开展。农民的意愿受到农户个人现实特征、农户个人情感特征、宅基地现实特征等几个方面的影响。[①]在保障宅基地农民资格权的过程中,主要存在以下两个问题:一是宅基地资格权确权问题,由于历史原因农户超占、多占了宅基地,"一户多宅"现象严重,资格权确权就意味着要退出多占的宅基地或者有偿使用,很多农户为了私利或者将宅基地当作了私人财产而不愿退出或有偿使用,所以宅基地资格权确权有现实难度;二是宅基地资格权退出问题,虽然已经实行宅基地有偿退出,但是在补偿价格协商上难度大,还有农民对进城后社保、医疗等问题有担忧,也有侥幸认为未来会有更好的政策而不愿退出宅基地。虽然现行政策下农民退出宅基地的补偿方式呈现多样化,有货币和各种福利政策的补偿方式,但在政策的落实方面还存在一定问题。

宅基地"三权分置"改革的政策无法满足不同区位条件农村的差异性和复杂性,致使政策难以落实等风险逐渐凸显。宅基地"三权分置"政策试点,选择特定的试验区域,针对宅基地"三权分置"的实施方案,进行反复试验并持续互动。[②]这种政策试点工作虽然能在一定程度上反映出该项政策的科学性和可实施性,但我国农村地区情况复杂,区域条件差异大,试点区域只是农村复杂情况的一种或几种,其政策在全国农村地区的可推广性和可实施性还存在较多不确定性因素。宅基地"三权分置"改革提出在制度改革的过程中要"落实所有权,保障资格权,放活使用权",并积极探索宅基地"三权分置"的实现形式。[③]在放活宅基地使用权的过程中,虽然改革试点地区通过宅基地流转、农房租赁等方式在政府支持、引导和投入下,普遍开展

---

① 刘冠东、郝可彤、吴伟:《代际视角下宅基地退出意愿影响分析——基于陕西省关中地区1177 份问卷的实证》,《西北大学学报》(哲学社会科学版) 2023 年第 1 期, 第 72 ~ 82 页。

② 刘聪、高进:《宅基地"三权分置"政策工具研究——基于试点地区政策文本分析》,《山东农业大学学报》(社会科学版) 2023 年第 1 期, 第 25 ~ 34、161 页。

③ 董祚继:《"三权分置"——农村宅基地制度的重大创新》,《中国土地》2018 年第 3 期, 第 4 ~ 9 页。

民宿类、休闲类乡村旅游等项目，但由于区域条件差异，很多农村地区并没有区域资源禀赋优势、项目运作手段、实地体验等核心竞争力，容易造成收益的不稳定性与存在同质化问题，其可复制性也存在一定缺陷。[①]

二、农村宅基地"三权分置"规划管控风险

（一）农村宅基地"三权分置"规划统筹风险

乡村规划是国土空间规划体系的重要组成部分，是引导乡村土地资源利用的重要保证。2014 年中央一号文件明确指出符合规划和用途管制的农村集体经营性建设用地才能依法入市。[②]如今实行农村宅基地"三权分置"改革，在放活宅基地使用权、增加农民收入的大背景下，农村地区的村庄规划就显得极其重要。但由于农村地区一直存在所有权主体虚置的问题，因此多数农村地区的土地利用和民房建设并没有进行统筹规划，这就造成了农村地区土地无序利用、农村建房无序扩张等现象发生。在进行宅基地"三权分置"改革实践中，为解决"一户多宅"、宅基地分布零散、治理组织缺乏等问题，有些地区编制村庄规划，但受限于村庄规划编制覆盖面狭窄、引领作用不足、操作性欠缺等因素，村庄建设规划面临诸多困境，极易引发村庄建设统筹规划失控风险。[③]

在宅基地改革的利益主体中，地方政府作为利益主体之一，也是村庄规划的主导力量，而村庄规划编制的科学性和合理性也是风险之一。宅基地"三权分置"改革并不是简单地让农民退出宅基地或者简单地引进外来企业投资，其在一定程度上是服务于乡村振兴战略的。乡村振兴战略的主要目标

---

① 林津、吴群、刘向南：《宅基地"三权分置"制度改革的潜在风险及其管控》，《华中农业大学学报》（社会科学版）2022 年第 1 期，第 183～192 页。

② 雷佳：《农村土地制度改革举措之风险预估及规制》，西南政法大学硕士学位论文，2015 年。

③ 何鹏飞：《农村宅基地"三权分置"改革的风险分析与防控》，四川师范大学硕士学位论文，2021 年。

是改善农民的居住环境,让农民能够生活得更加舒适。[①]因此需要编制村庄规划来引领村庄建设、统筹安排村域环境保护、文化传承产业发展,以及基础设施、公共设施、农村居民点等各类空间布局。村庄规划既要在充分尊重农民意见,保障农民主体地位的基础上,结合村庄的实际情况,突出当地的民风民貌特色,又要推动散居农民集中居住,节约利用村庄的集体建设用地。同时要根据乡村振兴战略要求,明确村镇发展定位,提出发展目标与策略。但在实践中,很多村庄规划没有结合村庄的实际经济水平和地方政府的财政能力,致使村庄规划的引领作用不足、可操作性不强。

(二)农村宅基地"三权分置"布局管控风险

农民自建房和"私有财产"、"祖宅风水"的思想观念增大了对宅基地空间规划与布局管控的难度。村庄宅基地的布局调控风险点主要有以下几个方面:一是在确保村庄规划中农村居民点布局可控的前提下,需要进一步对宅基地的布局进行管控。虽然村庄规划综合考虑以及统筹安排了村域的生产、生活、生态空间,但一些农村地区按要求对土坯房和旧房危房拆除后,仍然有很多农民的自建房,即通过拿到建房补贴后重新选址自行建房,但新建房屋的选址是否是通过相关土地部门审批以及是否符合村庄规划的相关要求就不得而知。二是村民对宅基地的长期无偿使用使得宅基地是私有财产的观念早已根深蒂固,加上农村固有的"祖宅风水"思想,旧宅的拆除会影响家族"风水",故与之交流沟通比较困难,思想纠正工作比较难做。因此,地方政府对宅基地的空间布局管控仍存在一定风险。

地方政府的财政能力、地方经济发展水平和资源禀赋条件也会造成宅基地的布局调控风险。村庄规划在一定程度上会对宅基地的布局调控起着引导作用。规划的落实与地方经济发展水平和资源禀赋条件息息相关,村庄规划

---

① 王晶:《农村宅基地"三权分置"的风险识别与规制研究》,《山西农经》2021年第10期,第24～26页。

的落实需要对零散的旧宅拆除并在新址建房，但旧宅的拆除和新房的修建都需要资金投入，而资金主要来源于集体经济组织、外来资本或地方财政。经济发展水平高的地方集体经济组织可能有一定的经济实力对旧宅进行回收和在新选址建房，或者资源禀赋条件好才能吸引外来企业和外来资本的投入，从而才能推动村庄布局的重新规划和调整。缺乏经济实力和资源禀赋条件的地方就需要地方财政的支持，如偏远地区农村宅基地，推动村庄宅基地空间布局能力不足，宅基地布局管控失调风险大。

三、农村宅基地"三权分置"耕地红线风险

（一）宅基地违规多占耕地风险

宅基地"三权分置"改革放活使用权，通过流转宅基地使用权促进乡村经济发展。虽然对宅基地用途进行严格限制，即防止资本下乡兴建别墅大院和私人会馆，但是宅基地作为稀缺资源，特别是在我国土地资源紧张的情况下，将其解禁而进行流转，[①] 尤其是"三权分置"改革使得使用权流转范围扩大，在实践中仍可能存在宅基地流转后建别墅、大量城市资本到农村抢购囤积宅基地甚至乱占耕地，或者借发展乡村旅游业进行违规开发等问题。[②]

对于旅游资源型的村庄，由于宅基地价值显化潜力大，部分农民会通过"分家析产"等方式来获取更多宅基地，还有宅基地流转后以"建设配套生产设施"的理由在其经营区域内占用耕地，这都威胁到耕地红线。[③]因此，宅基地"三权分置"改革将会放大其潜在价值，其乱占、多占耕地的风险陡增。

[①]　张乙山：《"三权分置"下宅基地使用权流转的价值性功能与风险性规避——基于乡村振兴发展的视角》，《现代营销》（下旬刊）2023 年第 1 期，第 14～16 页。

[②]　于水、王亚星、杜焱强：《农村空心化下宅基地三权分置的功能作用、潜在风险与制度建构》，《经济体制改革》2020 年第 2 期，第 80～87 页。

[③]　王亚星、于水：《"求同"与"存异"：异质性资源禀赋视域下宅基地三权分置实现路径研究——基于典型案例的对比分析》，《宁夏社会科学》2022 年第 2 期，第 43～52 页。

（二）宅基地复垦耕地质量风险

宅基地"三权分置"改革中对于退出资格权的宅基地，其利用方式之一是复垦为耕地，尤其是对于处于闲置荒废、零散分布、位置偏远的宅基地基本都采用这种方式，以此来增加耕地指标。但大部分宅基地复垦为耕地的质量不高，虽然能够保障耕地数量不减少，但在复垦过程中耕地质量较难提升，耕地生产能力可能会下降，一味追求耕地规模和指标收益不利于村庄产业发展。[①]

将宅基地复垦成高质量耕地成本较高，过程也比较复杂，对自然条件要求也较高。宅基地复垦为耕地需要在土质结构和土壤肥力等方面进行改善，[②]目前宅基地复垦的方式主要是对土地翻耕或者客土覆盖为耕地，针对城乡用地矛盾，宅基地复垦后进行增减挂钩容易导致地方政府为了利益最大化，尽可能将宅基地复垦成耕地，但其复垦出的耕地初始质量不高，[③]导致复垦后的耕地产能不能达到同等区位条件的耕地水平。

四、农村宅基地"三权分置"农民利益风险

（一）农民失地无居所风险

宅基地"三权分置"改革显化了宅基地的财产功能，部分闲置宅基地在市场机制作用下实现资源的优化配置，但与此同时部分非闲置宅基地可能受市场捆绑，[④]村民可能会盲目跟风将宅基地进行流转。但由于宅基地开发利用

---

① 林津、吴群、刘向南:《宅基地"三权分置"制度改革的潜在风险及其管控》,《华中农业大学学报》(社会科学版) 2022 年第 1 期, 第 183 ～ 192 页。

② 茶丽华:《探索耕地保护视阈下的宅基地绿色复垦》,《新经济》2022 年第 10 期, 第 48 ～ 54 页。

③ 王培俊、孙煌、范胜龙等:《我国村庄复垦研究现状及展望》,《中国农业大学学报》2020 年第 11 期, 第 209 ～ 220 页。

④ 于水、王亚星、杜焱强:《农村空心化下宅基地三权分置的功能作用、潜在风险与制度建构》,《经济体制改革》2020 年第 2 期, 第 80 ～ 87 页。

周期较长，同时缺乏与宅基地"三权分置"相匹配的农民住房保障制度，而农户未来仍可能需要宅基地保障其居住功能，宅基地流转带来的阶段性"失宅"可能导致农民居住权受损，由于原有宅基地住房保障功能的配套制度缺乏，可能会导致农民有"失宅"无居所的风险。

实际上，目前大多数农村仅仅依靠纯农收入基本无法满足农民的生活需要，随着城镇化的发展，进城务工的农民增多。进城务工涉及就业岗位、就业技能、住房、各种配套政策等问题，部分农民可能会低估外出"非农化就业"的风险，在利益驱动下可能会将宅基地流转或退出。但是，一些农民因学历较低且缺少一技之长，当劳动力市场不稳定或者经济波动时，加之宅基地流转后的相关配套机制与失地农民的住房保障政策不完善，[①]流转期内或者退出后就业、创业不稳定或者失败，则极有可能产生失去居所的风险，陷入回乡无地、进城无业的尴尬境地。

（二）农民利益受损失风险

当农户的居住权益与其他主体的经济利益相冲突时，农户的宅基地权益就可能被损害。在政府主导的宅基地使用权盘活的实践中，有些地方通过与政府间的权力寻租，俘获相应的入村资源；或者通过制定复杂的宅基地价值认定标准获取部分流转收入，损害收入与补偿的公平性。[②]在土地增减挂钩和占补平衡等指标利益驱使下，一些地方政府也会存在强制要求居住现状稳定的村庄搬迁置换，[③]更有些地方可能会采取强制、诱导等方式让农民集中居住、上楼居住，异化为另一种形式的"征地拆迁"。

---

① 陈思媛、韩述：《宅基地"三权分置"改革：政策演进、风险分析及防范对策》，《中国西部》2021年第6期，第102～108页。

② 王亚星、于水：《"求同"与"存异"：异质性资源禀赋视域下宅基地三权分置实现路径研究——基于典型案例的对比分析》，《宁夏社会科学》2022年第2期，第43～52页。

③ 林津、吴群、刘向南：《宅基地"三权分置"制度改革的潜在风险及其管控》，《华中农业大学学报》（社会科学版）2022年第1期，第183～192页。

宅基地"三权分置"改革推动使用权流转市场建立,激活了宅基地的财产属性。不论是政府主导模式、市场驱动模式,还是农村集体自组织模式,农户的收益多属于宅基地流转租金收益。在宅基地流转、农房租赁模式中,农户直接与市场主体进行交易,或由村集体代理交易,但由于现实中大部分农民的文化程度不高,对农村宅基地的相关制度法规了解较少,[①] 在市场信息获取、交易价格谈判、利益诉求表达等方面有严重不足,契约签订过程中还可能存在不完全的交易信息,在进行宅基地使用权放活的收益分配时,会出现分配不均的问题。[②] 加之市场竞争与价格机制的不完善以及市场环境与市场主体经营行为的不确定性,很容易导致农户经济利益受损。

目前宅基地使用权租赁关系的契约机制尚不健全,农户在土地流转中大多采用"口头协议"的方式而不是签订规范的书面流转合同,而宅基地的开发与利用需要大量的资本投入与基础设施建设,[③] 一旦宅基地使用权人因经营不善而导致亏损或破产时,很有可能出现违约行为,导致农民不仅无法获得预期的收益,而且也将因修复、还原宅基地及农房而额外增加投入成本。

五、农村宅基地"三权分置"集体收益风险

(一)集体收益权实现不稳风险

在宅基地"三权分置"改革背景下农村集体面临着收益权难实现的风险。由于我国宅基地长期实行"无偿取得,长期占有"制度,再加之虽然宅基地为集体所有,但土地之上的房屋为农民所有,而房地又是不可分的,所

---

① 陈思媛、韩述:《宅基地"三权分置"改革:政策演进、风险分析及防范对策》,《中国西部》2021年第6期,第102~108页。

② 李国权:《论宅基地"三权"分置的可能风险及防范对策》,《河南社会科学》2020年第12期,第46~53页。

③ 于水、王亚星、杜焱强:《农村空心化下宅基地三权分置的功能作用、潜在风险与制度建构》,《经济体制改革》2020年第2期,第80~87页。

以长期以来农民往往将房屋连同宅基地都视为其个人所有。同时目前在国家立法中未明确集体"收益权"及其实现形式，因此宅基地使用权流转过程中集体收益权难落实，村民要么不缴，要么收不上来，导致村集体的收益权实现落空。[①]

有些试点地区实行宅基地有偿使用或超占有偿使用等政策也存在一些问题。首先是各地对于有偿使用的计费标准与收取方式不统一。试点地区对于"一户一宅"中的"户"和"宅"的认定标准不一样，导致有偿使用费用差异较大。而在收取方式上，如宁夏平罗要求一次性收取超占与新增宅基地的有偿使用费，而江西余江和浙江义乌提供了按年缴纳与一次性收取两种方式。其次是有偿使用费收取困难。一是因为宅基地有偿使用制度还处于试点探索阶段，大部分村民还没有形成和接受收费观念；二是村集体缺乏相应的法律支持和执行手段，村民缴纳有偿使用费的积极性不高。[②] 如宁夏平罗实际收缴超占宅基地有偿使用费只占应收金额的 44%；江西余江有偿使用费的实收金额占应收金额的 44.6%；[③] 李川等对四川泸县改革初期有偿使用费缴纳情况评价结果为"一般"，实缴费用 / 应缴费用比在 40%—60% 之间[④]。有偿使用制度难以落实导致集体收益权实现不稳定。

（二）宅基地收益分配失衡风险

宅基地"三权分置"改革会在一定程度上放大宅基地财产性价值，不同区位条件的宅基地经济价值释放大小不一样。尤其是城郊区、旅游资源丰厚

---

① 曹姣：《"三权分置"下宅基地所有权实现的困境与完善路径》，《中国农学通报》2021 年第 19 期，第 158 ～ 164 页。

② 唐鹏、李建强、冯月：《农村宅基地有偿使用制度改革的难点问题剖析与对策》，《上海国土资源》2019 年第 1 期，第 13 ～ 16 页。

③ 余永和：《农村宅基地有偿使用的实践、问题与对策——基于宁夏平罗、江西余江与浙江义乌试点改革的调查》，《学术探索》2022 年第 1 期，第 67 ～ 72 页。

④ 李川、李立娜、刘运伟等：《泸县农村宅基地有偿使用制度改革效果评价》，《中国农业资源与区划》2019 年第 6 期，第 149 ～ 155 页。

区宅基地市场需求、流转收益及流转潜力较大。目前针对宅基地流转收益分配没有具体政策规定，这样会引发宅基地权利主体之间的博弈，可能带来利益分配失衡风险，其中也包括农村集体的收益分配问题。

宅基地流转收益分配制度是保障分配机制落实的关键，大部分改革试点地区对此高度重视并进行了探索。如重庆大足制定了宅基地收益分配流程和程序，浙江义乌规定了集体所得的宅基地使用权流转收益具体使用和内部分配方案，浙江德清制定了宅基地收益分配比例和程序，但没有明确集体所获收益具体使用办法。可见，改革实践中对宅基地增值收益分配的比例、程序、使用等一系列问题进行了初步探索，但还没有统一的制度设计。宅基地收益分配机制不健全，将不可避免地带来利益分配失衡的风险。宅基地"三权分置"改革后，宅基地流转范围扩大，势必会增加管理成本和潜在利益风险。因此宅基地收益分配失衡带来的不公平风险会抑制集体经济的发展，长远来看会对农村发展造成影响。

六、农村宅基地"三权分置"企业投资风险

（一）使用权流转期限不明风险

宅基地使用期限的长短是决定土地价值的重要因素，为了真正实现宅基地使用权流转价值，对使用权流转期限的设置将显得十分关键，通过设定合理的使用期限，可增强宅基地使用权的稳定性，进而提升社会资本进入乡村、投资宅基地的积极性。但在实践中，存在宅基地使用权流转期限设置不统一或者不明确等问题，这种情况将引发宅基地流转的不稳定性风险，同时不同地方差异化的宅基地使用权流转期限设置在一定程度上会影响宅基地使用权的市场流转行为。

社会资本进入农村、投入宅基地开发利用，其投资回报是一个长期过程。实践中基于价值投资、长线运营的考虑，大部分企业对宅基地使用期限有较高的要求，如果使用期限不能很好地满足需求，其投入和开发过程就存在较多风险。因此，如果没有明确统一宅基地使用权流转期限的制度设计和

法律规定，社会资本投入风险将大大增加，也会影响其投资积极性，不利于宅基地"三权分置"改革顺利进行。

（二）使用权交易费用偏高风险

交易费用也称交易成本，是指在完成交易时交易双方在交易前后所产生的各种与此交易相关的成本。宅基地使用权流转中的交易费用，是指交易双方为收集宅基地供求信息付出的成本费用，包括信息收集、交易谈判、签约、预防违约等各种费用。宅基地使用权流转交易过程复杂，相关制度、交易平台搭建还不够完善，相较于城镇土地交易市场，宅基地流转面临交易成本偏高的风险，这也是当前宅基地"三权分置"改革困境之一。

导致宅基地使用权流转中交易费用较高的因素主要有两个：一方面，由于当前我国农村地区发展相对落后，还有部分地区未完成宅基地确权颁证工作，对一户多宅、违章建筑、宅基地违法流转的情况并未完全掌握，权属不明将会给宅基地流转带来巨大风险。同时，缺乏统一的交易平台，交易信息不充分、信息传播不通畅，从而增加宅基地流转的信息成本与交易成本。另一方面，预防交易违约的费用也比较高。我国大部分农村地区普遍存在村民契约意识弱的问题，较为关注短期利益，缺乏市场经营经验，易与外来投资方发生纠葛和冲突，加之对部分外来企业的不信任感，又导致了村民"不敢流转，不敢长流转，易违约"的情况。[①] 因此，从投资企业角度来看，相较于城市投资，农村宅基地投资具有成本高、风险大的特点，不仅交易过程复杂，同时缺乏法律保障，由此限制了企业投资农村和宅基地的意愿。

---

① 叶剑平、陈思博、杨梓良：《宅基地"三权分置"的实践样态——来自浙江省象山县的实践探索》，《中国土地》2018 年第 11 期，第 32～33 页。

第二节　农村宅基地"三权分置"风险防范机制

通过深入扎实的实地调研和对农村宅基地"三权分置"已经显现的或潜在的风险识别，我们清楚地认识到当前改革存在的主要问题和风险。其风险束组成：①宅基地"三权分置"政策衔接风险，主要包括政策供给风险、政策落实风险等；②宅基地"三权分置"规划管控风险，主要包括规划统筹风险、布局管控风险等；③宅基地"三权分置"耕地红线风险，主要包括违规多占风险、复垦质量风险等；④宅基地"三权分置"农民利益风险，主要包括失地无居风险、收益受损风险等；⑤宅基地"三权分置"集体收益风险，主要包括收益不稳风险、分配失衡风险等；⑥宅基地"三权分置"企业投资风险，主要包括流转期限不明风险、交易费用偏高风险等。见图35。

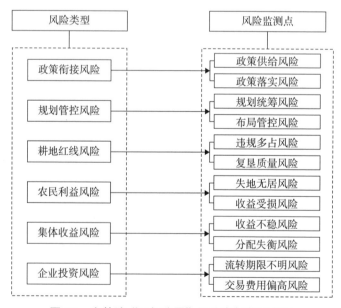

图35　宅基地"三权分置"风险束与监测点图

任何改革都存在风险，宅基地"三权分置"改革存在一些风险是正常的，也是必然的。问题的关键是正确认识、准确识别、科学应对、有效防范各类风险，从而建立起系统完备、科学规范、运行有效的宅基地"三权分置"风险防范机制。详见图36。

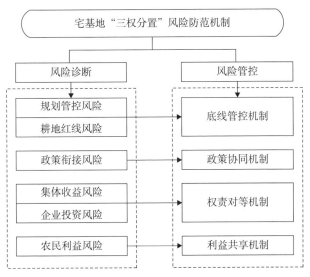

图36　宅基地"三权分置"风险防范机制图

一、农村宅基地"三权分置"底线管控机制

宅基地"三权分置"改革要坚持底线思维，坚守"土地公有制性质不改变、耕地红线不突破、农民利益不受损"底线，要通过国土空间规划、土地用途管制落实来严守耕地红线不突破。土地制度是国家的基础性制度，宅基地改革政策事关所有农民的切身利益，耕地红线事关我国粮食安全。在宅基地改革过程中，有效防控宅基地利益放大造成的耕地侵占风险，对宅基地复垦为耕地的要在数量与质量上进行严格把控，保证复垦耕地的数量不减少、质量不降低，保障国家粮食安全。在国土空间规划约束前提下，以集约节约利用农村土地资源为原则，以"规划管控"为手段，坚持"一户一宅"，拆旧建新，限定面积；调整优化宅基地合理布局，科学设定宅基地整体规模，

合理预留未来发展空间，改善农村人居环境，实现乡村土地资源的合理利用与乡村生态宜居目标。

二、农村宅基地"三权分置"政策协同机制

宅基地"三权分置"改革要坚持系统思维，农村各土地制度都不是孤立存在的，宅基地改革就要对现有土地政策进行有效衔接和协同。与宅基地"三权分置"改革密切相关的政策有城乡建设用地增减挂钩、农村集体经营性建设用地入市、乡村振兴等。增减挂钩政策通过对宅基地腾退与复垦进行指标交易，为农村发展提供资金支持，推动宅基地改革。农村集体经营性建设用地入市打破城乡土地二元格局，在城乡之间建立统一土地市场，促进农村土地资源市场化配置，加快城乡融合发展，提升宅基地财产价值。乡村振兴中产业振兴是基础，宅基地为乡村产业发展提供重要土地要素保障，实现宅基地的功能拓展，丰富宅基地利用形式，为农村闲置宅基地再利用提供政策空间。宅基地"三权分置"改革与现有农村土地政策协同耦合，能有效盘活农村闲置低效的宅基地和退出的宅基地，凸显宅基地的财产性价值，不仅增加了农民的收入，也有助于集体收益权的实现。

三、农村宅基地"三权分置"权责对等机制

宅基地"三权分置"改革要坚持"权责利"统一思维，宅基地"三权分置"改革中村集体拥有宅基地所有权，对宅基地具有处分、收益和监管的权利，集体经济组织要通过有偿分配、合理调整、收回整理、收益分配、审核批准履行其相应的职责，这是集体经济组织应有的权利和责任，同样其也应有收益的权利。在改革过程中盘活利用宅基地资源是实现乡村振兴的重要抓手，引入社会资本必不可少。社会资本投入宅基地改革和乡村振兴，既带动了乡村产业发展，促进乡村经济发展，又解决了农村人口就业，增加了农民工资性收入。但是社会资本进入农村也有投入和风险：一是有大量资本投入、人力投入等；二是有经营风险、市场风险等。社会资本投入也需要有利

益回报来维持企业生存发展，否则集体、农户收益就会落空，就形成了"多输"局面，因此建立权责利统一、对等机制就显得尤为重要。

四、农村宅基地"三权分置"利益共享机制

宅基地"三权分置"改革要坚持利益共享思维，适度放活宅基地使用权，就是为了农民可以在宅基地流转与退出中获取一定收益，共同分享宅基地改革的红利。在宅基地退出过程中，农户利益保障尤为重要，如果改革造成了农民利益受损、农村社会不稳定，那改革就是失败的。针对农民易失地的情况，在宅基地退出时应设定严格的退出条件，并进行农户退出风险评估，发挥资格权的居住保障功能，从而落实农户住有所居。在农户资格权退出或使用权流转中，尤其在宅基地增值收益的利益分配中，要通过建立合理的利益共享机制，促进宅基地收益的共享，保障农民宅基地收益权利。

第三节　农村宅基地"三权分置"改革总体思路

通过以上对宅基地"三权分置"改革存在的风险诊断、评估和监测分析，建立了"四大"风险防范机制，我们设计出宅基地"三权分置"改革总体思路，即宅基地"落实＋保障＋放活"的"三化"改革思路：强化所有权、固化资格权、显化使用权。

（1）**强化所有权——稳定落实集体所有权**。土地集体所有是农村基本经营制度的根本，由于长期以来宅基地集体所有权主体虚置、集体所有权行使主体模糊等导致未能有效发挥宅基地所有权权能。宅基地"三权分置"改革要通过强化所有权来稳定落实集体所有权，要明晰宅基地集体所有权主体，巩固集体经济组织的主体地位；强化集体所有权权能，促进集体所有权回归村集体，在宅基地的分配、处置、收益等方面要进行决策和落实；优化并加强宅基地管理制度,明确管理主体职责,提高集体成员参与度。

（2）固化资格权——有效保障农户资格权。宅基地资格权具有身份、财产和管理的属性,保证农民户有所居、收益增加,促进宅基地规范流转,由于目前对资格权没有明确的认定方式,没有合规的确权形式,缺乏多元有效的退出路径与重获机制等,导致资格权认定和权能实现困难。因此,有效保障农户资格权,首先要在法规上明确资格权的认定和标准,建立资格权价值评估和补偿机制,通过"确权颁证"、"股权量化"等多种形式固化资格权;其次通过多元居住方式实现资格权,通过规范流转实现财产权,建立资格权退出和重获通道。

（3）显化使用权——适度放活农户使用权。社会经济的发展促进了宅基地功能的变化,宅基地使用权的经济功能不断凸显,由于宅基地之前一直被限制流转,其财产功能实现较为困难,宅基地私下交易的情况时有发生,导致交易双方财产损失,增加社会不稳定因素。因此,宅基地使用权需要适度放活,农户要有宅基地使用权流转和房屋交易的权利,要赋予宅基地使用权的经营性功能,在符合规划和用途管制的前提下允许农民建房营商,允许使用权流转用于产业发展;同时要扩大使用权市场交易范围,丰富使用权的流转方式,形成并激活宅基地使用权流转市场,引导宅基地使用权合法、合规、有序流转。

在此基础上,我们提出"以制度化强化所有权、以法定化固化资格权、以市场化显化使用权"的实现路径。详见图37。

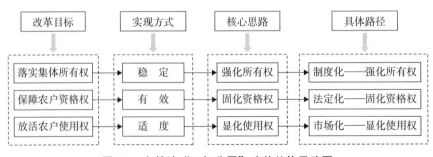

图37 宅基地"三权分置"改革总体思路图

一、制度化——强化所有权的改革路径

制度化是一定社会群体在特定领域的社会实践中，通过调节实践活动中的各种矛盾，逐步形成以制度管制和制度约束为主体的顶层设计。制度化建设是建立健全具体的制度管理体系，在实现内部成员基本认同的基础上，获得一致价值观和保持稳定性的一种过程。制度化建设是一种"由下自上、由上自下"的动态过程，侧重于群体对特定价值观念的认同，在不断构筑制度规则的过程中达成共同承诺和行动一致，是一种深层次价值观的建构过程。同时，制度化建设具有指导性和约束性、规范性和程序性、鞭策性和激励性等特征，其通过制度建设来协调矛盾、约束行为，从而实现社会管理的功能。

基于当前农村基层组织建设现状，要落实宅基地集体所有权，其核心要素有以下两点：一是落实宅基地所有权必须通过顶层设计、上层制度来实现，农村集体经济组织无法自我实现所有权制度化；二是稳定落实集体所有权，在有上层制度保障的基础上，必须加强农村集体基层自治能力建设。

农村土地属于农村集体所有，农村集体依法对宅基地享有管理权、收益权、处分权、监督权等权能。但是农村集体在法律规定上具有模糊性，其内涵和法律属性不明确。"农民集体"被视为一个内涵极不清晰的"类主体"，宅基地所有权得不到落实，权能在实践中受限，目前在法律制度上就"如何落实宅基地集体所有权"也没有提供明确的指引。为防止实践中农村宅基地集体所有权主体虚化，需要强化集体所有权，实现所有权主体从多元化向一元化转变，并从制度上确立所有权唯一行使主体集体经济组织，明确宅基地所有权主体的法人资格，赋予人格化的权利和义务，赋予所有权主体处分、收益、监督与管理等完整权能，增强所有权主体的自治权利，规范宅基地所有权的管理职责，明确各责任主体的权利和义务，通过集体经济组织切实保障农民集体有效行使集体土地所有权。

二、法定化——固化资格权的改革路径

法定化就是通过地方性法规、地方性规章来固化资格权。地方性法规通常由省（直辖市、自治区）和设区市的人民代表大会及其常务委员会，根据本行政区域的具体情况和实际需要，在不与宪法、法律、法规相冲突的前提下制定，由大会常务委员会公布施行的政策文件。地方性规章是指省（直辖市、自治区）和设区市、自治州的人民政府，根据法律、行政法规和本省（直辖市、自治区）的地方性法规，制定相应规章。基于宅基地资格权作为一种新权能，明确其权能内涵，要固化资格权，其核心要素有以下两点：一是我国农村差异较大，宅基地资格权认定形式、确权方式、退出和重获途径各有不同，因此，固化资格权必须通过各地因地制宜制定相关地方性法规来差异化实现；二是宅基地资格权取得和补偿标准具有区域性和区位性特征，各地需要通过地方性规章来差异化实现。

宅基地资格权的主要功能为居住保障，保障农民"住有所居"是改革的底线，固化资格权就是要通过地方性法规、地方性规章，将资格权认定形式、认定主体、认定标准规范化；以确权颁证、股权量化、法律公证、流转平台等方式将资格权固定化；通过构建资格权价值评估方法和模型，建立所有权人、资格权人和使用权人利益分配方案，实现资格权退出补偿机制科学化；打通资格权退出与重获通道，在城镇化过程中允许农户自愿退出，实现宅基地的财产权获得经济补偿，促进农民市民化，同时为降低农民市民化过程的风险，建立有偿、有限重获资格权的路径制度。

三、市场化——显化使用权的改革路径

市场化是指用市场作为解决社会、政治和经济问题等基础手段的一种状态。市场机制是市场运行的实现机制，是通过市场价格信号的引导、市场主体对利益的追求、市场供需的变化，来调节经济运行的机制，是市场经济机体内的供求、竞争、价格等要素之间的有机联系及其功能发挥的过程。市

场机制是通过市场竞争配置资源的方式，通过充分发挥要素市场化配置的作用，形成各种生产要素从低质低效领域向优质高效领域流动的机制，从而提高要素质量和配置效率。

适度放活宅基地和农房使用权，就是要进一步显化宅基地使用权，而市场化就是显化、放活使用权的最佳手段。宅基地资格权的设置，就是为了更大程度地"解放"和"释放"使用权，让使用权在更大的范围、更多的主体、更多的产业中流转和利用，以市场化的方式发挥其在资源配置中的决定性和基础性作用。因此，首先是要打破宅基地使用权流转范围的限制，将流转范围扩大至集体经济组织以外，将受让主体市场化，并对受让主体以及流转的用途进行一定的条件限制，这也是"适度"的要义所在；其次要发挥竞争机制、价格机制、供求机制、风险机制的作用，集体经济组织或宅基地使用权人通过转让、入股、抵押、租赁等多种方式流转给不同的市场主体，实现宅基地资源的最优配置。通过市场化方式推动宅基地由"无偿取得、无偿使用、限制流转"向"有偿取得、有偿使用、有偿流转"转变；同时，建立宅基地"指标化"和"实物化"两种市场化利用方式，促进土地要素的市场化配置，促进农民收入、乡村产业、农村经济的快速发展。

第七章 制度化：
稳定落实集体所有权实现路径

《宪法》和《土地管理法》中规定除法律有特别规定的以外，农村土地属于农村集体所有，农村集体依法对宅基地享有管理权、收益权、处分权、监督权等权能；但农村集体在法律规定上具有模糊性，其内涵和法律属性没有明确解释。"农民集体"被视为一个内涵极不清晰的"类主体"，在法人地位规定上不清晰。[①] 宅基地所有权得不到落实，权能在实践中受限，目前在法律制度上就"如何落实宅基地集体所有权"也没有提供明确的指引。

在宅基地管理方面，没有对农民集体代表主体的机构设置、治理体系、职责权利配置进行具体规定，没有明确产权代表和执行主体的界限和地位，没有解决农民集体与农民个人的利益关系，导致农民集体的法律人格处于"虚置"状态。"农民集体"、"农村集体经济组织"、"村民委员会"及"村民自治组织"在相同的政策语义中被随意互换使用，导致地方实践对这些主体的性质及其之间的关系认识不清。[②]

《物权法》规定，所有权是完全物权，是对物的占有权、使用权、收益权与处分权；由于农村宅基地长期以来采取无偿取得、无流转、无限期占用的方式，[③] 在"两权分置"下农户实际拥有宅基地使用权，集体土地所有权主体在实践中并未真正获得宅基地集体所有权的"占有、使用、收益和处分"等方面

---

① 杨雅婷、汪思敏：《三权分置下"落实宅基地集体所有权"的法治路径》，《云南农业大学学报》（社会科学）2021 年第 3 期，第 89 ～ 95 页。

② 曲颂、仲鹭勍、郭君平：《宅基地制度改革的关键问题：实践解析与理论探释》，《中国农村经济》2022 年第 12 期，第 73 ～ 89 页。

③ 陈基伟：《乡村振兴背景下宅基地集体所有权落实评析》，《科学发展》2020 年第 9 期，第 71 ～ 74 页。

权利。^①农村集体土地所有权的基本权能已事实上由土地使用权所代替，这种权能替换在很大程度上改变了土地所有权的法律地位，使土地所有权高度弱化，使用权对所有权的分割程度很高，宅基地集体所有权权能残缺。现阶段宅基地集体所有权仅包括有限占有权和部分处置权，^②面对"一户多宅"、超标准占用、自发流转等侵权行为，农民集体作为土地所有者往往"束手无策"。^③

农村宅基地制度的核心是维护农村土地集体所有和保障农民基本居住权利，是中国特色土地制度的重要组成部分，与农民的利益密切相关。^④对于农村宅基地管理，虽然相关制度不少，但却忽视了其管理能力的实质性提升，有监管权，缺执法权、执行能力和执行措施，导致宅基地管理处于权责不清的状态。因此，宅基地"三权分置"改革必须通过制度化方式来稳定落实农村集体所有权，以下从稳定落实农村集体所有权的基本思路和原则、核心要义、实现路径等三个层面来分析探讨。

第一节　稳定落实农村宅基地所有权基本思路

一、归属清晰原则，明确宅基地集体所有权的主体

（一）坚持农村集体作为宅基地所有权的法定主体

《宪法》规定我国农村土地实行集体所有制，农村宅基地集体所有权产

---

① 杨青贵：《落实宅基地集体所有权的实践探索与制度因应》，《法治研究》2021 年第 5 期，第 130 ～ 140 页。

② 曹姣：《"三权分置"下宅基地所有权实现的困境与完善路径》，《中国农学通报》2021 年第 19 期，第 158 ～ 164 页。

③ 杨青贵：《落实宅基地集体所有权的实践探索与制度因应》，《法治研究》2021 年第 5 期，第 130 ～ 140 页。

④ 洪向阳：《农村宅基地管理存在问题的原因及建议措施》，《农村经济与科技》2022 年第 16 期，第 30 ～ 32 页。

生于农村集体土地所有制关系下，鉴于成员集体不具有组织形态，无法自行行使宅基地集体所有权。《民法典》第二百六十二条和《土地管理法》第十一条采取法定授权方式，确定集体所有的土地由农村集体经济组织或村民自治组织代表集体经营、管理，由最能代表农民集体的集体经济组织作为法定主体落实所有权法定主体，并对法定主体还权赋能。

（二）实现宅基地所有权行使主体代表的唯一性

在《土地管理法》《物权法》和《民法典》等法律中，将农村集体经济组织（乡镇、村、村内）、村民委员会、村民小组作为宅基地集体所有权的行使主体，[①] 代表集体行使所有权，依法经营管理农民集体所有的土地。该规定实际上让农村集体经济组织或村委会成为了农民集体的代表者，由于农民集体不能具体行使对土地的监督与管理职能，实际上村民委员会或村民小组成为了农民集体利益的"代言人"。村委会成员及村民小组负责人不是集体土地的所有权人，大多与集体土地不存在直接的权益关系，没有动力去监督管理集体土地的利用。如果村委会成员自身存在逐利动机，权力寻租，就会导致集体经济组织所有权主体虚置或权利被架空。[②] 而从《中华人民共和国村民委员会组织法》对村民委员会的职能规定上看，管理本村属于村农民集体所有的土地，更多侧重于公共事务的管理和公益事业的建设。[③]

大部分农村地区并未建立独立的村集体经济组织，而是将村集体经济组织与基层群众自治组织重合，导致农村基层自治组织和村集体经济组织之间普遍具有相互混淆的问题。村民委员会常常与集体经济组织的主体重合、职

①　富姗姗:《乡村振兴背景下不同主体行使宅基地集体所有权的差异性分析》,《新经济》2022年第10期，第55～59页。
②　杨晓:《乡村振兴视阈下宅基地集体所有权实现障碍及路径破解——以湖南省为例》,《农村经济与科技》2022年第17期，第52～55页。
③　杨雅婷、汪思敏:《三权分置下"落实宅基地集体所有权"的法治路径》,《云南农业大学学报》(社会科学) 2021年第3期，第89～95页。

能混同，因而除行政事务和社会组织职能外，集体经济组织的经济职能基本被忽视，集体经济组织原本承担的维护集体成员经济收入的经济职能无法得到有效发挥。[①]

《中华人民共和国民法总则》将农村集体经济组织和村民委员会列为特别法人，填补了在主体定位上的"真空"，也为农民集体行使所有权打下了重要的法律基础。因此，在行使主体的权限划分时，集体经济组织基于独立经营代表集体行使所有权，村民委员会基于管理服务代表集体行使所有权。赋予所有权主体独立的法律地位，设立如村民事务理事会类型的承担具体村务管理和调解的组织，辅助政府和相关部门实施监管责任。[②]

坚持以农村集体经济组织行使宅基地所有权为主，但必须实现所有权行使主体的唯一性。现有研究对不同宅基地所有权行使主体的成效和困境进行对比分析，探索宅基地集体所有权行使主体的最优组织形式。[③] 相关实践探索出统一行使和分散行使两种模式：统一行使是指在现行法定授权方式所确定的主体框架内，确定由某个主体统一承担落实宅基地集体所有权的相关任务要求；分散行使则是指将现行法定授权方式所确定的主体作为落实宅基地集体所有权的责任主体。[④]

二、权能完整原则，完善集体经济组织所有权权能

（一）落实处分权

处分权是所有权的根本权能。其包括对宅基地的分配、收回与处置等，

---

① 曹姣：《"三权分置"下宅基地所有权实现的困境与完善路径》，《中国农学通报》2021年第19期，第158～164页。

② 陈基伟：《乡村振兴背景下宅基地集体所有权落实评析》，《科学发展》2020年第9期，第71～74页。

③ 富姗姗：《乡村振兴背景下不同主体行使宅基地集体所有权的差异性分析》，《新经济》2022年第10期，第55～59页。

④ 杨青贵：《落实宅基地集体所有权的实践探索与制度因应》，《法治研究》2021年第5期，第130～140页。

由于宅基地长期以来采取无偿取得、无流转、无限期使用、无规划的方式利用，使用权人实际拥有宅基地所有权，导致宅基地出现"一户多宅"、"超占"、"闲置"、"违建"等问题。因此，需要通过改进分配方式、实现收回权、发挥规划利用权等来落实处分权，从而保障集体组织所有权地位。

（二）探索收益权

收益权是所有权的关键权能。农村集体土地所有权的实现需依赖于其收益权的实现。收益权能是基于宅基地集体所有权产生的，宅基地集体所有权随着社会主义市场经济的发展出现了权能缺失的情况，但收益权能却是当下农村农民最为积极探索、最为关注的权能之一，因此收益权也是宅基地集体所有权的关键权能。因此，要落实宅基地集体所有权的收益权能，夯实集体经济组织的物质基础。

（三）加强监管权

监管权是所有权的主要权能。由于宅基地涉及相关利益主体较多，相应管理内容复杂，监管不到位会给所有权权能实现造成诸多障碍。[①] 目前的监管权能主要是对宅基地使用用途的监管。因此，需要进一步赋予集体组织监管权能，加强监管队伍建设、监管责任等方面的权力。

三、制度健全原则，规范宅基地所有权管理权责

（一）建立宅基地基层治理体系

当前基层农村宅基地管理体系不健全，存在队伍不稳定、经费不充足等问题。而农村宅基地归农民集体所有，由集体经济组织或村委会行使农村宅基地所有权。农村集体经济组织对农村的情况比较了解，能够更有效地保

---

① 杨嘉铭：《宅基地所有权权能实现问题研究》，《理论观察》2020 年第 5 期，第 121 ～ 123 页。

障农民行使表决权、知情权等权利；集体经济组织对"一户多宅"、违规多占宅基地等情况能够及时知悉、及时调查，可有效杜绝违规占用宅基地的行为。[①] 因此，宅基地管理的重心在基层，需要加强宅基地基层治理能力和治理体系建设。

坚持宅基地农村集体所有，成立村集体经济组织，充分尊重村民自治，确定政府引导、农村集体主导的宅基地管理模式。[②] 一是村集体要全程参与宅基地审批过程，严格落实一户一宅，规范审批程序，充分发挥村民与村干部在宅基地审批、退出、流转等过程中的监督作用；二是建立农村宅基地协管员队伍，农村基层组织通过培训宅基地协管员来加强宅基地使用的日常监管和信息收集，并配合国土管理部门、乡镇人民政府等依法查处违法建房行为；三是建立县、乡镇、村三级联动的监管网络和体系，落实与基层干部考评挂钩的奖惩机制。

（二）完善宅基地基层管理机制

2019 年，农业农村部出台《关于进一步加强农村宅基地管理的通知》，提出建立部省指导、市县主导、乡镇主责、村级主体的宅基地管理机制，县乡政府承担属地管理责任，农业农村部门负责行业管理。建立以集体组织为主体的宅基地管理责任机制，落实宅基地"责—权—利"管理体系。

宅基地"三权分置"改革使得使用权流转范围扩大，各类社会资本参与其中的过程更为复杂，对于宅基地的用途也会产生更多潜在问题和矛盾，所有权主体管理的事务也会更多，管理的范围也会更广，宅基地所有权主体的管理作用显得极为重要。因此，需要通过上层制度设计，对宅基地所有权主体赋权，细化管理主体的具体职责，充分发挥管理主体的民主与自治。

---

① 吴迪、陈耀东、龚淋:《农村集体经济组织法人制度构建研究——基于宅基地"三权分置"的改革视角》,《天津师范大学学报》（社会科学版）2021 年第 5 期，第 82 ～ 87 页。

② 苏吉庆:《长垣市以规范农村宅基地管理破解农民建房乱象》,《河南农业》2022 年第 13 期，第 9 ～ 10 页。

第二节　稳定落实农村宅基地所有权核心要义

一、坚持宅基地农村集体所有制底线不动摇

（一）集体所有制符合我国基本国情

从历史视角分析，农村集体所有制有其特定的历史背景。中华人民共和国成立初期，农村土地制度经历了短暂的农民个体所有制，而后转变为农民集体所有制。农民个体所有制实现了"耕者有其田"的革命理想，农民集体所有制实现了生产资料公有制的社会主义改造目标，"以农补工"政策为新中国的工业化奠定了基础。因而从历史角度看，农民集体所有制在新中国的创立并非偶然，其是建立社会主义公有制的必然逻辑结果，也是新中国尽早实现工业化的必由之路，这是一个历史性的必然选择。① 除此之外，40 多年的改革开放实践也证明，集体所有制兼顾了国家、集体、农民等各个方面的利益，是符合我国现实国情的最优选择。坚持集体所有制不仅可以避免农村出现大量"三无"（无地、无业、无保障）农民，同时还可以有效防止贫富两极分化，进而维护农村社会的和谐与稳定。

（二）集体所有制符合我国战略目标

习近平总书记强调："共同富裕是社会主义的本质要求，是人民群众的共同期盼。我们推动经济社会发展，归根结底是要实现全体人民共同富裕。"党的二十大报告把实现共同富裕摆在更加重要的位置，将其作为中国式现代化五大特征和本质要求之一。实现共同富裕最艰巨、最困难的任务就在农村，"十四五"时期要把城乡融合发展作为促进农民农村共同富裕的主阵地，在

---

① 王洪平：《论我国农民集体所有制的必然性》，《求是学刊》2021 年第 4 期，第 14～24 页。

城乡融合发展中扎实推动共同富裕。全民所有制主要解决的是城市发展和全面现代化问题，而集体所有制主要解决的则是乡村发展和全面现代化问题，缺失了农业农村的现代化和农民的共同富裕，全面现代化目标就不能实现。[①]要实现城乡融合发展，要实现共同富裕，就必须坚持集体所有制不动摇。

二、维护宅基地集体所有权主体地位不改变

（一）明确集体所有权主体实践内涵

我国各项法律均表示，农村宅基地作为农村集体土地之一，其所有权权利主体为农村成员集体，集体经济组织为集体所有权的代表行使主体。但法律法规中却未对"成员集体"这一概念做出更明确的表达，未指出成员集体的具体范围，农民集体也不是民事法规定的民事主体。法律法规规定由村集体经济组织代表农民集体行使所有权，但并没有明确集体经济组织的主体概念，如集体经济组织的组织形式、市场地位等，使其难以发挥管理和利用宅基地的能力。[②]二者之间形成的类似"委托—代理"关系的运行机制也尚不明确，使得"农民集体"的意志难以通过有效的代表机制形成。法律文件中的概念模糊极易造成地方实践时权能混淆，引发权能冲突风险。为此，必须进一步厘清农村集体与集体经济组织的概念内涵，使农村集体所有权主体的概念更为具体，从法律层面统一对不同主体的内涵认识。

（二）重塑集体经济组织的主体结构

从历史的角度看，农村集体经济组织不仅扮演着集体资产所有者的角色，而且其本身就是以发展壮大集体经济为目标的一个特殊的组织体，是代理行使集体资产所有权的最优主体。但由于主体制度缺陷、农村经济发展水

---

① 王洪平：《论我国农民集体所有制的必然性》，《求是学刊》2021 年第 4 期，第 14 ～ 24 页。

② 杨雅婷、汪思敏：《三权分置下"落实宅基地集体所有权"的法治路径》，《云南农业大学学报》（社会科学）2021 年第 3 期，第 89 ～ 95 页。

平不高等，集体经济组织运行中存在诸多困难，如职能地位弱化、运行机制缺失以及与村民委员会等自治组织政经不分，这些困境均与相应法律缺失有关。重塑农村集体经济组织主体地位最基本的要件是有明确的法律形态和规范化的运作机制。从法人治理结构建设角度探索两大问题：一是组织形态。理顺土地制度改革中政府与集体经济组织、其他组织特别是村委会与集体经济组织的关系。二是组织结构。探索集体经济组织内部决策、执行、管理、监督等相互制衡问题，规定其具体的组织形式、规范章程、合法的法人主体地位。①

三、坚定宅基地集体所有权权能实现不打折

（一）依赖收益权实现所有权

广义的产权是一组权利束，包括所有权、使用权、收益权和处分权等。其中，所有权是产权的核心，而最能体现所有权价值的是收益权和处分权。②在目前落实集体所有权的情况中，由于集体主体缺失、宅基地无偿使用等制度，集体所有权所包括的处分、收益等权能被弱化，造成集体所有权的各项权能缺失。因此应充实所有权权利体系，通过实现处分权和收益权来落实集体所有权。收益权最能体现出所有权的价值，要落实宅基地所有权，就必须保障集体组织收益权的实现。③实现收益权首先应完善相关法律法规，如在《土地管理法》《农村宅基地管理办法》等中细化集体经济组织享有收益权的规定，进而可通过探索宅基地有偿使用制度及制定合理宅基地增值收益分配标准来具体实现宅基地收益权。

① 邓蓉:《农村土地制度改革进程中的集体经济组织主体地位重塑》,《农村经济》2017年第3期,第43～48页。
② 韩文龙、谢璐:《宅基地"三权分置"的权能困境与实现》,《农业经济问题》2018年第5期,第60～69页。
③ 曹姣:《"三权分置"下宅基地所有权实现的困境与完善路径》,《中国农学通报》2021年第19期,第158～164页。

（二）通过处分权实现所有权

宅基地集体处分权的实现，是收益权实现的延续及集体所有权主体意志的表达，因此它的实现也体现了所有权的实现。集体经济组织行使处分权是为了满足集体中大多数人的权益，为了实现集体成员的生存和发展所需要的资源和条件所做出的处分决定，相关法律也应当对其中的生存、享受、发展内容予以明确。[①] 在落实集体所有权的过程中，应适度还权赋能，给予所有权主体一定的处分权，除了继续规范所有权主体对内的处分权以外，在条件成熟的地区可逐渐放开宅基地对外的部分处分权，让集体所有权主体参与处分权实现过程。

四、保持宅基地集体所有权权利落地不干扰

（一）明确所有权行使主体权责界限

在集体经济组织主体"虚置"的背景下，村民委员会在农村土地利用和管理上发挥了一定的作用，土地管理的国家体制性权利被收到县、镇级政府后，县和镇等为行使其政府职能，仍常常将宅基地所有权主体的权利限制在很小的范围内。这种权利运行机制使得集体土地财产权与集体土地的行政管理权发生紊乱，集体土地财产权的行使主体偏离了其原本应有的法律品格。[②] 因此在集体经济组织和村民委员会这"一虚一实"的主体结构同时存在的情形下，为了避免集体经济组织的权利被"架空"，又要兼顾集体产权改革需要与法律基本原理的协调，[③] 明确界定权利边界对落实宅基地所有权十分有必

---

① 韩松：《论农民集体土地所有权的管理权能》，《中国法学》2016 年第 2 期，第 121～142 页。

② 余敬、唐欣瑜：《农民集体权利主体地位的追溯、缺陷与重塑》，《海南大学学报》（人文社会科学版）2018 年第 1 期，第 111～118 页。

③ 姜红利、宋宗宇：《农民集体行使所有的实践路径与主体定位》，《农业经济问题》2018年第 1 期，第 36～43 页。

要。^①因此，应当明确集体经济组织所有权主体权责边界和职能，形成对宅基地专门化管理、经营的主体，从而有利于减少改革中多元主体决策的矛盾或利益博弈。

（二）保证集体经济组织管理相对独立

农村集体经济组织理论上拥有农村丰富的资源、资产和资金，^②其对农村和农民的重要性不容小觑，农村集体经济组织是代表集体独立进行经济活动、经营集体资产并行使集体所有权的生产经营组织。落实集体所有权的最终目的是实现集体成员的共同利益，因此为了最大限度发挥集体经济组织的经济组织作用，集体经济组织作为特别法人，在符合农村规划的条件下，集体经济组织可以不受过多干扰和干预，实现宅基地的利用和管理。从法律法规上明确集体经济组织与其他机构行使集体土地管理权的内容，明确集体经济组织在符合土地规划前提下的管理权限，包括为提升宅基地利用价值而对宅基地使用权的分配、收回、有偿退出和整理的方案，对宅基地合法使用的监督等内容。从而保证集体经济组织的相对独立管理权利，实现宅基地价值充分发挥。^③

第三节　稳定落实宅基地所有权实现路径

在宅基地"三权分置"改革背景下，如何确保农村宅基地的所有权稳

---

①　邓蓉:《农村土地制度改革进程中的集体经济组织主体地位重塑》,《农村经济》2017 年第 3 期, 第 43～48 页。

②　陈小君:《我国农民集体成员权的立法抉择》,《清华法学》2017 年第 2 期, 第 46～55 页。

③　杨雅婷、汪思敏:《三权分置下"落实宅基地集体所有权"的法治路径》,《云南农业大学学报》（社会科学）2021 年第 3 期, 第 89～95 页。

定落实是一个难题。宅基地所有权目前面临法律地位缺失、主体多元化、完整处分权的缺失和所有权中的收益权难以实现等困境。为此，从稳定落实宅基地所有权的实施机制和制度保障两个方面提出落实宅基地所有权的实现路径。

一、稳定落实宅基地所有权的实施机制

（一）建立宅基地农村集体组织治理运行机制

宅基地所有权归农村集体所有，但在实践中农村集体只是一个虚置的主体，往往由村集体经济组织、村民事务理事会或村民委员会代表行使所有权。[①] 而目前在法律层面上对于村集体经济组织、村民事务理事会和村民委员会作为行使宅基地所有权的主体地位众说纷纭，导致其法律地位定位不明，无法在农村宅基地事务中发挥其作为所有权主体的相关权利。

因此首先要落实明确相关的农村集体组织的法律主体地位，赋予其法人资格。同时给予农民集体组织相应的所有权权利，充分发挥农民集体组织在处理宅基地事务和乡村治理中的所有权主体作用。其次是解决宅基地所有权多元主体的问题，明确宅基地所有权主体的唯一性，发挥一元主体在所有权权利行使过程中的主导作用，从而避免因多元主体而导致的宅基地收益分配冲突。[②] 为此，各试点地区在实践中积极探索，如湖北省宜城市明确村民事务理事会行使宅基地所有权，贵州省湄潭县明确村集体经济组织行使宅基地集体所有权。[③] 因此，需要明确农村集体组织所有权主体，建立农村集体组织对宅基地管理的运行机制。

---

① 张广辉、辛琬昱：《乡村振兴视角下宅基地"三权分置"改革：缘由、挑战与实现路径》，《沂蒙干部学院学报》2022年第4期，第19～27页。

② 韩文龙、谢璐：《宅基地"三权分置"的权能困境与实现》，《农业经济问题》2018年第5期，第60～69页。

③ 康文杰、何鹏飞、杜伟：《我国农村宅基地"三权分置"改革探索与困境破解——基于33个试点地区的改革举措分析》，《成都师范学院学报》2022年第11期，第99～109页。

（二）健全宅基地所有权主体的监督和管理机制

宅基地所有权主体有权监督和管理宅基地使用权主体对宅基地的面积与用途、宅基地流转范围、期限以及流转后宅基地的利用。[①] 而目前农村宅基地违建、超占现象较多，集体经济组织在及时纠正和有条件调整、收回违法建设、超标建设和长期闲置的宅基地时"无权作为"。究其根源在于所有权主体的监督和管理不够，也反映出所有权主体的监管能力有限。

因此首先要构建由村民代表组成的自治组织，其可由村民推荐选举产生的更能代表集体意志和群众意志的人员组成，并赋予其监管职责，而自治组织受制于集体经济组织或村民委员会的节制并由村民共同监督，充分发挥管理主体的自治作用和民主管理。其次是明确监管内容，其主要职责是管理所有权收益的使用和监督所有权主体在处理宅基地事务中是否做到秉公执法，做到有权必有责，用权受监督。[②] 最后是强化监管过程中的民主参与及监督，加强民众的主体意识，鼓励民众自督自查，相互监督。

（三）完善宅基地退出回收利用和有偿使用机制

宅基地"三权分置"改革的目的在于盘活闲置宅基地，显化宅基地的财产价值。其实现主要通过所有权主体回收集体组织成员不符合规定面积的、不符合规定用途的、非集体组织成员使用的宅基地、农民退出宅基地、农民流转宅基地使用权等方式，因此宅基地的退出回收工作显得极其重要。为了有效盘活闲置的宅基地，提高农民退出积极性，目前宅基地退出主要采取有偿退出的方式。为了充分保障农民利益，应当建立科学合理的宅基地退出补偿价值体系。宅基地的回收工作量大、利益复杂、程序不清，且很多农村地

---

① 陈俊池：《农户对落实宅基地集体所有权的满意度评价及影响因素研究——以重庆市大足区为例》，四川大学硕士学位论文，2022 年。

② 朱强、汪倩：《乡村振兴视域下宅基地三权分置改革的困境与对策》，《湖北农业科学》2021年第 7 期，第 197～200 页。

区集体组织并不具有具体的行使权。

因此首先要赋权给村民委员会、村民理事会等集体组织，由其来开展宅基地回收工作。其次要颁证确权，按照"一户一宅，法定面积"的原则重新核算每户农民的宅基地面积，并颁发资格权证和使用权证。然后对超占、多占的宅基地进行回收，对不愿意回收的宅基地进行有偿使用。

二、稳定落实宅基地所有权的制度保障

（一）规范宅基地审批利用制度

现行宅基地审批一般由县级土地行政主管部门主管，这就导致宅基地所有权主体的审批权能缺失，使得其在行使处分权时面临诸多挑战。如在产权管制下，农村宅基地所有权主体审批权被限制，用途管制下存量有限的农村住宅用地消耗殆尽，宅基地审批制度处于空转状态。[1]宅基地"三权分置"改革背景下允许宅基地的退出和流转，意味着宅基地资格权和使用权的获得都需要得到宅基地所有权主体的审批，宅基地的退出和回收也需要所有权主体进行审批。

因此，要进一步还权赋能，在宅基地流转和退出环节，为防范流转过程的风险，给予宅基地所有权主体对流转申请涉及的流转双方的资格、流转用途、流转方式、流转期限、收益分配等内容进行审核的权力。[2]同时也要做好宅基地取得和退出审核工作，盘活闲置宅基地，这样才能更好发挥所有权主体的审批权能。

（二）建立宅基地有偿使用制度

由于农村宅基地是农民无偿取得的，使得部分人为了私利不断扩大宅基

---

[1]　张少停、马华：《农村宅基地"三权分置"改革中的管制改革研究——以产权管制理论为分析视角》，《社会主义研究》2022 年第 3 期，第 120 ～ 127 页。

[2]　游斌、张军涛、于婷：《城乡融合发展视角下宅基地"三权分置"实现形式研究》，《江汉学术》2021 年第 6 期，第 13 ～ 22 页。

地面积，在宅基地使用权流转范围扩大的背景下，宅基地使用权流转可以带来更大的经济利益，这种超占行为严重侵害了集体成员的利益。

因此，要逐步改变宅基地的无偿使用制度，对于超占、多占以及违占宅基地和非集体组织成员使用宅基地的情况进行有偿使用，并对宅基地有偿使用标准做出科学评估。同时，农民超占、多占宅基地的有偿使用费与非经济组织成员有偿取得宅基地的收费标准是不一样的，建立宅基地有偿使用制度的目的在于既给予多占宅基地面积的农户一定的经济压力，利用经济杠杆促使其退出不符合规定面积的宅基地，又让少占用宅基地的农户不会觉得利益受损，从而保障集体组织成员的利益。

（三）健全宅基地利益分配制度

宅基地集体所有的性质决定了所有权的实现过程需要体现集体成员的公有利益，主要通过宅基地利益的分配实现宅基地对所有集体成员的公平保障。[①] 宅基地所有权中的收益权规定宅基地所有权主体可以参与宅基地使用权发生流转或灭失、因政策征地导致的宅基地所有权的灭失、城乡建设用地增减挂钩导致宅基地发展权发生转移等情况产生的利益分配当中。在宅基地使用权不被允许流转给村集体组织外时，存在各种"隐形交易"，其损害了宅基地所有权主体的收益权权能。在"三权分置"改革背景下宅基地使用权的流转可以进入更大的交易市场，各利益主体之间的经济纠纷问题也会增多。

因此，要制定合理的收益分配制度，建立科学的宅基地流转收益分配机制，充分保障所有权主体收益权的权益不被侵害的同时，保证各利益主体收益的公平和公正。

---

① 游斌、张军涛、于婷：《城乡融合发展视角下宅基地"三权分置"实现形式研究》，《江汉学术》2021 年第 6 期，第 13～22 页。

第八章 法定化：
有效保障农户资格权实现路径

宅基地资格权作为"三权分置"改革中提出的新权利，其在权利主体认定标准、权益保障以及实现形式上都存在许多争议及困境，尤其是资格权的权能认定和确权方式，在理论和实践层面都还处于探索阶段。同时，在以往的宅基地退出中，最突出的矛盾是退出补偿问题，其根源在于宅基地价值没有科学的评估方法，没有建立合理的利益分配机制。因此，为了有效保障宅基地资格权和更好地维护农户利益，需要进一步研究宅基地资格权权能认定和实现方式，推动资格权多形式确权，建立资格权价值评估体系和利益分配机制，打通资格权重获的返乡通道，构筑农户"住有所居"的防护屏障。

第一节 农村宅基地资格权权能认定与实现方式

在资格权权利主体认定上，学术界和试点区实践探索上表现为两种观点：一种是以"农户"为资格权权利认定主体，另一种则是以"集体成员"为权利认定主体，标准不统一可能导致农民权益保障不公，也难以确立资格权主体的法律地位。在资格权主体认定标准上，大致形成了以下三种标准：户籍关系、长期的生活生产关系、土地生活保障，三种标准各有利弊，无论采取哪个单一标准都不能有效解决资格权权利主体的认定问题。资格权主体认定的另一方面争议是，资格权主体得到界定后是否需要以颁证登记来加以确定，对此理论界同样持两种态度：有些学者认为资格权属于一种成员权，而不属于我国法律规定的物权形式，因此不需对资格权进行专门认定，另外一些学者认为需要行政机关颁发证书来保障其法律效力。这些问题都亟须在理论层面深入探索、辨析，在实践层面拓宽范围，以实践检验推动立法。在资格权权益保障上，由于我国尚未有法律对资格权的认定标准及认定程序做出明确规定，资格权主体的权益极易在宅基地的取得、流转等过程中受到损害。在实现形式上，由于有些农村土地资源紧张，农民无法获取宅基地导致其居住权难以得到保障。因此应加快建立多元化居住保障形式，从而实现农民"户有所居"。

一、明确标准规范资格权认定形式

我国目前没有法律法规对资格权主体进行确定，也没有制定明确的资格权主体认定标准，导致各地对资格权的主体认知不一，而标准不统一会造成不公平现象。资格权的主体认定关系着资格权的法律地位和权益实现。因此要科学界定资格权权利主体、制定合理标准来完善资格权认定体系。

（一）以双层权利结构来界定资格权权利主体

1. 以"集体成员"为资格权权利主体

宅基地资格权的权利设计是保障每个集体经济组织成员的合法居住权，因此其权利主体应认定为"集体成员"。若以"农户"为主体，农户本质是集体成员的生产生活共同体，各户不仅在成员数量上有差异，还会出现上学、当兵、外嫁、去世、新生等各种复杂情况，易出现权利主体混乱现象，不仅与资格权的权利特征背道而驰，还大大增加了资格权的管理难度。

2. 以"户"为资格权行使主体

现实中集体成员常以"户"为单位进行生产，因此在实现宅基地的分配时可以以"户"为单位，《土地管理法》和《宅基地管理办法》等法律法规中也规定宅基地分配应遵循"一户一宅，按户取得"原则，表明"农户"只是划分宅基地面积的单位而不是资格权的权利主体。因此应建立"按人认定，以户实现"的资格权主体认定机制，形成以"集体成员"为权利主体、以"农户"为行使主体的双层权利结构，即按人认定资格，以户实现权益。这既能将资格权权益保障充分落实到每一个集体成员上，同时也满足了农村以"户"为单位进行生产生活的社会习惯。

（二）以多因素复合形式厘清资格权认定标准

1. 以"土地生活保障 +"作为资格权认定的一般标准

宅基地资格权的认定事关每个集体经济组织成员的切身利益，直接影响其是否能享受到集体所带来的基本生存权益及后续发展收益，因此需厘清成员资格认定标准，以便能切实保障每位成员的权益，体现资格权的平等性、公正性。我国最高人民法院《第八次全国法院民事商事审判工作会议（民事部分）纪要》在处理农村土地承包、征收、征用问题上，强调以当事人的生产生活状况、户籍以及土地生活保障基础为认定标准，综合考量成员资格。这种全面考虑各项因素的复合标准既紧密契合农村社会实际，同时经过了多次司法实践检验，具有极高的合法公正性，便于推广使用，因此应以此作为农村集体经济组织成员的认定标准。而在各项因素的重要性排序上，应将是否以集体土地为基本生活保障作为集体成员认定的基本判断标准，户籍和生产生活关系作为辅助认定依据。土地生活保障标准代表着集体成员与土地之间最实际、最本质、最紧密的联系，以土地生活保障作为基本认定标准符合集体成员身份的实质内涵。同时结合我国农村社会保障水平仍较低的现实国情，理应将土地生活保障定为基本认定标准。虽然以户籍认定仍是许多试点区的实际做法，但在未来城乡不断融合的背景下，户籍认定终将慢慢被淡化，而生产生活关系只是成员与集体之间形式上的关联，紧密程度略显不足，无法表现成员身份的本质特征，因此二者适合作为辅助参考依据。

2. 有特殊情况时，在一般标准的基础上综合特殊标准认定资格权

建立一般成员资格认定标准后仍需注意一些特殊情况，如：

（1）因婚姻关系产生的特殊情况。如认定"外嫁女"的资格权时，若其是"农嫁农"，则应考虑生产生活关系和土地生活保障；若是"农嫁非"，则应考虑其在城镇内是否有稳定的生活保障，若没有，则应保留集体经济组织成员资格。同样对于丧偶、离异的妇女也应以其土地生活保障作为标准，坚持平等、生活保障原则。福建晋江、山东禹城等地均明确规定了外嫁女保留资格权的相关要求。

（2）在读大学生、服刑、服兵役等特殊情况。对于外出就学、服刑、参军的人员仍应继续保留其成员资格。因为在此期间，大学生尚无独立经济来源，服刑人员仍需以集体土地作为基本生活保障，而农村入伍的义务兵和初级士官，一般没有安排工作和解决城市户口，因此上述人群的生活基础仍然依附于集体经济组织，所以应当为其保留资格权。但若其未来被纳入了其他生活保障体系，则不再具有集体成员资格。如湖北宜城规定，户籍在本集体经济组织，因升学、暂时外地工作和生活、失地后招工进厂、服兵役、服刑人员等保留宅基地成员资格。

（3）与农村集体具有长期农业生产关系的外来农业人口产生的特殊情况。对于在农村集体进行了长期（此"长期"由集体经济组织商议决定）农业生产的外来农业人口，在综合村民对其品行、信用、能力评价的基础上，经过集体经济组织三分之二以上成员同意后，可以以有偿使用的方式获取一定期限的宅基地资格权。如贵州湄潭便允许与农业合作社签订长期承包地流转合同的外来农业人口获得宅基地资格权，以此稳定外来劳动力支持本地经济发展需要。

（三）以婚姻、血缘和面积标准控制来认定"户"

1. 以婚姻、血缘关系作为"户"的认定标准

"户"是划分宅基地面积的基本单位，是资格权的实际行使主体，"户"的界定以及"分户"条件的确立对宅基地改革影响非常大。对于"户"的界定，从大部分试点经验来看，多以婚姻关系、血缘关系为纽带而构建成"家庭户"、"成员户"。我国农村情况复杂多变，难以在法律上建立统一的具体标准，所以应当在基本原则上结合各村实际情况制定详细的划分标准。同时

应按照每户的规模大小分别设立不同的宅基地面积上限，如浙江德清就以户内人数将户划分为大、中、小三个等级。

2.设立人均、宅均面积控制分户

对于"分户"条件，试点区大多以法定适婚年龄和婚姻事实为依据。但随着宅基地资产价值不断提升，不免会有人申请以牟利而非居住为目的的"分户"，这种情况会造成宅基地资源的大量浪费，"一户多宅"、长期闲置状况越发严重。针对此，可设立人均宅基地面积和户均宅基地面积两个控制标准，即若农户原有的宅基地面积在控制面积范围内，则即使达到"分户"条件也不予分配；若户内成员人数增长到户均控制面积以外，则可申请扩建、改建或新建。通过此方法既能保障成员居住权，也能避免"一户多宅"、"超占乱占"等现象发生。

二、多措并举推动资格权确权

长期以来，农村宅基地隐性交易屡禁不止。这种不受法律及政策保护的隐性交易不仅影响了农村土地市场的正常运行，也损害了本集体经济组织及其他农民的土地权益，还由此产生了许多权益纠纷，增加了社会的不稳定因素。[①] 究其原因，主要是农民宅基地资格权主体权益未得到确认和保护，在取得、流转、退出和重获过程中面临一些风险。针对此问题，各试点地区做出了不同的探索，根据试点经验总结提出以下解决方案和建议。

（一）以确权颁证来固化资格权

1."三权一证化"确权颁证方式

确权颁证是固化资格权最有效方式，向农户颁发"三权证书"以巩固其资格权。农户"三权证书"包括宅基地所有权人、资格权人和使用权人信息，具体内容则有宅基地所属的集体经济组织名称、宅基地资格权成员信

---

① 周建国:《宅基地使用权之规范有序流转》,《行政与法》2021 年第 11 期, 第 71 ～ 77 页。

息、宅基地使用权人信息、宅基地物理信息（包括宅基地的面积、位置、四至）、证书编号、资格权获取日期等。若宅基地使用权发生流转，则应及时在证书上登记受让人信息、流转期限及流转用途，并向受让人颁发使用权证书。如安徽旌德对同一宅基地，一式三份证书分别由所有权人、资格权人、使用权人持有，充分保障各权利主体的利益。

2."房地一体化"确权颁证方式

"房随地走、房地一体"是宅基地"三权分置"改革的最基本要素。为了推动宅基地资格权确权，需要尽快建立"房地一体"的宅基地不动产管理信息平台，按照《地籍调查规程》《农村地籍和房屋调查技术方案（试行）》《农村不动产权籍调查工作指南》等技术标准，开展宅基地权属调查和不动产测绘，查清宅基地及其房屋的位置、界限、面积、权属等，实施房地一体确权登记。对权属合法、登记要件齐全的宅基地及房屋要尽快办理房地一体确权登记颁证；宅基地已登记、房屋未登记的，根据需求及时办理房地一体登记，换发房地一体不动产权证书。

（二）以股权量化来稳固资格权

1.保留集体股，建立合理股权结构

宅基地股份量化是重塑村集体经济组织与集体成员之间产权关系的一种制度创新。我国农村宅基地属于农村集体经济组织所有，同时当前的集体经济组织也承担着乡村治理的重要使命。集体宅基地股份收益不但要保障"在场"（有宅基地）成员利益，更要保障"缺席者"（是集体成员但不享有宅基地）的权益。[①] 所以对农户使用的农村宅基地设置集体股、个人股，分别由村集体经济组织与农户拥有，经过专业评估后确定集体和农户应占份额，对宅基地价值进行股权量化，明晰村集体经济组织与农户的宅基地产权关系，

---

① 刘云生、孙林:《农村宅基地"三权分置"与股份制改革》,《法治现代化研究》2021年第6期,第89～98页。

同时颁发相应的股权证书，以此稳固和实现农户对宅基地的资格权。

2.建立"量化到人，确股到户"实施机制

确股是对产权客体的价值界定，是落实宅基地资格权的一种新方式，同时也是对集体资产收益分配的制度创新，其最大作用在于建立"归属清晰、权责完整、保护严格"的宅基地产权制度。宅基地股份量化的对象和范围在逻辑和价值上可分为两类：一类是农户保障型宅基地。这类宅基地具有身份性、公益保障性，以股权量化方式来保障固化资格权；另一类是资产收益型宅基地，这类宅基地是保证资格权收益的重点。通过建立"量化到人，确股到户"的实施机制，将股权化对象的宅基地以份额形式量化到集体经济组织成员，实现宅基地的量化到人。而对于集体成员享有的份额，应当以户为单位进行确股。

（三）引入法律公证保障资格权

在还未实施确权颁证固化资格权的前提下，还需要一些创新措施来固化资格权，比如四川德阳探索的"三书模式"具有很强的借鉴意义。德阳市创新提出由农交所牵头，律师事务所、公证处协同联动的"三书模式"，即农交所在办理闲置宅基地和农房使用权流转中，律师事务所和公证处提供法律服务保障，对流转手续和程序进行规范，对交易双方主体资格、宅基地和房屋的权属真实性及合法性等进行法律审查，并出具律师法律审查意见及见证书、公证书、交易鉴证书，确保闲置宅基地和农房的依法、有序和规范流转。

1.通过法律文书，登记认定资格权

法律文书是我国司法机关、公证机关、仲裁组织依法处理各类诉讼案件、国家授权法律机构和法律组织所办理和裁决非诉讼案件的公证文书和仲裁文书，具有明显的法律效力，可有效证明和保障农民的资格权权益。法律审查意见书、现场公证书通过发挥记录、证明、沟通、监督等作用，可有效预防纠纷、化解矛盾、避免和减少诉讼；经过法律认证的农户资格权被记录

在交易鉴证书上，而由农交所出具并登记的交易鉴证书受到不动产登记法律的保护，即等同于为农户资格权上了一道法律保护屏障。

2. 提供法律服务，公证流转交易过程

各地区可选取专业法律人士成立相关工作小组，作为第三方参与到宅基地使用权流转的交易过程中，审查宅基地权属性质、面积、位置、房屋现状等情况的真实性，为交易双方进行法律关系认证，提供相关法律咨询，并完善交易协议等法律文件，为农户及受让企业提供相应的法律帮助，充分发挥公共法律服务的公证作用。通过出具各项法律文书，严格记录流转程序中的法律事实，确保流转程序的公平公正和合法合规性，以此保障整个过程中农户资格权的权能实现有法可依、有实可依。

（四）创设流转平台保证资格权

农村产权交易平台是保证资格权和规范使用权流转的重要手段之一，是规避隐形交易的重要措施。成都农交所开展的农村产权交易具有一定的借鉴意义。《成都农村产权交易所闲置农村住房及其宅基地使用权交易细则（试行）》规定，申请农村住房及其宅基地使用权交易时出让方需提交交易申请书、权属证明材料、内部决策材料、主体资格证明材料、交易委托合同、拟签订的交易合同文本，以及房屋安全鉴定相关资料、房屋用途说明、出让方案、资产评估、法律意见等。农户在农交所工作人员的指导下，对拟交易闲置农村住房及其宅基地使用权的基本情况、权属关系、决策情况、交易方式、交易价格、交易期限、交易用途、受让方资格要求等内容进行核实确认，并在农交所平台填报交易申请材料。通过农交所交易平台，交易双方的主体资格和交易过程的法律事实都有了权威性的认证，有效保证了农户资格权的法律效力。

1. 流转平台可规范交易流程

以往大多数宅基地流转纠纷形成以及农户权益得不到保障的原因就是宅基地流转合同、程序不规范。农交所由政府部门组办，对宅基地制度、政策、法律法规等比较熟悉，流转平台会对交易双方的主体资格做出严格审查，并会提供具有相当程度法律效力的资格权属证明文件，一定程度上保证了农户的资格权。除此之外，在消除信息不对等上农交所也发挥着重要作用，农户可获得更全面的流转信息，一定程度上保障了其利益。

2. 流转平台可对权属进行登记认定

在交易过程中，农交所除了保证宅基地的有效流转，同时作为一个具有相当程度权威性的第三方机构，还起到了认证农户宅基地资格权的作用。通过农交所平台发生的宅基地流转交易行为，农户所提交的权属证明、资格证明等材料均会在农交所存档留案。因此当发生后续纠纷时，这些材料可有效保障农户的宅基地资格权。

三、多元形式保障资格权实现

宅基地"三权分置"的目的之一就是资格权的独立成权，使得原来"两权分离"结构下的农户身份性居住保障权找到新的权利载体。[①] 权利的行使往往伴随着权利的实现，长久以来"一户一宅"是我国实现集体成员资格权居住保障的主要方法。[②] 但在经济发达地区，耕地保护与宅基地和建设用地之间的矛盾日益突出，宅基地无地可供也是当前面临的问题。2019 年修订的《土地管理法》规定"保障户有所居"，这也表明资格权的实现形式范围扩大，从单一的"一户一宅"向"一户一宅"和"一户一居"并行转变。

（一）规范优化"一户一宅"实现方式

1. 明确"一户"和"一宅"的标准

宅基地制度改革的目的之一是实现宅基地的集约利用，实现农户"一户

---

① 邱芳荣、冯晓红、靳相木：《浙江德清：探索宅基地"三权分置"实现路径》，《中国土地》2019 年第 4 期，第 53～54 页。

② 赵常伟：《宅基地"三权分置"的法意解析和民法制度供给》，山东大学硕士学位论文，2022 年。

一宅"或"住有所居"。根据试点经验来看,以"一户一宅"的方式向农户无偿提供实体宅基地仍是大多数试点采取的保障农户居住的主要形式。因此应不断完善"一户一宅"的实现方式,防止宅基地资源浪费。对于"一户",要明确规定"成户"和"分户"的标准和条件;对于"一宅",要以坚守耕地红线为原则,可采用多种方式来控制宅基地的标准面积,如湖北宜城将人均耕地面积作为宅基地面积标准确定的主要考量因素,用村人均耕地面积方式确定宅基地面积标准。

2. 建立有偿使用到退出的衔接机制

为了解决"一户多宅"、违规占用等乱象,应建立有效的有偿使用到有序退出的衔接机制,尤其要从有偿使用的费用标准、使用期限等方面考虑,促使集体经济组织成员的"一户多宅"与非集体经济组织成员占用的宅基地能逐步有序退出。比如,江西余江在"一户一宅"实践中设定了明确的有偿使用标准,有效整治了宅基地违占超占等现象。

(二)创新多元化途径落实居住保障

1. 建立多种住房保障形式

资格权设立目的在于保障村民的居住权,分配给农户独立的宅基地只是居住权实现的方式之一。目前我国许多农村土地资源紧缺,宅基地资格权实现形式应更多采取"一户一居"的保障形式,跳出"一户一宅"的实物土地保障局限,以多元化方式为集体成员提供住房保障。在土地资源紧张的区域以建设农民公寓、农民集中居住小区等实现农户资格权权益。加快建设城乡一体化住房保障体系,在土地后备资源不足的地方,建立宅基地资格权与城镇住房保障体系相衔接机制,对于建房资金紧缺的农户,以资格权凭证允许其在未有宅基地使用权时可享受与城镇居民同等的住房保障。如浙江义乌允许以资格权面积为基数,按 1:5 比例置换城镇商品房和产业用房,改变了以往单一的"一户一宅"的资格权实现方式。

2. 建立实物 + 货币、股权保障形式

在满足"一户一宅"、"一户一居"的居住保障基础上，还可采用"实物 + 股权"或"实物 + 货币"双重保障机制。这不仅能缓解土地资源紧张区域宅基地批地难的问题，换来的股权、货币的保障功能还能拓宽至农户生活的其他方面。如北京大兴、山东禹城等均采用这类方法，浙江绍兴推出"保障权票"，未能建房的农户可凭该票换取同面积的农民公寓，若公寓面积不足，超出的面积还可以用以流转，充分保障了资格权的实现。

第二节　农村宅基地资格权价值评估与实施机制

一、宅基地资格权价值构成与分配方法

（一）宅基地资格权价值构成分析

宅基地资格权是农民基于集体成员身份而享有的取得宅基地使用权的资格和基于使用权通过出租、抵押、转让等流转方式而取得的财产性收益的资格总和。我们认为，宅基地资格权集保障属性和财产属性于一体，其价值不仅仅指宅基地的土地价值，是一个包括发展权价值、功能价值和房屋及附属设施价值的综合价值体。宅基地资格权作为集体成员权的权利表现形式，是宅基地使用权的前提和基础。因此，宅基地资格权人通常情况下不能单一退出宅基地资格权而保留宅基地使用权，此时资格权的价值构成为资格权价值和使用权价值之和。宅基地资格权和使用权实际上都是包含多种权能的权利束，或称为权利群。[①] 宅基地资格权的权能主要包括四个：宅基地取得权、

---

① 林超、郭彦君、张林艳：《农村宅基地资格权研究进展与启示》，《台湾农业探索》2020年第6期，第41～46页。

宅基地管理权、宅基地收益权、宅基地救济权。[①] 宅基地使用权的权能主要包括占有权、次级使用权和收益权。

宅基地取得权是指农村集体成员户凭借集体组织成员身份，依法从集体无偿取得一定面积的宅基地，用以建造农房及相应附属设施，以保障农民基本居住权益的权利。[②] 宅基地取得权作为集体内成员生存保障权的重要依托，是其保障功能及福利性质的重要实现方式。[③] 从功能上看，宅基地取得权是集体实现其成员住有所居的基本生存保障功能的重要依托，承载着宅基地的保障属性。[④] 由于城乡二元结构的长期存在，保障功能主要体现在三方面：一是无偿取得的宅基地是用来保障农民居住的，表现为宅基地资格权的住房保障功能；二是宅基地是农民晚年养老的地方，在一定程度上承担了养老等社会保障功能，表现为宅基地资格权的社会保障功能；三是如果农民退出宅基地资格权后到城镇生活，基本生活支出将会发生变化，而宅基地退出要求确保农民生活质量不降低，故要考虑农民生活成本的增加，拥有宅基地取得权是农户成员拥有居住房屋等基础生活保障的重要依托，具备了宅基地的生活保障性质。[⑤] 因此，宅基地资格权在一定程度上表现为生活保障功能的重要载体。

宅基地管理权是指宅基地资格权人基于合同责任对宅基地使用权的正当性进行管理的一种权利。当宅基地资格权人和使用权人为同一人时，宅基

---

① 张力、王年：《"三权分置"路径下农村宅基地资格权的制度表达》，《农业经济问题》2019年第4期，第18～27页。

② 任怡多：《"三权分置"下宅基地资格权的法律表达》，《山东行政学院学报》2022年第2期，第33～41页。

③ 庞瑶：《三权分置下宅基地资格权继承的制度构建》，《湖北经济学院学报》（人文社会科学版）2020年第5期，第70～73页。

④ 张力、王年：《"三权分置"路径下农村宅基地资格权的制度表达》，《农业经济问题》2019年第4期，第18～27页。

⑤ 吴婷：《"三权分置"下宅基地资格权的权属界定及制度设计》，《太原城市职业技术学院学报》2020年第7期，第157～160页。

地资格权的管理权能表现为对宅基地开发利用的自我管理和约束。[①] 宅基地资格权中的收益权是指宅基地资格权人全部、部分流转或退出宅基地使用权而取得流转对价与退出补偿的权利，既不包括一体消灭宅基地资格权与使用权的征收补偿，也不包括农村居住户自主行使宅基地使用权而带来的经营收益，例如自住农宅的房间出租而收取租金等。[②] 宅基地资格权中的收益权是农民作为宅基地资格权人有权获得宅基地资格权退出和使用权退出价值补偿的重要依据，也是宅基地资格权价值存在的重要表现。宅基地救济权指宅基地资格权人有权防止集体或他人对自己合法取得的宅基地进行侵害的权利。[③] 这几种权能是对资格权实际权利的诠释，并没有实际价值内容，故宅基地资格权价值内容主要包括宅基地发展权价值、住房保障价值、社会保障和生活保障价值四个部分。

宅基地占有权是指资格权人依法申请取得宅基地使用权或者宅基地使用主体通过流转获得使用权，宅基地使用权人具有占有依法取得的宅基地权利，是使用权人对宅基地事实上掌握和控制的权利，具有排他性。宅基地次级使用权是指宅基地使用权主体有权利用宅基地建造房屋及其他生活设施，其中包括农民在宅基地上开展的副业生产活动，其表现出来的使用权价值为房屋及其附属设施价值和副业生产价值，同时宅基地制度作为中国农村集体经济所有制形态下的重要土地制度，在制度变迁过程中便已形成并固化了一些集体情愫和集体精神。[④] 农民在宅基地的使用过程中，会对其产生深厚的乡土情结，宅基地也承载着农户安土重迁的恋土情结和地方归属的情感依

---

① 何燊炜、赵翠萍、董星灵：《以宅基地制度改革推进乡村治理现代化》，《河南农业》2023年第13期，第8～9页。

② 唐晓琴：《"三权分置"背景下农村宅基地农户资格权面临的困境与对策》，《农村实用技术》2020年第1期，第11～12页。

③ 张力、王年：《"三权分置"路径下农村宅基地资格权的制度表达》，《农业经济问题》2019年第4期，第18～27页。

④ 杨青贵：《新型城镇化背景下我国宅基地制度的发展歧向与功能塑造——以协调发展为理念》，《经济法论坛》2018年第1期，第201～214页。

恋，^① 其可表现为使用权的情感传承价值。^② 宅基地使用权中的收益权是指宅基地使用权主体通过依法流转宅基地使用权、开发利用宅基地和退出宅基地使用权这三种方式获得收益的权利，^③ 其既表明了宅基地使用权的价值存在，又是宅基地使用权人获得收益途径的重要依据。因此宅基地使用权的价值内容应该包括房屋及其附属设施价值、副业生产价值和情感传承价值三个部分。除以上价值构成外，宅基地资格权价值还包括了部分发展权价值，按其形成路径可分为宅基地退出的发展权价值和宅基地流转的发展权价值两种类型，本书的发展权价值主要指宅基地退出发展权价值，是宅基地资格权人将宅基地退给集体后，在再利用过程中由于土地性质改变、土地集约度改变和经济发展、基础设施完善、环境改善产生的增值收益。^④ 宅基地资格权价值构成推导详见图 38。

（二）宅基地资格权价值分配方法

从以上分析可以看出宅基地所有权、资格权和使用权等权利中都具有部分收益权。宅基地所有权的收益权实现路径主要有宅基地所有权灭失获得的补偿、宅基地有偿使用获得的收益、宅基地使用权发生流转或灭失、宅基地资格权退出、宅基地发展权发生转移、农民集体收回的空置宅基地的开发利用获得的收益等。宅基地资格权的收益权实现路径有宅基地使用权流转、使用权退出、资格权退出。宅基地使用权的收益权实现路径有宅基地使用权流转、使用权退出、使用权人对宅基地开发利用（详见图 39）。从图 39 可以

---

① 张慧利、夏显力：《心理所有权对农户宅基地退出行为的影响研究——基于相对剥夺感的中介效应和社会质量的调节效应分析》，《中国土地科学》2022 年第 1 期，第 37～46 页。
② 刘丹、巩前文：《功能价值视角下农民宅基地自愿有偿退出补偿标准测算方法》，《中国农业大学学报》2020 年第 12 期，第 173～183 页。
③ 游斌、张军涛、于婷：《城乡融合发展视角下宅基地"三权分置"实现形式研究》，《江汉学术》2021 年第 6 期，第 13～22 页。
④ 朱从谋、苑韶峰、李胜男等：《基于发展权与功能损失的农村宅基地流转增值收益分配研究——以义乌市"集地券"为例》，《中国土地科学》2017 年第 7 期，第 37～44 页。

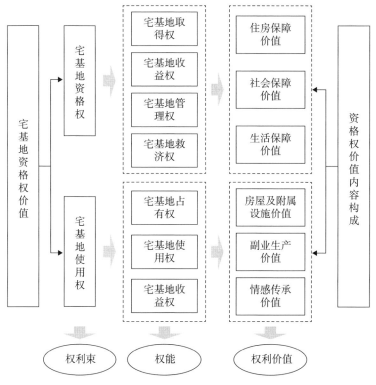

图 38　宅基地资格权价值构成推导图

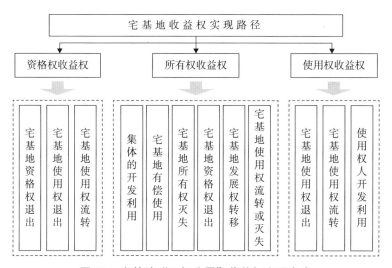

图 39　宅基地"三权分置"收益权实现方式

看出，宅基地所有权的收益权和宅基地资格权的收益权的实现都涉及宅基地资格权退出，这意味着宅基地资格权退出过程中产生的部分价值要在不同利益主体之间进行分配。

宅基地发展权是与宅基地所有权相分离的独立权能，体现了土地使用中权益增量的财产权，意味着土地增值收益的权利归属和分配。从这个意义上说，宅基地发展权本身就是收益分配的重要依据。宅基地退出发展权价值就是收益分配的价值。目前国内学者对土地发展权的归属研究结论主要有涨价归公论、涨价归私论和公私兼顾论三种，但更多学者支持兼顾公平与效率的土地发展权公有和私有并存。[①] 我们通过研究认为，宅基地发展权实际上是从宅基地所有权与使用权中分离出来的一种特殊权利，宅基地退出发展权价值应该在所有权人、资格权人和使用权人之间分配，政府主要通过税收的方式参与分配。

基于以上宅基地资格权价值分配理论分析，本研究采用动态联盟利益分配模型来计算宅基地退出发展权价值在所有权人、资格权人、使用权人之间的分配方式。动态联盟利益分配模型是基于联盟成员的投入和承担的风险来进行利益分配的一种方法，其优点在于不需要考虑联盟各成员的合作状态，同时结果误差较小。借鉴王兆林等的研究，[②] 构建基于动态联盟模型的宅基地资格权价值分配模型，假设 G 为集体和农民组成"联盟体"需要分配的宅基地土地价值，联盟各成员的投入为 I_j，风险系数为 R_j，那么联盟成员 j 的收益为：

$$G_j = G\left[\frac{R_j \times I_j}{\sum_{j=1}^{2} R_j \times I_j}\right] (j=1,2)$$

---

① 梁发超、袁立虎：《土地发展权视角下农村宅基地退出机制的构建》，《资源开发与市场》2014 年第 6 期，第 722～726 页。

② 王兆林、谢晶、林长欣：《基于动态联盟利益分配模型的宅基地退出增值收益分配研究》，《资源开发与市场》2017 年第 11 期，第 1300～1305 页。

联盟各成员的价值分配比例为：

$$G_j = \frac{R_j \times I_j}{\sum\limits_{j=1}^{2} R_j \times I_j} \ (j=1,2)$$

在计算农民和集体的价值分配比例之前，我们需要先计算出联盟各成员在宅基地上的投入 I_j 和风险 R_j。以宅基地资格权退出过程中集体与农民的损失作为其投入，集体放弃的土地所有权价值可用征地区片综合地价 F 表示，[①]农民放弃了宅基地资格权的住房保障价值 K、社会保障价值 Z、生活保障价值 O、副业生产价值 X 和情感传承价值 B，则集体和农民的投入分别为：

$$I_{集体} = F$$

$$I_{农民} = K+Z+O+B+X$$

本研究运用模糊综合评价法计算风险系数 R_j，共分为五步。

第一步建立影响评价对象的因素集 $U=\{U_1, U_2, \cdots, U_n\}$。通过整合相关研究，最终选取收入水平风险、社会保障风险、居住条件风险三个因素作为农民面临的风险因子，社会稳定风险、耕地红线风险、生态环境风险作为集体面临的风险因子，即：

$$U_{农} = \{ 收入水平风险，社会保障风险，居住条件风险 \}$$

$$U_{集} = \{ 社会稳定风险，耕地红线风险，生态环境风险 \}$$

表 25　农民和集体可能包含的风险因子

风险主体	风险因子（X）	权重（W）
农民	收入水平风险（X_1）	W_1
	社会保障风险（X_2）	W_2
	居住条件风险（X_3）	W_3

---

① 苑韶峰、张晓蕾、李胜男等：《基于地域和村域区位的宅基地价值测算及其空间分异特征研究——以浙江省典型县市为例》，《中国土地科学》2021 年第 2 期，第 31～40 页。

风险主体	风险因子（X）	权重（W）
集体	社会稳定风险（X_4）	W_4
	耕地红线风险（X_5）	W_5
	生态环境风险（X_6）	W_6

第二步是建立评价集 $V=\{V_1, V_2, \cdots, V_n\}$，

第三步是专家打分法确定权重集 $W=\{W_1, W_2, \cdots, W_n\}$，

第四步是单因素模糊评价，建立单因素模糊矩阵，即：

$$R=\begin{bmatrix} R_1 \\ R_2 \\ \cdots \\ R_n \end{bmatrix}=\begin{bmatrix} r_{11} & r_{12} & \cdots & r_{1j} \\ r_{21} & r_{22} & \cdots & r_{2j} \\ \cdots & \cdots & \cdots & \cdots \\ r_{i1} & r_{i2} & \cdots & r_{ij} \end{bmatrix}$$

第五步是模糊综合评价，即：

$$M=W\times R=(W_1, W_2, \cdots, W_n)\times\begin{bmatrix} r_{11} & r_{12} & \cdots & r_{1j} \\ r_{21} & r_{22} & \cdots & r_{2j} \\ \cdots & \cdots & \cdots & \cdots \\ r_{i1} & r_{i2} & \cdots & r_{ij} \end{bmatrix}$$

二、宅基地资格权价值评估模型与方法

（一）宅基地资格权价值评估模型

宅基地资格权和使用权的退出，意味着将会失去拥有或产生价值的权利。依据"失去什么，补偿什么"的原则，宅基地资格权的退出，也就应该补偿相应的资格权价值损失。通过前文理论分析可知，目前宅基地资格权的价值内容按照权利主体不同可分为两种类型：一种是宅基地资格权人和使用权人都为同一集体成员时，资格权的价值内容包括两个部分，即资格权的价值内容加上使用权的价值内容，该成员同时获得与宅基地相关的保障类费

用、部分发展权补偿费用、副业生产费用以及地上房屋的补偿费用，此时宅基地资格权的价值内容表现为宅基地的功能价值、分配后的发展权价值和房屋及其附属设施价值（见图40），即：

$$P'=P_{资}+P_{使}=K+Z+O+B+M+X+(F \times C_{农民})$$

式中，$P_{资}$表示宅基地资格权价值，$P_{使}$表示宅基地使用权价值，K表示宅基地住房保障价值，Z表示宅基地社会保障价值，O表示宅基地生活保障价值，B表示宅基地情感传承价值，M表示房屋及附属设施价值，X表示宅基地副业生产价值，F表示宅基地发展权价值，$C_{农民}$表示农民分配的宅基地发展权价值比例。

另一种是宅基地资格权人和使用权人不为同一人时，宅基地资格权人仅获得与宅基地相关的保障类费用和部分宅基地发展权补偿费用，[①]此时宅基地资格权的价值内容表现为住房保障价值、社会保障价值、生活保障价值和分配后的发展权价值，即：

$$P''=P_{资}=K+Z+O+(F \times C_{农民})$$

式中，$P_{资}$、K、Z、O、F、$C_{农民}$含义与上式相同。

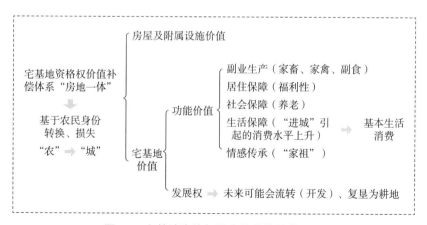

图40　宅基地资格权退出价值补偿体系图

---

① 刘丹、巩前文：《功能价值视角下农民宅基地自愿有偿退出补偿标准测算方法》，《中国农业大学学报》2020年第12期，第173～183页。

（二）宅基地资格权价值要素计算方法

宅基地住房保障价值测算借鉴胡银根等采用的"等价替代法"[1]，以城镇居民低收入家庭公租房补贴为依据测算宅基地住房保障价值，则宅基地的住房保障价值 K 为：

$$K = \frac{P \times s \times k}{r \times S}$$

式中，P 表示单位面积公租房年租赁价格，s 表示公租房户均保障面积，k 表示测算的宅基地所在农村地区户均人口数，S 表示测算宅基地所在农村地区户均宅基地面积，r 表示资本还原利率。

其次，宅基地作为农民无偿使用的一块土地，其在一定程度上还承担了农民的如养老等社会保障的相关功能。由于城乡二元制的存在，即便农民已经退出宅基地，进入城市生活，也不能享受城镇户口的社会养老保障。所以以城市和农村的养老补贴差额计算宅基地对于农民的社会保障功能价值 Z 为：

$$Z = \frac{k\left(\varGamma_{城} - \varGamma_{农}\right)}{r \times S}$$

式中，$\varGamma_{城}$ 表示城镇居民的养老补贴，$\varGamma_{农}$ 表示农村居民的养老补贴，其他字母的含义与上式相同。

同时，由于城乡经济发展水平的差异，在城市的基本生活消费支出要高于农村地区，因此宅基地还具有一定的生活保障功能，计算方法在借鉴现有研究[2] 的基础上做改进，宅基地的生活保障功能价值可表示为农村居民与城镇居民的生活消费支出差额减去承包地的生活保障价值 O，即：

---

[1] 胡银根、张曼、魏西云等：《农村宅基地退出的补偿测算——以商丘市农村地区为例》，《中国土地科学》2013 年第 3 期，第 29～35 页。

[2] 夏方舟、鲁平贞：《农村宅基地使用权多元价值分段偏离测度》，《资源科学》2021 年第 7 期，第 1492～1508 页。

$$O=\frac{k\times\left[\left(\Pi_{城}-\Pi_{农}\right)-\Phi\right]}{r\times S}$$

$$\Phi=P\times \Lambda$$

式中，$\Pi_{城}$ 表示城镇居民的基本生活支出，$\Pi_{农}$ 表示农村居民的基本生活支出，Φ 表示承包地的生活保障价值，P 表示人均耕地面积，Λ 表示单位耕地面积产值，其他字母的含义与上式相同。

乡村社会的文化情感是全体农民共同投入的结果。因此，宅基地资格权的情感传承价值以农村居民人均文化娱乐支出进行测算。[1] 宅基地资格权的情感传承价值 B 测算公式为：

$$B=\frac{v\times k}{r\times S}$$

式中，v 表示农村居民人均文化娱乐支出，其他字母的含义与上式相同。

农村宅基地上的房屋除了人居住房外，还包括养殖家禽和牲畜的猪圈、牛圈和鸡圈等圈舍。而且由于房屋的框架结构和建设材料不同，所补偿的标准也不同。宅基地上房屋的价值评估一般按照房屋重置价格进行赔偿，房物建造价格为 $T_{建}$，同时要考虑房屋的折旧率 θ 和修理费 $N_{修}$，则宅基地上房屋、附属物的价值 M 为：

$$M=T_{建}\times\theta+N_{修}$$

对于宅基地上房屋的修理费，基于王兆林等[2] 的住房维护费用投资计算方法，按照 70 年的房屋使用期限，每 10 年修理一次，每次修理费为 α，r 为资本还原率，则宅基地房屋的修理费为：

$$N_{修}=\frac{\alpha\times\left(1+r\right)+\alpha\times\left(1+r\right)^2+\cdots+\alpha\times\left(1+r\right)^7}{\left(1+r\right)^7}$$

---

① 刘丹、巩前文：《功能价值视角下农民宅基地自愿有偿退出补偿标准测算方法》，《中国农业大学学报》2020 年第 12 期，第 173～183 页。

② 王兆林、谢晶、林长欣：《基于动态联盟利益分配模型的宅基地退出增值收益分配研究》，《资源开发与市场》2017 年第 11 期，第 1300～1305 页。

对于宅基地的副业生产价值，参照房屋年限 70 年进行计算，假设年均副业生产活动价值为 A，资本还原利率为 r，则宅基地的副业生产活动价值 X 为：

$$X = \frac{A \times k}{r \times S}$$

宅基地退出发展权价值为城镇土地基准地价（城中村宅基地、城市近郊宅基地），城乡增减挂钩指标价值或"集地券"价值（一般农村宅基地）减去建设开发成本、土地复垦成本、相关税费和宅基地补偿价值的剩余价值。

$$G = P - C - H - P' - Q$$

式中，G 为宅基地退出发展权价值，P 为城市土地加权平均基准地价，C 为建设开发成本，H 为土地复垦成本，P' 为宅基地补偿价值，Q 为耕地占用税费。

三、宅基地资格权价值评估的实证与实施机制

（一）宅基地资格权价值评估实证分析

1. 实证研究区域基本数据

我们以成都市郫都区为实证研究区域进行数据分析，截至 2021 年，郫都区的宅基地面积 7.5 万余亩，户均农村宅基地面积 411.5 平方米。[①] 郫都区 2021 年农村人口 26.59 万人，农村户均人口为 2.16 人。农村居民人均生活消费支出 20459.94 元，城镇居民人均生活消费支出 28436.63 元。农村居民人均教育文化娱乐支出 1804.26 元，城镇居民人均教育文化娱乐支出 3144 元。城镇职工养老保险补贴为 3175.38 元，农村居民养老保险补贴为 551.59 元。成都市公租房补贴政策为最低 30 平方米，发放标准 22 元/平方米/月，发放比例为成都户籍最低标准 40%。农村居民家庭平均每百户役畜、产品畜固定资

---

① 郎楚潇:《"三权分置"改革背景下成都市郫都区农户宅基地退出研究》，四川农业大学硕士学位论文，2022 年。

产原值为 41907 元。郫都区 2021 年水稻产量 43468 吨，耕地总面积为 9954 公顷，种植面积 8.02 万亩；小麦产量 1526 吨，种植面积 0.48 万亩；玉米产量 0.17 万吨，种植面积 0.43 万亩。水稻平均单价为 3.4 元 / 千克，小麦平均单价为 2 元 / 千克，玉米平均单价为 3.05 元 / 千克。郫都区集体建设用地出让平均价格为 1703.47 元 / 平方米，"六通一平"建设开发成本为 211 元 / 平方米，耕地占用税 35 元 / 平方米，城市土地加权平均基准地价为 2937.75 元 / 平方米，宅基地补偿价值为土地复垦费 10—20 元 / 平方米，取 15 元 / 平方米。

宅基地地上附属构筑物及其附属设施补偿按平均每户 6 万元的标准，宅基地范围内苗木按平均每户 1 万元来补偿。将退出农户按照家庭现有人口以 35 平方米 / 人分配安置住房，并以 400 元 / 平方米的安置住房价格抵扣原有宅基地面积，按多退少补原则进行安置住房分配。相应的配套政策为退出农户的承包土地收归集体并出租，获得收益按每人 100 元 / 月发放生活费，到年底每人补发 350 元；年满 60 岁及以上人员由村集体承担每人 52 元 / 月的养老补助。[①]

2. 郫都区宅基地资格权价值测算结果分析

按照宅基地资格权价值计算模型和以上数据，郫都区宅基地资格权价值包含的各部分价值测算结果如表 26 所示。

表 26　郫都区宅基地资格权价值测算结果

价值类型	宅基地发展权价值（N）	房屋及附属设施价值（M）	住房保障价值（K）	社会保障价值（Z）	生活保障价值（O）	副业生产价值（X）	情感传承价值（B）
价值结果（元 / ㎡）	420.36	260.87	208.27	228.16	800.56	36.44	251.64

---

① 刘成、文小洪：《农户宅基地自愿有偿退出补偿机制设计——基于成都市郫都区的调查》，《新疆农垦经济》2020 年第 8 期，第 31 ～ 39 页。

然后对宅基地的价值进行分配，则集体和农民的投入分别为：

$$I_{集体}=F=1703.47 \text{ 元}/m^2$$

$$I_{农民}=K+Z+O+X+B=1525.07 \text{ 元}/m^2$$

风险系数的计算先建立评价集 $V=\{0.9,0.7,0.5,0.3,0.1\}$；

通过专家打分法得到权重后，运用模糊综合评价计算得到 $R_{集体}$ 为 0.37，$R_{农民}$ 为 0.63，则农民的分配比例为：

$$C_{农}=\frac{1525.07 \times 0.63}{1525.07 \times 0.63+1703.47 \times 0.37}=0.6$$

宅基地发展权价值中资格权价值为：

$$P_{资}=F \times C_{农}=420.36 \times 0.6=252.22 \text{ 元}/m^2$$

则"房地一体"下宅基地资格权的价值为：

$$P'=P_{资}+P_{使}=K+Z+O+B+M+X+(F \times C_{农})=2038.16 \text{ 元}/m^2$$

$$P''=P_{资}=K+Z+O+(F \times C_{农})=1462.21 \text{ 元}/m^2$$

通过以上数据计算得出，农民投入为 1525.07 元 / 平方米，集体投入为 1703.47 元 / 平方米，集体风险系数为 0.37，农民风险系数为 0.63，得到宅基地发展权价值中资格权价值与所有权价值也即农民与集体的分配比例为 6:4，宅基地发展权价值中资格权价值为 252.22 元 / 平方米。最后计算出按权利主体划分的两种类型的资格权价值，当资格权人和使用权人为同一人时，宅基地资格权价值为资格权价值和使用权价值，即 2038.16 元 / 平方米；当资格权人和使用权人不为同一人时，宅基地资格权价值仅为资格权的价值，即 1462.21 元 / 平方米。

（二）宅基地资格权价值评估的实施机制

1. 建立科学的宅基地资格权价值评估体系及方法

在以往宅基地退出过程中，最突出的矛盾是"补偿给谁、补偿多少"问题，尤其是涉及农户补偿，要最大程度保护农户利益不受损。而矛盾的根源在于没有一套可行的方法评估宅基地价值和分配方案。因此，建立科学的宅基地资格权价值评估方法和模型，是解决宅基地"三权分置"改革中利益分配的重要技术支撑。当然，宅基地是一种比较特殊的土地类型，对其进行价值评估难度很大，由于涉及多个利益主体，价值分配也是难点。本研究认为，宅基地资格权与使用权有着比较特殊的关系，宅基地资格权是使用权的身份前提和保障，因此宅基地资格权价值形成机制中包括使用权价值和保障宅基地资格权人权益的经济补偿，也就是宅基地资格权价值表现为资格权价值和使用权价值的全部价值。

本研究所建立的宅基地资格权价值评估理论、方法和模型是一种探索和尝试，为同类研究提供一种技术方案，为宅基地"三权分置"改革补偿机制建立提供一种实践方法。其科学性主要体现在：第一，对宅基地资格权价值评估理论进行了较为系统的论证，依据"损失什么，补偿什么"的原则，既认识到了宅基地资格权的显性价值，又考虑了宅基地资格权的潜在价值，建立了宅基地资格权的价值构成体系。第二，借鉴现有研究方法，对宅基地资格权价值评估模型进行了优化集成，且主要表现在两个方面：一是采用较为成熟的土地价值评估计算方法——收益还原法，能够较为真实、准确地反映其未来收益，与宅基地特殊的"永久性"保障功能较为契合，同时对一些关键性参数进行了改进；二是宅基地资格权价值评估所需的相关数据皆需要实地调研所得，一定程度上考虑宅基地的区域性和区位性，是一套在全国农村地区可适用的宅基地资格权价值评估方案。

2. 健全农村宅基地资格权价值分配比例及方法

宅基地改革中利益分配是核心也是难点，既要落实保障集体的所有权地位，又要维护好农民的权益。本研究认为，宅基地收益权作为宅基地各方权利主体在宅基地价值产生过程中分享收益的一项重要权能，在宅基地"三权分置"下表现为所有权主体、资格权主体、使用权主体都拥有部分的收益权。由于相关价值分配理论多是依投入、风险、贡献等要素确定价值分配比例，并且全国广大农村地区情况多样复杂。因此，建议宅基地资格权价值要依据各地实际情况建立科学的分配方法，对资格权退出工作中的利益分配比例做出合理测算。

本研究运用动态联盟利益分配模型来计算分配比例，这个模型是依据利益分配主体的投入和承担的风险来确定分配比例。通过宅基地收益权的实现路径的理论分析，明确宅基地资格权价值中参与分配的价值为宅基地发展权价值，价值分配涉及的权益主体为宅基地所有权主体——村集体和资格权主体，即农民。以宅基地资格权退出过程中的损失来确定投入，集体投入为宅基地再利用过程损失了作为建设用地流转的收益，农民投入退出资格权过程中会损失宅基地的保障功能价值、副业生产价值和情感传承价值，并运用模糊综合评价法进行风险系数计算，在此基础上确定价值分配比例。该模型关键是确定投入和风险系数，宅基地价值分配相关主体风险权重通过专家打分法和模糊综合评价法确定，在一定程度上减少了主观性。

3. 完善农村宅基地资格权退出价值补偿机制

建立宅基地价值评估和分配方案，完善农村宅基地资格权退出价值补偿机制对于促进农村闲置宅基地退出，增加农民收入，促进城镇化都具有重要意义。宅基地资格权退出补偿的合理性也直接影响了农民宅基地资格权退出意愿。由于全国广大农村地区的复杂性和差异性，宅基地资格权退出要依据当地的实际情况，在因地制宜、分类施策、有偿退出原则下，探索建立多元化的宅基地退出补偿机制。

宅基地退出补偿机制不完善主要体现在短期性和滞后性两个方面。短期性表现在，现阶段实施的保障补偿措施大部分未长远考虑到退出群体的就业、生活等问题，宅基地退出的保障功能和替代功能作用效果不明显，替代机制与补充机制不对等。滞后性表现在，宅基地资格权退出后，补偿不到位或者单一的货币补偿并不能满足农民在社会保障方面的需求，导致农民退出意愿不高。宅基地资格权对农民具有养老的社会保障功能、生活保障功能和住房保障功能，因此需要相关的配套制度协同保障农民在宅基地资格权退出过程中相关权益的损失，给予宅基地资格权退出农民比较完善的政策保障支撑，提高农民宅基地财产性收入。

第三节 农村宅基地资格权退出模式与重获途径

宅基地"三权分置"改革要在依法保障进城农民宅基地权利同时，进一步健全宅基地资格权退出机制，符合乡村发展规律与农户差异性需求，分类构建多元退出方式。根据城乡发展现状与宅基地的功能，在土地资源紧张的地区，资格权从保障农民"一户一宅"向"户有所居"转变，资格权可通过多元置换形式实现居住保障。进城落户农民除退出资格权将宅基地交给集体经济组织之外，还可以选择保留宅基地资格权，带权入城。

农户不愿意退出宅基地的最大顾虑是退出后是否还可以重新获得，宅基地资格权的退出不同于使用权的退出，资格权退出意味着生活地点和生活方式的完全改变。农户资格权退出还要面临退出补偿和安置房能否如期到位，未来进城后是否能够稳定就业等问题。因此，为了更好地保护农民宅基地权益，不能"想退就退"，更不能"一退了之"，必须要从理论和实践层面严格设定资格权退出条件和重获途径，打通农民进城后的返乡通道。

一、建立风险评定的资格权退出条件

（一）以"住有所居"为首要条件

提高是否拥有稳定住房风险占比。宅基地的主要功能是保障农民住有所居，居住对农民尤为重要，农民如果失去居住的地方，不利于社会稳定。目前进城农民可选择的住房类型有商品房、安置房、经济适用房、限价房、公共租赁住房、廉租房与普通租房，不同住房类型其居住稳定性不同，影响退地后居住风险的大小。在对退出农户退出条件进行风险评估时，可设置退出农户拥有除宅基地以外的稳定住房风险占比为70%，这是农户宅基地资格权退出首要条件。在退地时需要提供其稳定住房房产证、购买合同等要件，由

村集体负责人根据不同的住房状况进行风险打分，住房状况越不稳定风险数值越高。

在所有住房类型中安置房一般是政府统一规划建造的现房，由退出宅基地的补偿置换，可视为有稳定居所，其居住保障的风险打分设置为0分。其中公共租赁住房、廉租房与普通租房认定为不稳定住房，不允许退出资格权。其余住房类型根据付款方式进行风险打分，全款已购住房的风险打分为0，分期付款按照房贷月供占家庭工资总收入的百分比与剩余还款时间进行风险等级打分。

表 27　房贷月供占家庭总收入比例的风险打分表

房贷月供占家庭工资总收入（%）	风险打分区间
［0—10%］	［0—20］
（10%—20%］	（20—40］
（20%—30%］	（40—60］
（30%—40%］	（60—80］
（40%—50%］	（80—100］
>50%	禁止退出

表 28　房贷月供还款年限的风险打分表

剩余还款时间（年）	风险打分区间
［1—6］	［0—20］
（6—12］	（20—40］
（12—18］	（40—60］
（18—24］	（60—80］
（24—30］	（80—100］

（二）以经济收入为辅助条件

将是否具有稳定的经济收入作为辅助条件。进城农民需要面临购房、装修、家具和电器等费用，以及未来在城镇生活、子女教育和医疗等费用，需要长期稳定的经济收入来支持在城镇的生活成本开支，在资格权退出条件中可将经济收入的风险占比设置为20%，选取更换工作次数、工资收入水平与家庭存款数对农户退地后的经济风险进行打分。在退出宅基地时退地农户需要向村集体负责人提供工作证明、近3年内的工资收入与在职情况证明。

更换工作次数。农户家庭成员进城后更换工作的次数越多，收入越不稳定，越容易出现职业的空白期导致丧失收入来源，退地后的抗风险能力越低。根据更换工作次数进行经济风险打分，更换工作次数越多，经济风险分数越高。

表29　工作稳定性的风险打分表

更换工作次数（次）	风险打分区间
0 或 1	［0—20］
2	（20—40］
3	（40—60］
4	（60—80］
≥ 5	（80—100］

工资收入水平。经济收入水平越高，农民在城市的生存发展能力越强，对经济风险抵抗力越高。因为省内各市、各县区发展差距问题，工资差距变化较大，对工资收入水平进行划分，间距设为500元，设置家庭平均工资（有工作的人）达到地级市平均工资水平以上为经济风险最低；收入在当地最低平均工资水平以下风险最高且不允许退出。假设地级市平均工资收入为5000元、最低平均工资为3000元来进行风险等级打分。

表30 工资收入水平的风险打分表

工资收入水平（元）	风险打分区间
<3000	禁止退出
［3000—3500）	（80—100]
［3500—4000）	（60—80]
［4000—4500）	（40—60]
［4500—5000）	（20—40]
≥5000	［0—20]

家庭存款数。当一个家庭财富积累的数额越大，抵抗经济风险的能力越大。根据家庭存款数对退地农户风险设置打分区间。

表31 拥有家庭存款数的风险打分表

家庭存款数（万元）	风险打分区间
［0—5）	（80—100]
［5—10）	（60—80]
［10—15）	（40—60]
［15—20）	（20—40]
≥20	［0—20]

（三）以融入城镇为参考条件

将是否融入城镇生活作为参考条件。融入城镇生活时间长短是判断农户城镇生活稳定与否的重要表征。当农民适应城镇生活后其退地风险会大大降低，在资格权退出中将融入城镇的退地风险设为10%。融入城镇中选取在城镇生活的时间与累计缴纳社保的时间对该风险进行打分，退地农民需要向村集体提交一定年限的住房证明与缴纳社保的证明。

农民在城镇生活居住的时间越久对城镇越有归属感，根据居住时间进行风险打分。

表 32　城镇居住时间的风险打分表

居住的时间（年）	风险打分区间
［0—4）	（80—100］
［4—8）	（60—80］
［8—12）	（40—60］
［12—16）	（20—40］
≥ 16	［0—20］

农民在城镇缴纳社保时间越长，其城镇融入度越高，生活保障越高。根据社保累计缴纳时长进行风险打分。

表 33　缴纳社保累计时间的风险打分表

缴纳社保累计时间（年）	风险打分区间
［0—3）	（70—100］
［3—6）	（40—70］
［6—9）	（10—40］
≥ 9	［0—10］

以上退出条件主要针对农户中主要劳动力未满 60 岁的人群，60 岁及以上的农户主要从住房、存款和养老保障等条件来考虑。比如：在城镇有房且购买养老保险的允许退出，或者跟随子女进城居住，有一定存款并购买养老保险的允许退出。

二、构建因地制宜的资格权退出模式

（一）相对集中居住——以地换房模式

由于农村长期以来缺乏规划，农民建房较随意、居住较分散、占用土地较多导致土地利用效率低。政府可推动农民适度集中居住,农民集中居住可采用"以地换房",将农户资格权置换为其他形式的住房保障,按照城镇化规律,以城镇相对集约集中式的居住模式为愿景目标替代以前每户拥有一块宅基地零散分布的居住模式。该模式能重构乡村空间,改善农村基础设施条件、农民生活条件和乡村风貌,最重要的是可以集约节约用地。

进镇上楼居住。该模式主要适用于城中村和近郊村,这类农户主要特征是非农程度比较高。进镇上楼一般都是由政府主导,将原有宅基地退出与城乡建设用地增减挂钩项目同步实施。农户对宅基地使用权与资格权完全退出,拆除原有宅基地房屋后置换到集建区内高层安置房,安置区域优先布局在核心镇、新市镇或小集镇区周边区位条件、交通条件、基础设施条件较好和公共服务设施共享率较高的区域,同时在安置区域内布局建设相应的公共服务设施。根据宅基地面积置换不同房型的安置房源,一般都可以分到一套或一套以上,同时对地上房屋部分价值进行评估并进行补偿,超过置换面积的部分按成本价购买,有多余的房产也可以选择货币置换,但必须保证农民有稳定的住所。农民自己决定是否转为城镇户口,不愿意放弃农村户口的可以将户口保留在原村集体,但由于已经完全退出宅基地并获得补偿,所以不再具有申请宅基地的资格。

农村住宅小区。农村住宅小区建设模式适合于土地资源较紧张的地区。在土地资源不足以支撑户有所居的农村地区,除资格权与使用权完全退出的集中居住外,也可以通过对村庄整治建设农民住宅小区,以集中居住的形式实现宅基地资格权。农村住宅小区有利于解决传统农房容积率较低、宅基地"摊大饼"式粗放利用的局面,推动乡村居住方式由平面粗放利用向立体集约利用土地转型。[1] 能有效解决农民买不起城里房子却又无地建房的难题,保障了农户合理的居住需求,同时又改善并提升农村人居环境、节约集约用地。

---

① 刘润秋、黄志兵:《宅基地制度改革与中国乡村现代化转型——基于义乌、余江、泸县3个典型试点地区的观察》,《农村经济》2021年第10期,第1~8页。

农村住宅小区要在村庄国土空间规划基础上，由村集体统一修建或村民自建等方式进行。农村住宅小区所有权归村集体所有并具有福利性质，其使用期限不固定，使用主体为拥有宅基地资格权的人，小区居民可以是同一村集体的农民，也可以是相邻村庄的农民，促进"合村并居"、节约土地资源。小区对具有申请宅基地资格但无地建房的农户具有优先购买权，已经申请并取得宅基地的申请购买住宅小区后自动退出原宅基地。通过农村住宅小区建设可以节约大量宅基地，节约出来的土地可以复垦为耕地进行指标交易，或者引入社会资本进行产业发展，增加村集体和农民经济收入。

（二）进城购房居住——存地退出模式

随着工业化和城镇化进程的加快，农民进城步伐也在加快，很大一部分农民进城务工。但由于高房价和高生活成本导致农民很难融入城镇，由中国社科院的调研数据可知，66%的受访农民工有在一定年龄后返回农村的计划，34%的受访农民工表示不会再回归农村，[1] 大部分农民倾向于进城务工而保留宅基地。农民进城融入城镇是一个长期的过程，在保证土地资源不浪费的前提下，这部分农民可采取"存地退出"的模式，由村集体暂时保留宅基地资格权。村集体对收回农户闲置的宅基地及地上附着物进行流转或增减挂钩等方式进行盘活利用，对宅基地进行经济补偿，农民可利用补偿金在城镇进行购房、投资，也可以将其转化为一定年限的租房补贴、城镇公共租赁住房、廉租住房，或者置换经济适用房、限价房等城镇保障性住房。

进城居住的农民群体作为"农业转移人口"市民化的重要类型，处于城镇居民与农民之间的过渡阶段，独特而又极其不稳定，需要提供一定的政策支持和保障。农民在城里没有彻底"扎根"生活之前，不要断了他们重回农村的后路，要保留进城农民宅基地资格权，从而实现城乡之间的进退自由，

---

① 程允允:《"三权分置"背景下农民进城落户后集体土地退出机制探究》，《上海房地》2021年第9期，第35～41页。

即使他们因为各种原因无法继续在城镇生活还可以凭借资格权重新获得宅基地。

（三）城镇有房居住——以权置换模式

针对一些进城多年的农民或现在已经在城镇拥有稳定住房或者具有较高的经济收入和居住保障水平的群体，由于大多数已经拥有稳定的就业和非农收入，并且享受城镇居民的医疗和社会保障等，成为彻彻底底的"城里人"。但因为当时进城缺乏宅基地退出机制，他们在农村仍然拥有宅基地且处于长期闲置状态。对于他们而言，宅基地的保障功能和使用功能基本"失效"，保留宅基地没有太大意义。针对自愿退出宅基地的，可通过货币置换、厂房置换、股权置换等经济方式退出宅基地资格权。对于经济比较发达的农村，可以用宅基地资格权置换标准厂房，吸引这部分"原村民"回乡创业，发展乡村产业，就地解决村民非农就业；也可采取"股权补偿"方式，将其补偿置换成股权或入股村集体企业，以此增加社会投资力度，壮大乡村产业。

三、打通资格权重获的返乡通道

（一）"带权入城"返回型

"带权入城"返回重获主体：①在宅基地退出时选择保留资格权有偿退出使用权——留权不留地的；②符合资格权申请条件但由于进城等原因一直未参与申请分配宅基地的。他们在进城后因无法适应城镇生活等原因选择返乡的，可以基于保留的资格权再次申请宅基地。"带权入城"返回重获宅基地，均需要缴纳宅基地有偿使用费，由"无偿取得、长期使用"转变为"有偿取得、有期使用"。宅基地有偿使用费缴纳标准由各地政府和村集体根据不同重获类型具体设定。

村集体对申请重获人的资格进行查验，具体重获条件为：①返乡人保留资格权的备案记录；②宅基地使用权已经退出的；③在城镇没有稳定住房，即申请人及其配偶名下没有房产。查验合格后需要缴纳有偿使用费后取得宅基地。在土地资源紧张导致宅基地存量不足的情况下可以在村内或跨村通过多种住房模式实现资格权。

（二）"退权返乡"重获型

对于选择永久退出宅基地的这部分农民群体，由于失去工作、投资失败等各种原因无法继续在城镇生活而返乡的，要设立资格权重获渠道，避免出现"回不了村，进不了城"现象。"退权返乡"重获宅基地，也均需要缴纳宅基地有偿使用费，由"无偿取得、长期使用"转变为"有偿取得、有期使用"。

为防止部分因投资、投机等目的而重获宅基地，设置资格权重获条件为：①退地前是本集体经济组织成员；②以户为单位，一户仅允许申请一处宅基地；③宅基地使用期限参照城镇住房设置为70年；④提供该户重获时没有其他可用于居住的房产；⑤本村集体没有多余宅基地的可以在镇域范围内跨村有偿实现资格权。

第九章 市场化：
适度放活宅基地使用权实现路径

乡村振兴战略是中国式现代化的重要组成部分，是我国经济社会发展方式的重大转变和转型。乡村振兴就是要实现产业振兴、人才振兴、文化振兴、生态振兴、组织振兴等"五大振兴"。农村宅基地"三权分置"改革是推动"五大振兴"的重要途径，与"五大振兴"具有高度的契合性。乡村产业发展需要土地要素保障，"三权分置"改革既要通过确权改革和政策创新解决乡村产业发展的土地资源"来源活水"问题，又要解决闲置低效利用宅基地、退出资格权的宅基地如何利用的问题，还要解决宅基地使用权流转后再利用问题。

第一节 农村宅基地"三权分置"确权改革与政策供给

一、将宅基地与集体经营性建设用地入市有效衔接

（一）退出宅基地节余指标转化入市

农村集体经营性建设用地是指在符合规划和用途管制的前提下，具有生产经营性质的农村建设用地可以进入城市建设用地市场，享受和国有土地同等权利。在大多数的中西部农村地区，如果仅允许存量的集体经营性建设用地入市，而这些地方本身就没有足够的存量土地可以入市，那么集体经营性建设用地入市改革就没有意义。而宅基地属于农村集体建设用地，但不属于经营性建设用地，按照现行政策不能入市交易，那么闲置或退出的宅基地无法实现有效利用。而将宅基地"三权分置"改革与集体经营性建设用地入市

改革衔接起来，以上问题就迎刃而解了。

四川泸县、郫都区在此方面进行了有益探索，允许腾退的宅基地节余指标经过规划布局、指标调整、补偿安置、行政审批之后，转化为集体经营性建设用地入市交易。这样，既解决了集体经营性建设用地入市增量不足的问题，又解决了存量零星宅基地腾退后再利用问题，即解决了宅基地和集体经营性建设用地"入口"和"出口"、"存量"和"增量"的难题。因此，在宅基地退出和闲置较多的农村地区，将节余宅基地通过规划布局、指标调整等手段，将其转化为集体经营性建设用地，按照集体经营性建设用地政策入市交易。宅基地"三权分置"改革与集体经营性建设用地入市改革衔接，实现城乡土地平等入市、公平竞争，更好地激活农村土地资源价值，同时也在一定程度上解决了农民宅基地退出资金补偿和集中居住建设的资金来源，农民获得一定补偿并改善了居住条件，壮大了村集体经济。

（二）收储退出宅基地实物就地入市

对于一些区位条件较好、有一定产业基础的城郊村，乡村产业发展用地需求较大，可采用宅基地退出收储方式，将退出和闲置的宅基地变更登记为集体经营性建设用地，就地实物化进行产业发展。尤其是对于可连片开发且具备开发所需基础设施条件的宅基地，在农民自愿退出以及保障农民住有所居的前提下，由政府或集体进行收储，经村庄规划、产业规划将其转变为集体经营性建设用地登记入市，为新村产业提供土地要素。四川泸县建立的"有期限退出、期限届满可回购"模式具有较好的借鉴意义，对于就地入市的集体经营性建设用地，明确限制其用途和使用年限。当期限届满时，退出宅基地农民可基于其保留的资格权优先回购退出的宅基地，保障农民重获宅基地途径。

二、将多用途宅基地确权为综合类集体建设用地

（一）对宅基地进行分割登记确权

1.将具有多用途的宅基地界定为综合类集体建设用地

随着城乡不断融合发展，宅基地的居住保障功能在逐渐弱化，其商服功能开始凸显。在乡村旅游发达或城镇周边的农村，许多农户将农房二、三层用于居住，而一层则用于商业经营，形成了居住与商业共存的状态。为了使宅基地改革更加符合现实需求，可将这类宅基地混合用地形式界定为综合类集体建设用地，这样有利于拓宽宅基地多功能用途，为宅基地入市创造基本条件。

2.按照宅基地利用功能分割登记

对宅基地保障性的居住功能和衍生的经营性的财产功能进行细化确认、功能分割和权利分置，从确权角度对建设用地功能和相应的权利进行认定，这是促进宅基地多功能利用的有效途径。建议采取分割登记方式确权颁证，将农民住房分摊面积确权为宅基地使用权，满足住房权益保障；将农民经营性用房和出资方房屋分摊面积确权为一定年限的集体经营性建设用地使用权，进入要素市场。[1]在保证宅基地资格权人基本居住条件的前提下，对于宅基地中实际用于商服、仓储等功能的用地，由使用权人提出申请，经村集体或地方政府同意，并按地方政策规定缴纳土地收益金后，对其经营性用途部分进行分割登记确权，赋予其具有出让、出租、入股、抵押、担保等权能，并对该类地的实际使用权人发放不动产权证书，以此保证宅基地使用权人的权利。

---

[1] 唐健、谭荣：《农村集体建设用地入市路径——基于几个试点地区的观察》，《中国人民大学学报》2019年第1期，第13～22页。

（二）建立合理入市收益分配机制

宅基地转换为集体经营性建设用地入市的收益分配，需要建立集体经营性建设用地入市收益分配机制，按照其使用年限和用途分类设置土地收益金。征收土地收益金是地方政府、村集体和农户收益分配的基础，收益分配机制尤为重要。考虑到宅基地具有的福利保障性，在收益分配过程中，集体成员分配占比应比普通集体经营性建设用地入市收益占比高一些，这是保障退出宅基地农民的财产性收入来源。同时村集体理应分配相应收益以落实所有权。比如贵州湄潭，县人民政府按照总价款的 12% 收取集体经营性建设用地入市土地增值收益调节金。在农村集体经济组织内部设立土地增值收益分配机制，明确集体不得少于 20%，集体经济组织成员不得少于收益的 50%。

三、探索宅基地使用权入市多元化途径

（一）宅基地使用权全部流转入市

东部经济发达地区或大城市近郊农村，工业或服务业等非农产业比较发达，区位条件优越，各类产业用地需求量大，通常需要集中连片、规模化的集体建设用地。对于此类地区，可依托发达的二、三产业，由村集体对符合条件的闲置宅基地进行统一回收、开发规划、招标入市，这种模式下宅基地使用权可以全部退出进行流转，进行工业化、城镇化发展，推动乡村振兴。如广东南海集体建设用地满足了一半以上建设用地项目需求，其将包括宅基地在内的所有集体建设用地纳入了全域土地整治入市范围。

（二）宅基地使用权部分流转入市

我国大部分中西部地区经济相对落后，工业化起步慢，存量集体建设用地少，村镇企业发展不足，大多数是发展小型加工厂、小作坊、农家乐等，宅基地商住混用的情形比较多。为了解决经济不发达地区工商业用地来源

少、盘活闲置宅基地等问题，可采用宅基地使用权部分退出方式，在保障农户自用的情况下，将实际用于商用的宅基地部分作为集体经营性建设用地分割登记入市，赋予其出租、转让、抵押等权能。这种方式符合我国大多数中西部农村地区，通过分割登记，部分宅基地转变为经营性建设用地，既有效地盘活了闲置宅基地，也实现了农户宅基地财产性收入。

第二节 农村宅基地资格权退出市场化再利用途径

农民意愿和退出补偿是宅基地资格权退出的重要前提条件，尤其是宅基地退出补偿高低成为其重要决定性因素。目前宅基地退出后一般是交回所有权主体——村集体，由村集体或者地方政府以项目方式盘活利用，并给予相应的补偿。从补偿资金来源看，很多农村地区的村集体或地方政府并没有足够的经济实力来补偿农户。那么，宅基地资格权退出补偿资金从何而来？有退出意愿的农户退出宅基地后，零星分散的宅基地如何利用？这两个问题不解决，宅基地"三权分置"改革也无法顺利推进。对此，我们提出通过建立宅基地资格权退出"指标蓄水池"，从而实现宅基地退出"指标化"利用方式，既要解决补偿资金来源问题，也要解决零星分散宅基地再利用难题。

一、建立宅基地资格权退出"指标蓄水池"模型

（一）宅基地资格权退出"指标蓄水池"基本概念

宅基地资格权退出"指标蓄水池"模型是我们提出的一个新概念，是指以县域或镇域为单位建立用以收储零星分散宅基地资格权退出指标的数据库。由于我国广大农村地区农户之间存在很大的差异性，农民的退出意愿和退出需求不尽相同，对于在城市居住生活多年和有就业、升学等需求的这部分农民来说，宅基地资格权退出意愿较大；但对于以农业为主、学历低、缺

乏就业技能的这部分农民来说，耕地是生存生活的必要基础，因此宅基地资格权退出意愿较低。

考虑到农民意愿的不确定性，同时为了解决这种差异性的宅基地资格权退出现状和更好地盘活农村闲置宅基地，建立宅基地资格权退出"指标蓄水池"是一种可行的模式。换言之，"指标蓄水池"就是以县域或者镇域为单元，有退出意愿农户的宅基地复垦为耕地，其宅基地指标被收储进入"蓄水池"，当"蓄水池"达到一定指标量后，再将其交易转化为资金。

（二）宅基地资格权退出"指标蓄水池"工作原理

宅基地资格权退出"指标蓄水池"最大的作用就是解决两个核心问题：一是让有退出宅基地意愿农户顺畅退出宅基地，并获得经济补偿，实现农民自我选择权利；二是零星分散的宅基地利用问题。按照目前农村发展现状，农户退出宅基地意愿是不统一的，同时在当前的政策条件下，零星分散宅基地退出后是很难再利用的。

"指标蓄水池"工作原理是"指标入池—池满立项—入市交易—资金返农"，主要工作载体是改进后的城乡建设用地增减挂钩政策，即以县域或者镇域作为增减挂钩项目区，允许退出资格权的宅基地指标纳入县域或者镇域指标"蓄水池"，在达到一定规模后，整体打包成增减挂钩项目进行指标交易。城乡建设用地增减挂钩，是城镇建设用地增加与农村建设用地减少相挂钩的简称，是指根据土地利用总体规划，将拟整理复垦为耕地的农村建设用地（称为拆旧地块）和拟用于城镇建设的用地（称为建新地块）等共同组成项目的建新区和拆旧区，通过拆旧建新和土地整理复垦等措施，在保证项目区内各类土地面积平衡的基础上，最终实现增加耕地有效面积，提高耕地质量，节约集约利用建设用地，城乡用地布局更合理的目标。

"指标蓄水池"模型对现行城乡建设用地增减挂钩政策进行了优化和改进，其改进的地方主要有以下几点：一是改变建新拆旧组建项目区的模式，实现建新和拆旧分离；二是突破整村连片拆旧的项目实施方式；三是不需要修建农民集中居住区；四是突破零星分散宅基地不能纳入项目区实施的限制；五是让没有纳入增减挂钩项目区内农户也能享受政策的红利。

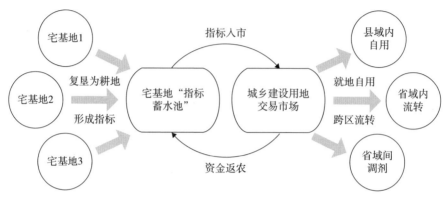

图 41 宅基地"指标蓄水池"模型工作原理

二、宅基地资格权退出的"指标化"利用方式

（一）宅基地退出"指标化"利用方式

宅基地资格权退出"指标化"利用是指将有退出意愿的农户的宅基地复垦为耕地，宅基地转化为农村建设用地指标，引入市场机制进行指标交易。其指标利用主要有以下几种形式。

一是建设用地指标就地使用"小挂钩"。对于区位优势和资源条件好的农村地区，宅基地退出后复垦为耕地，形成的建设用地指标主要用于本地农村产业发展。

二是建设用地指标"村村挂钩"。不同村之间土地资源数量和土地需求是不同的，宅基地数量较大而产业用地需求不大的村，通过宅基地复垦后形成的建设用地指标以"村村挂钩"的方式，交易给有土地需求的村，以村与村之间交易的方式利用建设用地指标。

三是建设用地指标"城乡挂钩"。将退出的宅基地复垦为耕地后转化为建设用地指标，建设用地指标流入"蓄水池"，池满立项后进入城乡建设用地指标市场交易。

以上三种宅基地"指标化"利用方式，都能最大程度盘活宅基地资源，更能为农村带来资金投入，解决农村发展资金不足问题。

（二）以市场供求建立指标交易价格形成机制

城乡建设用地指标交易市场作用的发挥，在宅基地资格权退出指标交易和盘活宅基地利用改革中具有重要意义。当前，城乡建设用地增减挂钩政策交易市场范围不断扩大，从城乡之间、省内统筹扩大到省域调剂。指标交易价格主要由政府确定调剂价格标准，实行统一资金收取和支出，指标市场供需关系下形成的资源配置效率不充分、不完全。为了更好地发挥以市场供求关系为主导的价格形成机制，应该扩大宅基地退地指标交易的市场范围，不断完善宅基地资格权退出指标交易市场，推动退地指标平稳高效入市，发挥市场对土地资源的配置作用，以市场供求关系形成指标交易的价格机制。

宅基地退出指标入市能保证其在市场供求关系下获得最大市场价值。但市场机制下的指标入市价格同样也受供求关系的反作用，在利益诱导下的宅基地退出可能会适得其反，在交易市场中出现供过于求现象，这样的指标交易价格必然会侵害到农民的利益，也给退地农民带来一定的风险。因此，建议以市场机制为主的同时，也要加强政府监管作用，为宅基地退出指标入市交易价格设立最低保护价，保障农民利益不受损，同时又要避免利用宅基地退地指标"炒地"，导致一些地区出现农民被强迫退地现象发生。

三、建立宅基地资格权退出指标利用监管机制

（一）指标入市：收益与风险共存

宅基地资格权退出指标市场化利用既有收益，也存在一些风险。一是外部风险，在政策实施过程中农民往往处于被动的弱势状态，农民利益有被侵害的风险。特别是在乡村振兴战略下的农村地区，农村建设用地需求量更大，为了获取更多建设用地指标，宅基地和耕地都会面临潜在侵占风险。二是自身风险，宅基地作为农民特殊的"福利性"土地，以保障农民户有所

居。一些农民可能会在利益驱动下而退出宅基地资格权，导致居无定所，影响农村社会稳定。

宅基地资格权退出指标入市为农村地区和农民带来了收益。农村地区和农民作为退地指标的主要输出地，宅基地指标收益应大部分返还农村和农民。为保障退地农民的利益，需要建立收益返还机制，尤其要建立指标入市收益的分配机制，做好指标收益的合理分配，确保农民和农村能享有应有的收益。

（二）退地复垦：核查与监督并举

在宅基地资格权退出指标化利用过程中，要对资格权退出条件严格把关。宅基地"三权分置"改革中宅基地退出和增减挂钩政策衔接后，放大了宅基地的资产功能，增加了农民的财产性收入。对地方政府、集体经济组织和农民都是一个难得的发展机会——有利于扩大地方政府土地资金来源，壮大集体经济的实力，增加农民的收益。但农民退权退地的过程同样也伴随着"失所"的风险，为规避农民居无定所的风险，要坚守"一户一宅"的底线思维，严格设置和落实宅基地资格权的退出条件，做好宅基地资格权退出的风险等级评定，不允许农民无所退地。

在宅基地资格权退出指标化利用过程中，指标是通过宅基地复垦为耕地后形成建设用地指标。耕地复垦数量质量是指标形成的重要基础，这就需要建立宅基地复垦数量质量核查机制。核查主要包括两个方面：一是耕地数量核查，通过人工和"3S"技术相结合，保证复垦数量不减少，不存在"短斤少两"现象；二是耕地质量监督，建立耕地质量第三方评估机制，对复垦耕地土壤理化性状、环境设施、农业生产条件等方面进行独立、科学评定，从而保证耕地质量不降低。

第三节　农村宅基地使用权流转市场化再利用途径

在过去"两权分离"制度下，宅基地所有权归农村集体所有，使用权归农户所有。宅基地使用权只能在集体经济组织内部流转，这是一个相对封闭的范围，集体经济组织内成员基本都有宅基地，对流转他人宅基地使用权的需求不大。这基本上是一个"受限制"的市场，农民有宅基地退出意愿，社会资本有流转利用宅基地的需求，但是供需之间形成了制度壁垒，无法打通。宅基地"三权分置"改革最大的意义就是破解了"一边捆着草，一边饿着牛"的困局，打通了"牛吃着草"的通道，"牛能吃着草"就应当是实现乡村振兴战略的最优状态。适度放活宅基地使用权，就是通过宅基地使用权市场化流转，放开对使用权流转范围和受让主体限制，引入社会资本大力发展乡村二、三产业，激活宅基地财产价值，促进农民增收，助推乡村振兴。

一、适度放活宅基地使用权的政策认知

宅基地资格权的创新设置，为放活宅基地使用权提供了政策保障，为宅基地使用权市场化流转创造了条件。"三权分置"改革放宽了对于宅基地流转的限制，要提高宅基地利用效率、实现农民宅基地收益权，使用权的市场化流转就是最佳选择。引入市场机制，适度放活宅基地和农房使用权是未来宅基地改革的基本方向和路径。在具体实践过程中，宅基地使用权流转要严格落实"适度放活"方略，如何把握"适度放活"政策要点也是改革的难点之一。那就是要摆脱宅基地使用权只能在本集体内部流转的旧模式，跳出对过去制度的路径依赖，又要坚持改革创新，把握"适度"和"放活"深层政策内涵。

（一）坚持"放活"主线

"放活"是宅基地使用权流转最核心的政策主线，而市场化是"放活"的最优选择。其要义在于，在保障农户"住有所居"的前提下，使具有福利保障性质的宅基地通过使用权市场化流转，让宅基地和农房作为一种生产要素在市场中流通，从而获得其财产性价值。使不具备集体经济组织成员身份的社会主体可作为宅基地和农房使用权人开展经营活动，从而为乡村文化、乡村旅游等新产业新业态发展提供用地空间，激发农村二、三产业发展活力。

"放活"扩展了宅基地使用权主体范围，打通了宅基地与社会资本连接的通道，让社会资本通过宅基地使用权交易市场参与到宅基地流转利用中。在宅基地使用权交易市场中，拥有宅基地流转意愿的农户与村集体外部具有宅基地使用需求的社会主体形成供求关系，根据双方预期、支付能力、市场行情等因素达成市场交易价格。社会主体作为宅基地使用权流入方，携带资金、技术投入乡村产业建设中，农户以宅基地使用权流转作为获取财产性收入的载体，通过市场机制完成交易过程，这种市场化流转方式最大程度满足了各方利益诉求。

（二）坚守"适度"边界

"适度"强调改革的边界线，既不能低于底线，也不能突破边界。"适度放活"相对于"完全放活"，换言之是有条件、有边界的"放活"。这就意味着宅基地使用权流转不是彻底全面放开，不是"放任自流"，而是在政策允许的范围内有序流转。在坚守"适度"底线下"放活"宅基地使用权，要从以下三方面来把握。

其一，把握时间上的"度"。宅基地使用权流转需明确使用年限，这有利于在流转过程中受到监督管理，稳定农民与宅基地之间的关系。同时，受让人在获得一定期限宅基地使用权后，对于宅基地用于何种产业可做出合理规划，从而提高宅基地利用效率。

其二，把握空间上的"度"，即要在多大范围内流转宅基地使用权。在"两权分离"背景下，宅基地使用权被限定在集体经济组织内部流转，导致宅基地利用效率不高、私下交易现象普遍。在"三权分置"改革背景下，流转空间要突破集体经济组织内部，允许社会主体进行有偿、有期限的市场化利用，通过市场化彰显宅基地财产性价值。

其三，把握利用形式的"度"。资格权为宅基地流转增加了"稳定器"。在保障农户"住有所居"的前提下，宅基地使用权可流转用于发展乡村产业，突破了对宅基地和农房利用形式的限制。但是，也要为宅基地发展乡村产业建立"负面清单"，严禁利用宅基地修建别墅大院和私人会馆，严禁发展破坏环境、污染乡村的产业。

二、宅基地使用权流转"实物化"利用模式

"实物化"利用是指宅基地使用权受让方在保留宅基地及其房屋的基本形态和结构，在符合村庄国土空间规划的基础上，就地利用农房发展乡村产业，实现一、二、三产业融合发展的模式。该利用模式以宅基地改革为抓手，因地制宜、因村施策，以转让、出租的方式流转闲置宅基地，推动乡村旅游、物流仓储、农产品加工、电子商务等新产业新业态发展。

宅基地"实物化"利用既要探索利用方式多样化，又要避免乡村间市场竞争同质化。利用方式多样化是指宅基地流转利用要结合农民意愿及闲置宅基地实际情况，探索农民个人流转与村集体统一流转相结合、长期利用与短期利用相结合、整村利用与部分利用相结合的利用方式；避免市场竞争同质化是产业长期稳定发展的重要基础，避免"千村旅游"、"万村文化"等同类型同质化产业重叠。为了乡村产业稳定持续发展，既要重视乡村本土特色，又要具有市场竞争力。为了更好地促进乡村产业特色发展，宅基地使用权流转"实物化"利用有以下几种模式。

（一）农产品加工模式

农产品加工业连接农业、农村、农民和工业、城市、市民，农产品初加工是农产品加工业的第一步，是现代农业"接二连三"、提升效益的重要环节。农产品在产地初加工不仅可以减少农产品产后损失，大幅提升农产品单位价值进而增加农民收入，还可以大幅度降低后续精深加工成本，完善农产品产业链、供应链。宅基地就成为农产品初加工的重要用地选择，一些农村地区可以利用闲置宅基地使用权流转方式进行粮食作物及油料、蔬菜加工等。交通较为便利且靠近大城市的农村可以从需求侧出发，引入清洗、保鲜、冷藏技术设备提升初加工科技化水平，比如将果蔬产地的农产品制成半成品菜、蔬菜沙拉，配套冷链库和物流提升农产品附加值。

（二）农村电商仓储模式

农村电商立足于本地主导产业开展，是推动农业供给侧结构性改革、推动产业转型升级的重要支撑。我国大部分农村仍以发展农业为主，在乡村振兴"一村一品"带动下，逐渐培育出当地特色农产品品牌，电商经济发展打开了"农产品进城"的新通道。宅基地使用权流转可以与特色产业发展有机结合，将宅基地作为农产品仓储的用地，也可以作为农产品仓储仓库或物流基地。农村电商发展将会带动冷链物流、产品包装印刷等产业协同发展，还为农民提供了农产品分选、包装、快递物流等就业岗位。农村电商为农户提供了就业或创业机会的同时，还吸引了村集体外的社会主体入村创业，宅基地使用权流转为乡村产业发展提供了可能。

（三）乡村休闲旅游模式

休闲旅游模式主要是指充分发挥乡村优越区位条件、优美自然风光和丰厚文化底蕴优势，利用特色环境因素，如文化特色、生态特色、地域特色等发展旅游产业来带动乡村发展。休闲旅游模式主要是将宅基地使用权流转与农村旅游资源相结合，建成集中连片的旅游区，为游客提供吃住行等消费空间。该模式下农户可以采取自主经营的方式，也可以由村民或村集体将宅基地使用权流转给公司企业用于运营民宿、餐饮项目，探索第一产业与第三产业融合的模式。生态特色乡村宅基地可以统筹打造农村"康养＋养老"项目，文化特色乡村可以在休闲旅游项目中融入传统文化打造艺术创作基地等。乡村旅游发展还能为农民提供大量旅游服务工作岗位，吸引外出农民返乡就近就业，为提升农民经济收入拓宽了渠道。

（四）非遗文化产业模式

在一些贫困农村地区，其手工艺资源丰富、工艺精湛且极具民族文化特色，农村闲置宅基地可以流转改造成非遗手工艺作坊，通过手工艺技术培训、工艺品计件合作实现本地农民稳定就业增收。也可以通过宅基地使用权流转引进文化产业项目，进行非遗文化产品包装、宣传、营销，研发创意文创产品，形成符合市场规律的文化产品和服务品牌。如苏州刺绣、杭州紫荆村竹笛、云南荥阳村的纸伞、江西文港镇的毛笔等，既做大了文化产业，又传承创新了传统非遗文化，实现了乡村产业振兴，促进了当地农民就业和收入增加。

三、宅基地使用权流转再利用实现形式

放活宅基地使用权主要是为了盘活利用农村闲置宅基地，鼓励农民将宅基地使用权流转给社会主体，让社会主体以多样化的形式利用宅基地，发展适宜的乡村产业。要以市场化流转替代传统模式，让农民对宅基地流转拥有更大的自主决定权和选择权。在使用权流转中，要确保农村闲置宅基地和农房依法取得、权属清晰，且尊重农民自主选择权，对宅基地使用权进行市场化流转利用。

（一）构建多元社会主体市场化参与机制

宅基地市场化流转是适度放活使用权的重要突破口，要实现闲置宅基地利用最大化的核心在于建立完善的市场机制,发挥市场的作用,凸显宅基地经济价值,通过市场化的方式评估宅基地使用权价值,并最大程度地促进城乡土地要素流动,实现农民宅基地保障功能向财产功能的转变。多元社会主体在市场机制下参与宅基地流转获得使用权,实现宅基地资源利用的优化配置,需要构建宅基地使用权的供求机制、竞争机制和价格机制。

1. 适当放开市场范围的供求机制

建立合理的供求机制,允许适宜数量的宅基地使用权进入市场流转。由于我国城乡发展极不平衡,城乡差异大,并不是任何宅基地都适合流转,结合我国实际情况来看,全面放开宅基地进入市场并不可取。若放开的宅基地流转市场过于狭小,可供社会主体选择的宅基地数量少,不符合宅基地使用权市场化流转的现实需要。因此,设置合理的市场范围十分重要,要在放开宅基地市场化流转与宅基地资源高效配置之间寻找平衡点。宅基地使用权市场化流转应首先针对大城市周边农村(城郊村),由于其优越的区位条件能为乡村产业发展提供基础性条件,确保农村社会稳定。

2. 市场辅以行政调控的价格机制

由于农村宅基地的特殊性,其价格确定与城市土地价格不同,城市土地价格是市场竞争机制和供求机制相互作用的产物,且按不同用途、使用最高年限确定地块价格。在试点地区,宅基地流转价格形成主要以集体议价和政府指导价为主,大多属于行政性的定价机制,并未充分发挥市场的作用。从宅基地供给主体——农民的角度来看,宅基地流转价格是农民最关心的问题,宅基地流转价格的高低在一定程度上影响农民流转意愿,因此迫切需要建立起由社会流转主体竞争形成的价格机制。宅基地使用权流转价格形成必须既能够反映土地的价值,又能够反映土地市场的供求关系价格。但是,由于农民有时会存在信息不足和信息不对称,在以市场机制商议价格时会处于劣势,所以辅以行政调控保障农民利益不受损是必要的,也是必需的。因此,需要建立宅基地使用权流转市场价格以市场竞价为主、以行政调控为辅的形成机制。

（二）创新宅基地使用权分段化流转方式

宅基地使用权作为一项用益物权，农民将宅基地使用权流转给社会主体时，其价格形成就包含了流转期限。使用权流转期限设置既关乎价格高低，也关乎供需双方的利益，从利益关系来看，社会资本依法流转取得宅基地使用权，拥有稳定使用期限，有利于其经营发展。

在宅基地流转年限上，试点地区纷纷进行了一些探索。如西昌市将宅基地流转给社会资本，打造康养产业与旅游业结合的康养小镇项目，出租年限在 10—20 年不等。义乌市在《关于推进农村宅基地制度改革试点工作的若干意见》中规定了宅基地跨集体经济组织流转后最高使用年限为 70 年，使用期限满后可优先续期。德清县在《德清县农村宅基地管理办法（试行）》中规定，将宅基地使用权出租的最高年限不超过 20 年，将宅基地使用权转让的，转让年限不低于 5 年，最高不超过 30 年。目前对宅基地使用权流转年限没有明确统一的规定，一些集体经济组织在流转宅基地时持着一劳永逸的态度，急于将闲置宅基地出租或转让，没有将社会资本在流转后产业发展纳入考虑范围。任何产业发展都面临市场竞争，都具有市场兴衰周期，如果社会资本利用宅基地发展乡村产业失败或陷入困境，宅基地极有可能面临"二次闲置"，仅在名义上得到开发利用，集体的利益、农民的利益和社会资本的利益都将受到影响。

宅基地流转年限设定关系着宅基地财产功能能否稳定实现。若流转年限过短，社会资本无法稳定使用宅基地，不利于产业长期稳定发展。若流转期限过长，可能影响宅基地居住保障功能发挥，从而降低农民流转意愿。为了有效规避以上流转风险，在 20 年流转年限的基础上，将宅基地使用权年限分段成"5+15"的方式进行流转。在签订宅基地使用权流转合约前，农村集体经济组织评估流转后用于发展乡村产业的可行性。在签订合同时，明确将 20 年流转年限分为两段，第一段为 5 年试用期，第二段为 15 年流转期。第一段流转期满后，若社会资本投入的产业处于稳定发展状态，则继续履行后

15年期限，否则5年期满后可终止合约进行再次流转或收回，20年期满后可终止合约或续约。宅基地使用权分段流转方式，既能保证筛选稳定发展的产业，又能保障宅基地所有权人、资格权人的利益。

（三）建立宅基地再利用负面清单化管理

宅基地使用权流转后发展乡村产业，也必须严格用途管制制度。允许宅基地进行产业发展并不意味着任何开发利用方式都无限制，社会资本可利用宅基地进行农产品加工、农村电商、乡村休闲旅游、非遗文化产业等。宅基地使用权流转应在满足村庄规划建设、不损害农民利益的前提下，使宅基地用途多样化，充分实现宅基地财产价值。但是为了更好地落实用途管制制度，对宅基地流转后的利用必须进行严格的用途管控，各地要对乡村发展新产业新业态做出规定和限制，建立宅基地使用权流转再利用的"负面清单"制度。

1. 严禁用于修建别墅大院和私人会馆

《中共中央、国务院关于实施乡村振兴战略的意见》强调："适度放活宅基地和农民房屋使用权，不得违规违法买卖宅基地，严格实行土地用途管制，严格禁止下乡利用农村宅基地建设别墅大院和私人会馆。"随着城市生活水平不断提高，一些自然环境优越、风景秀丽的乡村备受城市居民关注，吸引了不少城市居民想要到农村度假观光休闲。在利益的驱使下，部分开发商会在宅基地上修建私人别墅、会馆，这是宅基地使用权流转再利用中，严禁进行的土地利用形式，必须严格管控。

2. 严禁用于发展环境污染型产业

宅基地使用权人要利用宅基地及地上农房开展小规模、无污染的生产经营活动，不能将宅基地用于发展破坏人居环境、污染乡村环境的产业。污染型产业的发展将危害农村居民及牲畜生命安全，影响生态振兴的实现，制约乡村经济发展。利用宅基地进行的产业应在"绿水青山就是金山银山"理念指导下，注重可持续发展，追求产业高质量、绿色化发展。

第十章　农村宅基地"三权分置"
改革研究结论与制度预期

毫无疑问，农村宅基地"三权分置"改革是我国农村土地制度改革的又一次重大创新和实践。当前，改革试点的经验表明，"三权分置"改革重构了城乡土地利用关系，解决了"稳定"与"放活"的矛盾，激活了农村沉睡的土地资源，释放了农村潜在的发展活力。未来，宅基地"三权分置"改革如何稳定顺利推进，事关农村、农业和农民的重大利益，必须十分慎重。无论如何改革，"土地公有制性质不改变、耕地红线不突破、农民利益不受损"的红线不能突破，保障农民"住有所居"这条底线不能突破。本章提炼研究结论，并对宅基地"三权分置"制度演化方向、制度渐进路径、制度演变预期等问题进行探讨，既是对前文研究的总结，也是对未来理论研究和改革实践的展望。

第一节　农村宅基地"三权分置"改革研究结论

本研究从"理论基础—实践探索—政策创新"三个维度，从过去的制度脉络、现在的制度实践、未来的制度预期三个层面进行探索、发现和思考，主要研究结论和创新观点如下：

（1）梳理宅基地试点政策调整发现三大特点：试点范围不断扩大、改革期限不断延长、探索内容不断深化。这表明宅基地制度改革的重要性、困难性、艰巨性和复杂性，同时也体现了中央对此项改革"逐步试点、稳步推进、审慎稳妥"的态度。

（2）文献梳理发现，农村宅基地制度演变五大特征：始终坚守"三条底线"、采用渐进式改革模式、由无偿使用向有偿使用转变、强制性与弹性改革相结合、改革的内生性需求不断提升。宅基地"三权分置"制度形成的"三种合力"：原动力、推动力和驱动力。

（3）调研发现，当前农村宅基地改革制度制约明显，需要更多上层政策支持；地方对宅基地改革意愿强烈，改革需求和改革方式各有不同，离大城市较远的偏远农村，有条件农民退出意愿更强，更倾向于节余指标市场化交易，而大城市周边的近郊农村，农民流转意愿更强，更倾向于宅基地就地再利用，因此"一刀切"政策不可取。

（4）根据调研和评价结果，宅基地出让方、村集体和受让方面临的最严重风险分别为农户利益和政策信息风险、管理和土地利用失序风险、契约和经营风险；总体风险程度是受让方风险最高，出让方次之，村集体略低。据此提出"三权分置"改革由重点风险监测点组成的"风险束"：政策衔接风险、规划管控风险、耕地红线风险、农民利益风险、集体收益风险和企业投资风险。

（5）首次提出宅基地"落实＋保障＋放活"的"三化"改革思路，即强化所有权、固化资格权、显化使用权。创新提出宅基地"三权分置"改革的"制度化—法定化—市场化"实现路径，即以制度化强化所有权、以法定化固化资格权、以市场化显化使用权。

（6）研究发现，当前农村集体不能满足宅基地所有权行使主体能力，必须通过顶层制度对农村集体治理结构和体系进行赋权和重构。创新提出以制度化强化所有权，坚持农村集体的法定主体，实现所有权行使主体的唯一性。

（7）创新建立四种固化资格权模式：确权颁证固化资格权、股权量化稳固资格权、法律公证保障资格权、流转平台保证资格权；创新提出以法定化来固化资格权最有效、最直接的途径是要尽快实现"房地一体化"和"三权一证化"。

（8）创新提出两种市场化流转新模式：一是提出宅基地"指标蓄水池"新概念，建立资格权退出的"指标化"再利用模式；二是建立使用权流转"实物化"再利用模式，并构建宅基地使用权"5+15"分段流转机制，建立"实物化"利用的产业发展"负面清单"制。

第二节　农村宅基地"三权分置"改革制度预期

一、农村宅基地"三权分置"制度演化方向

（一）"住有所居"是宅基地改革的核心底线

根据国家统计局数据，2022 年我国城镇常住人口约 9.2 亿，有约 2.3 亿人处于"人户分离"的状态，这些数据表明大量农民进城还处于"不稳定"或"半稳定"状态。因此，"住有所居"就显得尤为重要。我们进行农村宅基地制度改革，旨在盘活农村宅基地的资产价值，增加农民财产性收入，推进乡村振兴战略实施。但居住权是农民作为集体经济组织成员的基本生存权利，保障农民"住有所居"是维护农村社会稳定的重要基础。维护好农民基本居住权利是宅基地制度改革的重要前提，改革必须坚守"住有所居"底线。这是宅基地改革的核心底线，不能突破。

为了实现宅基地居住保障功能和财产功能协调统一，"三权分置"改革中新设资格权，目的是将身份性居住保障功能从宅基地使用权中剥离出来，核心就是保"稳定"。但同时资格权创设要义还在于实现从"土地保障"居住权向"房屋保障"居住权的转换，跳脱土地实物保障局限。因此未来"户有所居"不再只是体现为农户一一对应的宅基地，而是通过多元化的住房保障形式实现农户居住及发展需求，"住有所居"也不仅限于宅基地本身，农民有更多保障方式和权利。

（二）宅基地改革设计是让农户做"多选题"

宅基地改革问题本身就是农民的问题，涉及千万农户的切身利益，因此宅基地改革要把农民利益放在首位。宅基地改革要充分尊重农民意愿，坚持依法、自愿、有偿原则，改革设计应充分体现其指导性、鼓励性、参与性，对具体改革方案应充分听取农民意见，让广大农民参与其中，保障广大农民的参与权、决策权和监督权。宅基地制度改革要紧紧围绕最广大农民群众最关注、最急迫的问题，将保障农民切身利益放在改革的首要位置。

近些年，一些农村搞整村撤并、违背农民意愿强制流转宅基地和强迫农民"上楼"事件时有发生，这些问题都是宅基地改革要避免发生的事情。我国农村宅基地改革问题可谓"千村千样"，因此不能搞"一刀切"。农民是否愿意退出宅基地资格权、是否愿意流转使用权，退出补偿是否满足农民预期，农民愿意以何种形式保障居住权利，都应该设计出多项选择，让农民做"多选题"而不是"单选题"。宅基地制度改革应结合不同农村的社会经济发展水平、不同农村群体的自身条件，因地制宜、因人制宜地给出多种组合政策形式，将选择权交予农民，保证农民"进退有路"，时刻将农民意愿和利益放在改革首位。宅基地制度改革应从农民真实的需求展开，调动农民群众主动参与改革的积极性，让农民生活真正"更上一层楼"。

二、农村宅基地"三权分置"制度演进路径

（一）制度化和市场化是宅基地改革的基本路径

宅基地"三权分置"改革目前仍处于试点探索阶段，在制度上还不完善，宅基地改革存在许多现实的问题，需要加强国家和地方不同层级的顶层制度设计。通过制度化方式推进宅基地"三权分置"改革，首先从国家法律法规等层面明确三权权能，确定所有权的法定主体及其依法享有的法定权利与职责，进一步落实处分权、收益权和监管权。深化宅基地确权颁证制度，推进"房地一体化"和"三权一证化"，推进宅基地管理的制度化和规范化。

其次，地方政府因地制宜制定有关宅基地的地方性法规，合理界定资格权权利主体、资格权认定标准，严格限定资格权退出条件、设立资格权重获的渠道和方式，建立宅基地信息登记与流转平台，探索使用权流转利用模式，完善宅基地使用权的流转机制，为市场化交易提供保障；明确宅基地退出的多种形式，科学制定宅基地退出的补偿标准与补偿方式，完善基层组织治理结构，加强基层组织自治能力建设。

市场化是推动农村土地资源优化配置的重要手段，通过建立宅基地资格权退出"指标化"利用和使用权流转"实物化"利用相结合的方式，不断提高土地资源配置效率，促进乡村产业发展。要进一步厘清使用权流转"适度"和"放活"的政策边界，构建多元社会主体市场化参与机制，建立城乡统一的建设用地市场，通过市场化流转增加农民经营性收入和财产性收入，促进城乡一体化进程。为防范市场化配置过程中可能出现的风险，地方政府要健全农村宅基地流转市场，规范市场流转行为，对宅基地流转用途、期限进行科学论证，建立宅基地再利用负面清单化管理，严格落实用途管制制度。

（二）多重农村土地制度耦合是改革的重要途径

农村土地制度改革是一项系统性工程，土地政策之间不能孤立存在，政策之间要有相关性、协调性、耦合性。尤其是一项新的制度建立不能与其他制度相矛盾，更不能完全否定其他制度。农村宅基地"三权分置"改革要与现行的城乡建设用地增减挂钩、集体经营性建设用地入市、乡村振兴、国土空间规划等政策相协调，这样才能形成制度整合，实现政策的整体效应。

宅基地"三权分置"改革与城乡建设用地增减挂钩政策相结合，规避增减挂钩政策的弊端，创新零星分散宅基地"指标化"利用新模式，既解决零星分散宅基地难利用问题，又为农村发展、农民补偿提供资金来源。宅基地"三权分置"改革与乡村振兴政策相结合，就是要凸显宅基地改革为乡村振兴战略提供人才、资源和资金保障，如为回乡创业、乡贤回乡等人才提供宅基地住房保障,为乡村产业发展提供土地要素保障等,这样确实能为乡村振兴注入资金、人才与技术,同时又通过乡村产业发展拓宽了宅基地的再利用功能与路径,一定程度上推进了宅基地的市场化利用,增加农民经营性收入与财产性收入。宅基地"三权分置"改革与集体经营性建设用地入市相结合,推动城乡土地要素统一市场建立,畅通城乡土地要素流动,增强集体土地财产功能,为宅基地改革提供资金来源。要进一步创新宅基地确权方式,解决"来源活水"瓶颈问题,完善集体经营性建设用地的入市机制,建立健全集体经营性建设用地入市利益分配制度。

三、农村宅基地"三权分置"制度演变模式

（一）以宅基地改革推动乡村"人—地—业—境"功能空间重构

宅基地"三权分置"改革与乡村振兴能够形成"同频共振"效应,促进乡村"人—地—业—境"功能空间重构。从"人"的角度看,"三权分置"改革中宅基地资格权退出和使用权流转,一部分农民完成市民化过程,一部分由分散居住转变为有序集中居住;从"地"的角度来看,"三权分置"改革让宅基地由单一的居住功能向生活、生产多功能融合转型;从"业"的角度看,宅基地退出和流转带来了社会资金,促进了农村以农业生产为主,向服务业、旅游业等第三产融合转变;从"境"的角度来看,"三权分置"改革推动了乡村空间规划落地,提升了村容村貌,实现了农村危房、土坯房改造,完善了基础设施和公共服务设施,改善了农民的居住条件和人居环境。

我国大部分农村地区资源、资金匮乏,往往以发展农业为主,宅基地"三权分置"改革优化了农村土地资源配置,为三产融合发展提供了大量的土地资源要素;同时,宅基地改革扩大了使用权流转范围,吸引了外来资金流入,大力发展二、三产业,从而促进农村三产融合发展、城乡融合发展。乡村振兴重点是产业兴旺,关键是生态宜居。宅基地改革为乡村产业振兴提供了土地资源保障,带动了村庄环境整治和治理,改变了村容村貌,让农村成为宜居宜业的新型空间。

（二）"以时间消化历史存量、以空间控制未来增量"渐进模式

宅基地"三权分置"改革不可能一蹴而就，是一个渐进的演变过程。"以时间消化历史存量"：一方面宅基地制度是随着社会经济发展不断演变更新的，这个历史过程中存在的一些遗留问题，如"一户多宅"、违规超占、宅基地继承等问题，要通过时间来逐步消化、解决，不能急于求成；另一方面要通过"三权分置"改革逐步建立新的制度体系，如资格权重获，就要由"无偿"向"有偿"转变，使用权流转，就要由"无期限"向"有期限"转变。

"以空间控制未来增量"：一方面是通过"三权分置"改革，推动农村空间规划更加科学合理，不论是农民集中居住区规划还是产业发展规划，都要以农村空间规划为依据，改变过去"散乱差"的格局；另一方面资格权新获或资格权重获，要严格规划宅基地用地空间和面积，让宅基地增量都在政策管理的范畴之内进行，防止宅基地增量的空间和数量无序扩张，促进农村土地资源的集约节约利用。

参考文献

Zhang Xiaoling, Han Lu, "Which factors affect farmers' willingness for rural community remediation? A tale of three rural villages in China", *Land Use Policy*, 2018, Vol.74.

阿说尔古:《基于农户意愿的民族地区宅基地退出路径研究——以喜德县为例》, 西南民族大学硕士学位论文, 2019 年。

曹姣:《"三权分置"下宅基地所有权实现的困境与完善路径》,《中国农学通报》2021 年第 19 期。

曹泮天:《宅基地使用权隐形流转的制度经济学分析》,《现代经济探讨》2013 年第 4 期。

茶丽华:《探索耕地保护视阈下的宅基地绿色复垦》,《新经济》2022 年第 10 期。

陈柏峰:《农村宅基地限制交易的正当性》,《中国土地科学》2007 年第 4 期。

陈广华、罗亚文:《乡村振兴背景下宅基地资格权研究》,《安徽大学学报》(哲学社会科学版) 2019 年第 5 期。

陈浩:《宅基地使用权流转:从限制到开禁的现实与法理逻辑》,《山东科技大学学报》(社会科学版) 2021 年第 5 期。

陈会广、沈馨月、林奕冉等:《农村宅基地制度改革的武进试验 (2015—2019 年):回顾、评析与展望》,《土地经济研究》2020 年第 2 期。

陈基伟:《乡村振兴背景下宅基地集体所有权落实评析》,《科学发展》2020 年第 9 期。

陈江畅、张京祥:《我国创新产业用地政策的转型与变革——基于制度变迁理论》,《地域研究与开发》2022 年第 2 期。

陈俊池:《农户对落实宅基地集体所有权的满意度评价及影响因素研究——以重庆市大足区为例》, 四川大学硕士学位论文, 2022 年。

陈藜藜、宋戈、邹朝晖:《经济新常态下农村宅基地退出机制研究》,《农村经济》2016 年第 7 期。

陈胜祥:《农村宅基地"三权"分置:问题导向、分置逻辑与实现路径》,《南京农业大学学报》(社会科学版) 2022 年第 2 期。

陈思媛、韩述:《宅基地"三权分置"改革:政策演进、风险分析及防范对策》,《中国西部》2021 年第 6 期。

陈霄:《农民宅基地退出意愿的影响因素——基于重庆市"两翼"地区 1012 户农户的实证分析》,《中国农村观察》2012 年第 3 期。

陈小君:《我国农民集体成员权的立法抉择》,《清华法学》2017 年第 2 期。

陈小君:《宅基地使用权的制度困局与破解之维》,《法学研究》2019 年第 3 期。

陈晓枫:《马克思土地产权理论探析》,《思想理论教育导刊》2018 年第 2 期。

陈耀东:《宅基地"三权分置"的法理解析与立法回应》,《广东社会科学》2019 年第 1 期。

陈振:《农地流转风险识别与管控研究——以安徽省为例》,南京农业大学博士学位论文,2020 年。

程秀建:《我国宅基地"三权分置"改革法律问题研究》,西南政法大学博士学位论文,2019 年。

程秀建:《宅基地资格权的权属定位与法律制度供给》,《政治与法律》2018 年第 8 期。

程允允:《"三权分置"背景下农民进城落户后集体土地退出机制探究》,《上海房地》2021 年第 9 期。

邓蓉:《农村土地制度改革进程中的集体经济组织主体地位重塑》,《农村经济》2017 年第 3 期。

丁健康:《马克思地租理论视域下农地"三权分置"改革研究》,桂林理工大学硕士学位论文,2021 年。

董祚继:《"三权分置"——农村宅基地制度的重大创新》,《中国土地》2018 年第 3 期。

董祚继:《以"三权分置"为农村宅基地改革突破口》,《中国乡村发现》2017 年第 1 期。

范辉、李晓珍、余向洋等:《基于交互决定论的农村宅基地退出意愿研究——以河南省为例》,《干旱区资源与环境》2020 年第 2 期。

方明:《农村宅基地使用权流转机制研究》,《现代经济探讨》2014 年第 8 期。

房傲雪:《市民化农户土地承包权退出影响因素研究——基于河北省的样本调查》,西南大学硕士学位论文,2018 年。

房建恩:《乡村振兴背景下宅基地"三权分置"的功能检视与实现路径》,《中国土地科学》2019 年第 5 期。

冯娜娜、沈月琴、孙小龙等:《"三圈理论"视角下农村宅基地退出模式比较——基于义乌市的观察》,《中国农业资源与区划》2021 年第 2 期。

付文凤、郭杰、欧名豪等:《基于机会成本的农村宅基地退出补偿标准研究》,《中国人口·资源与环境》2018 年第 3 期。

付宗平:《农村宅基地退出的权利主体利益取向博弈分析及政策选择》,《农村经济》2021 年第 11 期。

付宗平:《乡村振兴框架下宅基地"三权分置"的内在要求与实现路径》,《农村经济》2019 年第 7 期。

傅熠华:《农民工农村宅基地退出的决策逻辑——基于全国 2328 户农民工家庭的实证研究》,《经济体制改革》2018 年第 6 期。

富姗姗:《乡村振兴背景下不同主体行使宅基地集体所有权的差异性分析》,《新经济》2022 年第 10 期。

高海:《宅基地"三权分置"的法律表达——以〈德清办法〉为主要分析样本》,《现代法学》2020 年第 3 期。

高佳、李世平:《城镇化进程中农户土地退出意愿影响因素分析》,《农业工程学报》2014 年第 6 期。

高圣平:《农村宅基地制度:从管制、赋权到盘活》,《农业经济问题》2019 年第 1 期。

关江华、黄朝禧、胡银根:《不同生计资产配置的农户宅基地流转家庭福利变化研究》,《中国人口·资源与环境》2014 年第 10 期。

郭贯成、戈楚婷:《推拉理论视角下的农村宅基地退出机制研究——基于南京市栖霞区农户意愿调查》,《长江流域资源与环境》2017 年第 6 期。

郭贯成、韩冰:《城市近郊农户非农就业和宅基地流转意愿作用研究——基于南京市栖霞区的问卷调查》,《山西农业大学学报》(社会科学版)2018 年第 4 期。

韩娜、曹君、褚茜：《关于宅基地回购制度的构建设想》，《重庆科技学院学报》（社会科学版）2008 年第 2 期。

韩松：《论农民集体土地所有权的管理权能》，《中国法学》2016 年第 2 期。

韩文龙、刘璐：《权属意识、资源禀赋与宅基地退出意愿》，《农业经济问题》2020 年第 3 期。

韩文龙、谢璐：《宅基地"三权分置"的权能困境与实现》，《农业经济问题》2018 年第 5 期。

何鹏飞：《农村宅基地"三权分置"改革的风险分析与防控》，四川师范大学硕士学位论文，2021 年。

何燊炜、赵翠萍、董星灵：《以宅基地制度改革推进乡村治理现代化》，《河南农业》2023 年第 13 期。

贺雪峰：《宅基地、乡村振兴与城市化》，《南京农业大学学报》（社会科学版）2021 年第 4 期。

洪向阳：《农村宅基地管理存在问题的原因及建议措施》，《农村经济与科技》2022 年第 16 期。

胡方芳、蒲春玲、陈前利等：《欠发达地区农民宅基地流转意愿影响因素》，《中国人口·资源与环境》2014 年第 4 期。

胡银根、王聪、廖成泉等：《不同治理结构下农村宅基地有偿退出模式探析——以金寨、蓟州、义乌 3 个典型试点为例》，《资源开发与市场》2017 年第 12 期。

胡银根、张曼、魏西云等：《农村宅基地退出的补偿测算——以商丘市农村地区为例》，《中国土地科学》2013 年第 3 期。

扈映、米红：《经济发展与农村土地制度创新——浙江省嘉兴市"两分两换"实验的观察与思考》，《农业经济问题》2010 年第 2 期。

黄璐水、罗海波、钟锋：《贵州省农村宅基地退出的障碍因素调研与对策建议》，《中国农业资源与区划》2014 年第 4 期。

黄敏、杜伟：《基于 Probit 二元选择模型的农村宅基地退出意愿研究》，《四川师范大学学报》（社会科学版）2017 年第 5 期。

黄琦、王宏志、徐新良：《宅基地退出外部环境地域差异实证分析：基于武汉市东西湖区 84 个样点的分析》,《地理科学进展》2018 年第 3 期。

黄贻芳、钟涨宝:《不同类型农户对宅基地退出的响应——以重庆梁平县为例》,《长江流域资源与环境》2013 年第 7 期。

惠建利:《乡村振兴背景下农村闲置宅基地和闲置住宅盘活利用的实践考察及立法回应》,《北京联合大学学报》(人文社会科学版) 2022 年第 2 期。

惠献波:《宅基地使用权抵押融资模式、风险及防范策略分析》,《农村金融研究》2016 年第 2 期。

姜红利、宋宗宇:《农民集体行使所有权的实践路径与主体定位》,《农业经济问题》2018 年第 1 期。

靳相木、王海燕、王永梅等:《宅基地"三权分置"的逻辑起点、政策要义及入法路径》,《中国土地科学》2019 年第 5 期。

康文杰、何鹏飞、杜伟:《我国农村宅基地"三权分置"改革探索与困境破解——基于 33 个试点地区的改革举措分析》,《成都师范学院学报》2022 年第 11 期。

赖宝君:《建国以来国有资产管理体制的历史嬗变与模式选择》,福建师范大学硕士学位论文,2015 年。

赖丽华:《新中国成立以来农村土地权属制度的变迁及改革展望》,《江西社会科学》2009 年第 10 期。

郎楚潇:《"三权分置"改革背景下成都市郫都区农户宅基地退出研究》,四川农业大学硕士学位论文,2022 年。

雷佳:《农村土地制度改革举措之风险预估及规制》,西南政法大学硕士学位论文,2015 年。

李川、李立娜、刘运伟等:《泸县农村宅基地有偿使用制度改革效果评价》,《中国农业资源与区划》2019 年第 6 期。

李春华、赵凯、张晓莉:《功能认知对农户宅基地退出补偿期望的影响——基于家庭生命周期视角》,《农业现代化研究》2021 年第 4 期。

李凤章、李卓丽:《宅基地使用权身份化困境之破解——以物权与成员权的分离为视角》,《法学杂志》2018 年第 3 期。

李凤章、赵杰:《农户宅基地资格权的规范分析》,《行政管理改革》2018 年第 4 期。

李国权:《论宅基地"三权"分置的可能风险及防范对策》,《河南社会科学》2020 年第 12 期。

李怀、陈享光:《乡村振兴背景下宅基地"三权分置"的权能实现与深化路径》,《西北农林科技大学学报》(社会科学版) 2020 年第 6 期。

李林峰、赵振宇:《宅基地三权分置:法律构造、权利困境及制度建构》,《中国国土资源经济》2022 年第 8 期。

李敏、陈尧、唐鹏等:《家庭生命周期对农户宅基地退出意愿的影响》,《资源科学》2020 年第 9 期。

李晴:《改革抑或守成:论宅基地使用权的转让——宅基地"三权分置"下的思考》,《农业经济》2018 年第 8 期。

李泉:《农村宅基地制度改革:实践逻辑与政策取向——基于我国 70 多年来政策文本的理论解读》,《山东理工大学学报》(社会科学版) 2022 年第 3 期。

李少博、彭海英:《中国农村闲置宅基地研究综述》,《农村经济与科技》2020 年第 23 期。

李燕琼、吕维平:《我国不同地区失地农民的住房安置状况及政策实施效果评析》,《农业经济问题》2007 年第 10 期。

李云熙:《宅基地不同退出模式绩效评估研究——以成都市三个典型区域为例》,四川师范大学硕士学位论文,2021 年。

梁发超、林彩云:《不同模式下农村宅基地退出的风险评价及防范对策研究——以福建省晋江市为例》,《农业现代化研究》2019 年第 6 期。

梁发超、袁立虎:《土地发展权视角下农村宅基地退出机制的构建》,《资源开发与市场》2014 年第 6 期。

林超、陈泓冰:《农村宅基地流转制度改革风险评估研究》,《经济体制改革》2014 年第 4 期。

林超、陈卫华、吕萍:《乡村振兴背景下农村宅基地功能分化机理、规律及治理对策研究——基于资产专用性视角》,《湖南师范大学社会科学学报》2021 年第 5 期。

林超、郭彦君、张林艳:《农村宅基地资格权研究进展与启示》,《台湾农业探索》2020 年第 6 期。

林津、吴群、刘向南:《宅基地"三权分置"制度改革的潜在风险及其管控》,《华中农业大学学报》(社会科学版)2022年第1期。

林卿:《农民土地权益流失与保护研究——基于中国发展进程》,中国社会科学出版社2013年版。

林绍珍、廖桂容:《我国农村宅基地使用权流转机制研究》,《东南学术》2014年第5期。

刘成、文小洪:《农户宅基地自愿有偿退出补偿机制设计——基于成都市郫都区的调查》,《新疆农垦经济》2020年第8期。

刘聪、高进:《宅基地"三权分置"政策工具研究——基于试点地区政策文本分析》,《山东农业大学学报》(社会科学版)2023年第1期。

刘丹、巩前文:《功能价值视角下农民宅基地自愿有偿退出补偿标准测算方法》,《中国农业大学学报》2020年第12期。

刘冠东、郝可彤、吴伟:《代际视角下宅基地退出意愿影响分析——基于陕西省关中地区1177份问卷的实证》,《西北大学学报》(哲学社会科学版)2023年第1期。

刘国栋:《论宅基地三权分置政策中农户资格权的法律表达》,《法律科学》(西北政法大学学报)2019年第1期。

刘凯湘:《法定租赁权对农村宅基地制度改革的意义与构想》,《法学论坛》2010年第1期。

刘蕾:《农户宅基地使用权流转参与意愿研究——基于定州市农户的调查》,《社会科学家》2019年第7期。

刘丽惠:《经济发达地区农村宅基地退出的模式选择研究——以福建省晋江市为例》,华侨大学硕士学位论文,2020年。

刘荣材:《马克思主义制度变迁理论及其在中国的应用和发展》,《重庆工学院学报》(社会科学版)2009年第8期。

刘锐、贺雪峰:《从嵌入式治理到分类管理:宅基地制度变迁回顾与展望》,《四川大学学报》(哲学社会科学版)2018年第3期。

刘锐:《乡村振兴战略框架下的宅基地制度改革》,《理论与改革》2018年第3期。

刘润秋、黄志兵:《宅基地制度改革与中国乡村现代化转型——基于义乌、余江、泸县 3 个典型试点地区的观察》,《农村经济》2021 年第 10 期。

刘圣欢、杨砚池:《农村宅基地"三权分置"的权利结构与实施路径——基于大理市银桥镇农村宅基地制度改革试点》,《华中师范大学学报》(人文社会科学版)2018 年第 5 期。

刘守英、熊雪锋:《泸县宅基地制度改革实践与创新》,《中国土地》2018 年第 3 期。

刘双良、秦玉莹:《"三权分置"背景下宅基地流转风险防范——基于物权视角的分析》,《农业经济》2020 年第 4 期。

刘双良:《宅基地"三权分置"助推乡村振兴的多重逻辑与实现进路》,《贵州社会科学》2021 年第 3 期。

刘卫柏、贺海波:《农村宅基地流转的模式与路径研究》,《经济地理》2012 年第 2 期。

刘颖:《新型城镇化背景下我国农业转移人口市民化权益保障研究》,华中科技大学博士学位论文,2021 年。

刘永健、耿弘、孙文华等:《基于网络层次分析法和灰色聚类分析的农村宅基地上市流转风险评价研究》,《上海农业学报》2017 年第 4 期。

刘云生、孙林:《农村宅基地"三权分置"与股份制改革》,《法治现代化研究》2021 年第 6 期。

罗光宇、欧阳晨:《农村宅基地使用权流转的合法性探析》,《西北农林科技大学学报》(社会科学版)2013 年第 2 期。

吕军书、张硕:《宅基地"三权分置"的法律内涵、价值与实现路径》,《农业经济》2020 年第 6 期。

吕军书、张文赟:《农村宅基地使用权流转的风险防范问题分析》,《河南师范大学学报》(哲学社会科学版)2013 年第 2 期。

吕军书、郑弼天:《农村宅基地"三权分置"的政策意蕴及实现路向》,《西北农林科技大学学报》(社会科学版)2022 年第 4 期。

吕政远、朱晓霞、林微等:《基于土地流转下的"两分两换"模式的研究——以浙江嘉善为例》,《市场周刊》(理论研究)2014 年第 9 期。

马涛:《西方经济学的范式结构及其演变》,《中国社会科学》2014 年第 10 期。

孟勤国:《物权法开禁农村宅基地交易之辨》,《法学评论》2005 年第 4 期。

聂英、韩鲜籽、付琼等:《吉林省农户宅基地退出风险评价与防控对策研究》,《地理科学》2022 年第 12 期。

牛星、李玲:《不同主体视角下农地流转的风险识别及评价研究——基于上海涉农郊区的调研》,《中国农业资源与区划》2018 年第 5 期。

欧阳安蛟、蔡锋铭、陈立定:《农村宅基地退出机制建立探讨》,《中国土地科学》2009 年第 10 期。

庞瑶:《三权分置下宅基地资格权继承的制度构建》,《湖北经济学院学报》(人文社会科学版)2020 年第 5 期。

彭小霞:《农民权益保护视角下农村宅基地退出机制之完善》,《农村经济》2015 年第 4 期。

钱忠好、牟燕:《乡村振兴与农村土地制度改革》,《农业经济问题》2020 年第 4 期。

乔陆印、刘彦随:《新时期乡村振兴战略与农村宅基地制度改革》,《地理研究》2019 年第 3 期。

秦玉莹:《宅基地"三权分置"中"农户资格权"的建构——基于"身份权"的视角》,《贵州社会科学》2021 年第 3 期。

邱芳荣、冯晓红、靳相木:《浙江德清:探索宅基地"三权分置"实现路径》,《中国土地》2019 年第 4 期。

邱继勤、邱道持、石永明:《城乡建设用地挂钩指标的市场配置》,《城市问题》2010 年第 7 期。

邱璔豪、王富强、吕素冰等:《基于 DPSIR 模型和熵权模糊综合评价的郑州市水循环健康状态预测》,《水电能源科学》2023 年第 12 期。

曲福田、马贤磊、郭贯成:《从政治秩序、经济发展到国家治理:百年土地政策的制度逻辑和基本经验》,《管理世界》2021 年第 12 期。

曲颂、仲鹭勃、郭君平:《宅基地制度改革的关键问题:实践解析与理论探释》,《中国农村经济》2022 年第 12 期。

任怡多:《"三权分置"下宅基地资格权的法律表达》,《山东行政学院学报》2022 年第 2 期。

山琼琼:《宅基地使用权流转的路径探究》,《农业与技术》2022 年第 1 期。

时磊、赵姚阳：《结构、历史与前瞻：我国农村宅基地制度变迁的三维考察》，《改革与战略》2021年第2期。

宋志红：《宅基地"三权分置"的法律内涵和制度设计》，《法学评论》2018年第4期。

宋志红：《宅基地资格权：内涵、实践探索与制度构建》，《法学评论》2021年第1期。

苏吉庆：《长垣市以规范农村宅基地管理破解农民建房乱象》，《河南农业》2022年第13期。

孙建伟：《宅基地"三权分置"中资格权、使用权定性辨析——兼与席志国副教授商榷》，《政治与法律》2019年第1期。

孙鹏飞、赵凯、贺婧：《农村人口老龄化、社会信任与农户宅基地退出——基于安徽省金寨县614户农户样本》，《华中农业大学学报》（社会科学版）2019年第5期。

孙鹏飞、郑军、赵凯等：《基于农户分化视角的农户对宅基地退出政策评价研究——以安徽金寨县农户为例》，《干旱区资源与环境》2022年第3期。

孙思：《基于计划行为理论的绿色住宅消费行为研究》，重庆大学硕士学位论文，2014年。

孙维：《农村宅基地退出补偿标准测算——以温江区为例》，四川农业大学硕士学位论文，2013年。

孙雪峰、朱新华、陈利根：《不同经济发展水平地区农户宅基地退出意愿及其影响机制研究》，《江苏社会科学》2016年第2期。

谭子宓：《马克思土地产权理论与我国农村土地制度改革研究》，闽南师范大学硕士学位论文，2022年。

唐健、谭荣：《农村集体建设用地入市路径——基于几个试点地区的观察》，《中国人民大学学报》2019年第1期。

唐鹏、李建强、冯月：《农村宅基地有偿使用制度改革的难点问题剖析与对策》，《上海国土资源》2019年第1期。

唐小宇：《农村宅基地退出补偿机制的构建与完善——基于金寨县的研究》，安徽农业大学硕士学位论文，2019年。

唐晓琴：《"三权分置"背景下农村宅基地农户资格权面临的困境与对策》，《农村实用技术》2020年第1期。

王洪平:《论我国农民集体所有制的必然性》,《求是学刊》2021 年第 4 期。

王晶:《农村宅基地"三权分置"的风险识别与规制研究》,《山西农经》2021 年第 10 期。

王俊龙、郭贯成、韩述:《基于阿马蒂亚·森可行能力的农户宅基地流转意愿研究》,《干旱区资源与环境》2022 年第 2 期。

王利明:《物权法研究》,中国人民大学出版社 2016 年版。

王敏:《我国农村宅基地使用权抵押融资问题研究》,《市场周刊》2018 年第 6 期。

王培俊、孙煌、范胜龙等:《我国村庄复垦研究现状及展望》,《中国农业大学学报》2020 年第 11 期。

王文浩:《农村宅基地"三权分置":内涵、逻辑与路径》,《江西农业学报》2021 年第 9 期。

王亚星、于水:《"求同"与"存异":异质性资源禀赋视域下宅基地三权分置实现路径研究——基于典型案例的对比分析》,《宁夏社会科学》2022 年第 2 期。

王兆林、谢晶、林长欣:《基于动态联盟利益分配模型的宅基地退出增值收益分配研究》,《资源开发与市场》2017 年第 11 期。

王志锋、徐晓明、战昶威:《我国农村宅基地制度改革试点评估——基于义乌市与宜城市对比研究的视角》,《南开学报》(哲学社会科学版)2021 年第 1 期。

魏凤、于丽卫:《天津市农户宅基地换房意愿影响因素的实证分析——基于 3 个区县 521 户的调查数据》,《中国土地科学》2013 年第 7 期。

魏后凯、刘同山:《农村宅基地退出的政策演变、模式比较及制度安排》,《东岳论丛》2016 年第 9 期。

温阳阳、张正峰:《基于扎根理论的农民集中居住社会风险识别——以北京市 Y 镇 H 社区为例》,《中国土地科学》2018 年第 10 期。

吴迪、陈耀东、龚淋:《农村集体经济组织法人制度构建研究——基于宅基地"三权分置"的改革视角》,《天津师范大学学报》(社会科学版)2021 年第 5 期。

吴明发、严金明、陈昊:《农村宅基地流转的社会风险评估实证研究》,《科学·经济·社会》2018 年第 1 期。

吴涛:《农村宅基地使用权市场性流转问题研究》,西南财经大学硕士学位论文,

2019 年。

吴婷:《"三权分置"下宅基地资格权的权属界定及制度设计》,《太原城市职业技术
　　学院学报》2020 年第 7 期。

吴郁玲、杜越天、冯忠垒等:《宅基地使用权确权对不同区域农户宅基地流转意愿的
　　影响研究——基于湖北省 361 份农户的调查》,《中国土地科学》2017 年第 9 期。

席志国:《民法典编纂视域中宅基地"三权分置"探究》,《行政管理改革》2018 年第
　　4 期。

席志国:《民法典编纂中的土地权利体系再构造——"三权分置"理论的逻辑展开》,
　　《暨南学报》(哲学社会科学版) 2019 年第 6 期。

夏方舟、鲁平贞:《农村宅基地使用权多元价值分段偏离测度》,《资源科学》2021 年
　　第 7 期。

夏方舟、严金明:《农村集体建设用地直接入市流转:作用、风险与建议》,《经济体
　　制改革》2014 年第 3 期。

夏柱智:《关于中部安徽、江西和湖北三省宅基地制度改革试点的评析》,《长春市委
　　党校学报》2018 年第 1 期。

夏柱智:《有限市场:宅基地财产化改革的制度实践及解释》,《农村经济》2020 年第
　　3 期。

向超、温涛、任秋雨:《"目标—工具"视角下宅基地"三权分置"研究——基于政
　　策文本的内容分析和定量分析》,《云南社会科学》2021 年第 2 期。

熊柴、蔡继明、刘媛:《城乡融合发展与土地制度改革》,《政治经济学评论》2021 年
　　第 5 期。

徐亚东:《建党百年中国农地制度变迁:动态演进与逻辑》,《农业经济问题》2021 年
　　第 12 期。

徐忠国、卓跃飞、吴次芳等:《农村宅基地三权分置的经济解释与法理演绎》,《中国
　　土地科学》2018 年第 8 期。

许恒周、殷红春、石淑芹:《代际差异视角下农民工乡城迁移与宅基地退出影响因素
　　分析——基于推拉理论的实证研究》,《中国人口·资源与环境》2013 年第 8 期。

许英:《农村闲置宅基地和闲置住宅盘活利用的实践探索与政策启示》,《嘉兴学院学

报》2021 年第 4 期。

严金明、迪力沙提、夏方舟:《乡村振兴战略实施与宅基地"三权分置"改革的深化》,《改革》2019 年第 1 期。

严金明、郭栋林、夏方舟:《中国共产党百年土地制度变迁的"历史逻辑、理论逻辑和实践逻辑"》,《管理世界》2021 年第 7 期。

杨嘉铭:《宅基地所有权权能实现问题研究》,《理论观察》2020 年第 5 期。

杨青贵:《落实宅基地集体所有权的实践探索与制度因应》,《法治研究》2021 年第 5 期。

杨青贵:《新型城镇化背景下我国宅基地制度的发展歧向与功能塑造——以协调发展为理念》,《经济法论坛》2018 年第 1 期。

杨晓:《乡村振兴视阈下宅基地集体所有权实现障碍及路径破解——以湖南省为例》,《农村经济与科技》2022 年第 17 期。

杨雅婷、汪思敏:《三权分置下"落实宅基地集体所有权"的法治路径》,《云南农业大学学报》(社会科学)2021 年第 3 期。

杨砚池:《农村宅基地产权安排与农户权益保障研究——基于云南省大理市的实践》,华中师范大学博士学位论文,2020 年。

杨玉珍:《城市边缘区农户宅基地腾退动机影响因素研究》,《经济地理》2012 年第 12 期。

叶剑平、陈思博、杨梓良:《宅基地"三权分置"的实践样态——来自浙江省象山县的实践探索》,《中国土地》2018 年第 11 期。

夷萍:《川西林盘保护与发展的困境与破解》,《当代县域经济》2023 年第 9 期。

易振龙:《中国共产党农村土地政策的百年发展历程及其经验启示》,《湖北大学学报》(哲学社会科学版)2022 年第 3 期。

尹露:《农村宅基地置换中的风险控制及监管机制构建研究》,《农业经济》2016 年第 10 期。

游斌、张军涛、于婷:《城乡融合发展视角下宅基地"三权分置"实现形式研究》,《江汉学术》2021 年第 6 期。

于水、王亚星、杜焱强:《农村空心化下宅基地三权分置的功能作用、潜在风险与制度建构》,《经济体制改革》2020 年第 2 期。

余敬、唐欣瑜:《农民集体权利主体地位的追溯、缺陷与重塑》,《海南大学学报》(人文社会科学版)2018 年第 1 期。

余永和:《农村宅基地退出试点改革:模式、困境与对策》,《求实》2019 年第 4 期。

余永和:《农村宅基地有偿使用的实践、问题与对策——基于宁夏平罗、江西余江与浙江义乌试点改革的调查》,《学术探索》2022 年第 1 期。

苑韶峰、张晓蕾、李胜男等:《基于地域和村域区位的宅基地价值测算及其空间分异特征研究——以浙江省典型县市为例》,《中国土地科学》2021 年第 2 期。

岳永兵:《宅基地"三权分置":一个引入配给权的分析框架》,《中国国土资源经济》2018 年第 1 期。

曾旭晖、郭晓鸣:《传统农区宅基地"三权分置"路径研究——基于江西省余江区和四川省泸县宅基地制度改革案例》,《农业经济问题》2019 年第 6 期。

张广辉、辛琬昱:《乡村振兴视角下宅基地"三权分置"改革:缘由、挑战与实现路径》,《沂蒙干部学院学报》2022 年第 4 期。

张弘:《何以为家——农村宅基地制度的来世今生》,《社会科学论坛》2015 年第 5 期。

张慧利、夏显力:《心理所有权对农户宅基地退出行为的影响研究——基于相对剥夺感的中介效应和社会质量的调节效应分析》,《中国土地科学》2022 年第 1 期。

张军涛、张世政:《中国农村宅基地管理政策扩散特征及其效应——基于 379 份政策文本的量化分析》,《世界农业》2021 年第 1 期。

张力、王年:《"三权分置"路径下农村宅基地资格权的制度表达》,《农业经济问题》2019 年第 4 期。

张立新:《基于资源配置理论的城市土地合理利用研究——以长江经济带城市为例》,中国农业大学博士学位论文,2018 年。

张亮:《建党百年来马克思土地产权理论中国化的探索与启示》,《理论与当代》2021 年第 6 期。

张鹏、潘灏航、杨宗强:《基于风险矩阵法和 Borda 序值法的城市埋地燃气管道风险评价研究》,《中国安全生产科学技术》2023 年第 9 期。

张清勇、杜辉、仲济香:《农村宅基地制度:变迁、绩效与改革——基于权利开放与封闭的视角》,《农业经济问题》2021 年第 4 期。

张少停、马华:《农村宅基地"三权分置"改革中的管制改革研究——以产权管制理论为分析视角》,《社会主义研究》2022 年第 3 期。

张世全、彭显文、冯长春等:《商丘市构建农村宅基地退出机制探讨》,《地域研究与开发》2012 年第 2 期。

张晓凤、赵艳霞、李亚莉等:《宅基地制度变迁历程及驱动力研究》,《黑龙江粮食》2020 年第 11 期。

张新宝、石霞:《因地制宜推进农村宅基地流转》,《理论前沿》2009 年第 12 期。

张秀智、丁锐:《经济欠发达与偏远农村地区宅基地退出机制分析:案例研究》,《中国农村观察》2009 年第 6 期。

张乙山:《"三权分置"下宅基地使用权流转的价值性功能与风险性规避——基于乡村振兴发展的视角》,《现代营销》(下旬刊)2023 年第 1 期。

张义博:《我国农村宅基地制度变迁研究》,《宏观经济研究》2017 年第 4 期。

张勇、包婷婷:《城镇化进程中农民进城定居意愿影响因素的实证分析》,《干旱区资源与环境》2019 年第 10 期。

张勇、周丽、李银:《宅基地"三权分置"改革的政策与实践》,《江南大学学报》(人文社会科学版)2020 年第 5 期。

张勇:《乡村振兴战略下闲置宅基地盘活利用的现实障碍与破解路径》,《河海大学学报》(哲学社会科学版)2020 年第 5 期。

张占录、张雅婷、张远索等:《基于计划行为理论的农户主观认知对土地流转行为影响机制研究》,《中国土地科学》2021 年第 4 期。

赵常伟:《宅基地"三权分置"的法意解析和民法制度供给》,山东大学硕士学位论文,2022 年。

赵强军:《农户宅基地退出机制研究——以杨凌及周边地区为例》,西北农林科技大学硕士学位论文,2012 年。

赵志:《我国城乡一体化土地管理法律制度的改革与完善研究》,对外经济贸易大学博士学位论文,2020 年。

郑文博、丰雷:《制度变迁中的冲突与协调——理论发展回顾与探讨》,《经济学动态》

2020 年第 1 期。

郑志峰、景获:《新一轮土地改革背景下宅基地入股的法律制度探究》,《农村经济》
　2014 年第 12 期。

钟菲、孙芬、章明:《重庆地票制度对宅基地退出机制改革的启示》,《农村经济与科
　技》2015 年第 12 期。

周建国:《宅基地使用权之规范有序流转》,《行政与法》2021 年第 11 期。

周密:《城乡融合背景下宅基地使用权流转机制研究》,《农业经济》2022 年第 1 期。

周玮:《马克思地租理论及其当代意义》,北京交通大学硕士学位论文,2019 年。

朱春晓:《宅基地改革的困境与路径——以河南省长垣市为例》,《农村·农业·农民》
　(B 版)2022 年第 4 期。

朱从谋、苑韶峰、李胜男等:《基于发展权与功能损失的农村宅基地流转增值收益分
　配研究——以义乌市"集地券"为例》,《中国土地科学》2017 年第 7 期。

朱丽丽:《农村宅基地渐进式盘活路径研究》,中国科学技术大学博士学位论文,
　2020 年。

朱灵艳:《集体成员单位再认识:"户"与"家"的互构——基于沪郊三村宅基地置换
　过程的调查》,《武汉科技大学学报》(社会科学版)2019 年第 1 期。

朱启超、匡兴华、沈永平:《风险矩阵方法与应用述评》,《中国工程科学》2003 年第
　1 期。

朱强、汪倩:《乡村振兴视域下宅基地三权分置改革的困境与对策》,《湖北农业科学》
　2021 年第 7 期。

邹秀清、武婷燕、徐国良等:《乡村社会资本与农户宅基地退出——基于江西省余江
　区 522 户农户样本》,《中国土地科学》2020 年第 4 期。